PIRATEN

PIRATEN

DIE GESCHICHTE DER FREIBEUTER

Nigel Cawthorne

PREMIO

INHALT

PREMIO ist ein Imprint der Arcturus Publishing Limited, London, und der Premio Verlag GmbH, Münster

Aus dem Englischen von Jacqueline Dubois, Berlin
Redaktion und Satz der deutschen Ausgabe: Ina Friedrich, Saarbrücken

Printed in China 2007

ISBN 978-3-86706-048-6

www.premio-verlag.de

Bildnachweis

Chris Collingwood/Cranston Fine Arts: 176
Corbis: 6, 8, 16, 88, 93, 95, 103, 158, 170, 186, 189
Getty Images Ltd: 11, 35, 39, 49, 56, 91
Mary Evans Picture Library: 26, 43, 54, 55, 65, 72, 106, 129, 155, 168, 180, 193
Nautical Archaeology Program, Texas A&M University: 67, 82, 85
Roger Hutchins: 110, 121
The Art Archive/Picture Desk: 21, 23, 25, 28, 33, 34, 51, 96, 97, 98, 111, 112, 114, 116, 134, 147, 182, 200
Topfoto: 144

Einführung

„Ehrliche Arbeit ist meist beschwerlich, und der Verdienst ist gering. Hier ist man satt und zufrieden, hat seinen Spaß, Freiheit und Macht. Wer würde nicht diesen Weg gehen, wenn die einzige Gefahr darin besteht, beim Hängen ein dummes Gesicht zu machen? Ein kurzes, aber vergnügtes Leben, das ist mein Motto."

Bartholomew Roberts, walisischer Pirat, 1722

Die Piraterie ist genauso alt wie der Seehandel selbst. Eine erste Piratenhochburg stellte die Straße von Hormus an der Mündung des Persischen Golfs dar, die mit Gold, Silber, Seide, Gewürzen, Kupfer und Teakholz beladene Schiffe aus dem Mittleren Osten oder aus Indien passieren mussten. Als Erster wollte der assyrische König Sanherib 694 v. Chr. diesem Treiben ein Ende bereiten. Später versuchten der römische Kaiser Trajan (1. Jh. n. Chr.) und schließlich König Schapur von Persien (4. Jh. n. Chr.) ihr Glück.

In der Zwischenzeit überfielen im Mittelmeer die ersten Piraten phönizische Handelsschiffe, welche Silber, Zinn, Kupfer und Bernstein aus Sidon und Tyros transportierten. In der Blütezeit des antiken Griechenlands versteckten sich Piraten im Gewirr der Ägäischen Inseln. Im Jahr 330 v. Chr. machte sich Alexander der Große daran, die Piraterie im Mittelmeer auszumerzen, nichtsdestotrotz waren die Piraten noch zwei Jahrhunderte später – auf dem Höhepunkt des Römischen Reiches – frech am Werk, raubten, mordeten, erpressten Lösegeld.

Die kilikischen Piraten, die von der türkischen Südküste aus operierten, besaßen 1.000 Schiffe. Sie vernichteten eine römische Flotte, griffen Sizilien an und plünderten Hunderte von Küstenstädten des Reiches. 78 v. Chr. entführten sie den jungen Julius Cäsar und hielten ihn sechs Wochen auf der Insel Pharmakusa gefangen. Zehn Jahre später hatten sie den Handel im Mittelmeer so fest in ihrem Würgegriff, dass Rom gar eine Hungersnot drohte. 67 v. Chr. wurde ein Gesetz verabschiedet, das Pompeius bei den Piraten freie Hand ließ. Er stellte eine Flotte aus 270 Schiffen zusammen und räumte damit im Mittelmeer auf. Obwohl sich daraufhin einige Piraten erfolgreich als Bauern ansiedelten, fand die Jagd ihren Höhepunkt in einer gewaltigen Seeschlacht vor der Küste Anatoliens. 10.000 Piraten starben, 400 Schiffe wurden erbeutet

Der römische Feldherr Gnaeus Pompeius Magnus, der jahrelang die Piraten im Mittelmeer bekämpfte.

und viele weitere zerstört. Anschließend sicherten militärische Außenposten und bewaffnete Patrouillenboote das Mittelmeer, bis im 16. Jahrhundert die Korsaren aus Nordafrika das Spielfeld betraten.

Khair ad-Din – besser bekannt als Barbarossa – vereinigte Algerien und Tunesien unter dem ottomanischen Sultanat und finanzierte seine Herrschaft durch Piraterie. Die Schiffe der Piraten wurden von reichen Gönnern ausgestattet, die dafür 10 % der Beute bekamen. Einer ihrer berühmtesten Gefangenen war der Autor des *Don Quixote*, Miguel de Cervantes. 1575 wurde er zusammen mit seinem Bruder Rodrigo entführt und fünf Jahre lang gefangen gehalten, bevor er gegen eine Lösegeldzahlung freikam. Ab dem Jahr 1609 wurde Marokko mit der Ankunft der mächtigen maurischen Kriegsherren in Tétouan und Rabat zur Piratenhochburg. Diese neue Generation von Piraten wurde von den alawidischen Sultanen unterstützt, die in der Piraterie eine gute Einnahmequelle sahen.

Die Korsaren benutzten bis zum 17. Jahrhundert Galeeren, dann überzeugte sie der flämische Deserteur Simon Danser von den Vorzügen der Segelschiffe. Das machte die tunesischen und algerischen Piraten noch gefährlicher: Bis 1650 hielten sie über 30.000 Menschen allein in Algerien gefangen.

Die Piraterie entlang der Barbareskenküste führte im 19. Jahrhundert zu mehreren Kriegen zwischen den Vereinigten Staaten und Tripolitanien (heute ein Teil Libyens). Nach 1815 unternahmen die Briten zwei Versuche, die Piraterie in Algerien zu unterdrücken. Endgültig gelang dies jedoch erst den Franzosen, die das Land 1830 von den Ottomanen eroberten.

In diesem Buch geht es jedoch eher darum, was auf der anderen Seite des Atlantiks geschah. Wir wollen uns auf die Piraten der Karibik konzentrieren, obwohl die Bande von Halsabschneidern, die das spanische Festland unsicher machte, auch die Westküste Afrikas plünderte und ihre Fühler bis in den Pazifik und den Indischen Ozean ausstreckte und sicherlich ebenfalls unsere Aufmerksamkeit verdient hätte.

Die Piraterie in der Karibik nahm ihren Anfang, nachdem die Spanier begonnen hatten, die Inka und Azteken um ihr Gold zu erleichtern. Weitere europäische Nationen beschlossen daraufhin, auch ein Stück vom Kuchen haben zu wollen. Ihre Monarchen zögerten jedoch, Expeditionen nach Amerika zu finanzieren, und ein Einsatz der Marinen hätte womöglich zu Krieg geführt. Die Lösung lag auf der Hand: Man finanzierte private Expeditionen. Diese Freibeuter erhielten von der Krone einen Kaperbrief. Sie mussten einen Teil ihrer Beute an die Krone abgeben, erhielten dafür im Gegenzug aber Ländereien und Titel.

Während der Herrschaft Jakobs I. von England (1603–1625) befand sich Europa im Frieden. Die Flotten wurden verkleinert, und das bedeutete für die Freibeuter, die auf „eigene Rechnung" zur See fuhren – mit anderen Worten: für die Piraten –, dass kaum Gefahr bestand, erwischt zu werden. Ihre Ränge füllten sich zudem mit arbeitslosen Seeleuten. Sie operierten zuerst von den Häfen entlang der marokkanischen Atlantikküste aus und überfielen Schiffe in der Straße von Gibraltar. Den Schiffen im Ärmelkanal ging es von Bantry Bay aus an die Fracht. 1614–1615 wurden die Freibeuter jedoch von den Holländern und Engländern vertrieben. Sie flohen über den Atlantik, wo die Piraterie in der Folgezeit untrennbar mit den Kolonialkriegen und dem Sklavenhandel verbunden war.

In dieser Zeit etablierten die Engländer, Holländer und Franzosen gerade ihre Kolonien auf den karibischen Inseln. Ein Großteil der Kolonisten bestand aus Kriegsgefangenen, Kriminellen, Landstreichern, Arbeitslosen und Waisen, die kurzerhand deportiert wurden. Andere waren freiwillig dort und arbeiteten die Kosten ihrer Überfahrt ab. Weiße Arbeiter wurden bald durch afrikanische Sklaven ersetzt, die körperlich stärker waren. Außerdem ertrugen sie die Bedingungen in den Tropen besser. Die entwurzelten Europäer zogen sich auf kleinere Inseln und in unbewohnte Gegenden zurück, wo sie sich von der Jagd ernährten und den

Errol Flynn als Kapitän Blood im Klassiker der Warner Brothers aus dem Jahr 1935 über einen Robin Hood in der Piratenversion.

Spitznamen „Bukaniere" (vom französischen „Boucanier", nach der Methode, Fleisch über einem Holzrahmen zu räuchern), erhielten.

Als Jamaika von den Spaniern bedroht wurde, bot England den Bukanieren Freibeuterprovisionen und Schiffe an. Auch wenn sie keine geborenen Matrosen waren, so konnten sie doch mit Muskete und Entermesser gut umgehen. Den britischen Bukanieren schlossen sich Hugenotten (französische Protestanten), Holländer, die bereits zu Hause gegen die Spanier gekämpft hatten, und Afrikaner, größtenteils entflohene Sklaven, an. Da viele Bukaniere früher selbst zur Zwangsarbeit verpflichtet worden waren, sahen sie keine Veranlassung, die Sklaven zu ihren Besitzern zurückzubringen. Aufgrund der vielen verschiedenen Nationalitäten, die sich nun an Bord eines Freibeuterschiffs befanden, gab es auch keinen Grund mehr, irgendeine Nation vom Angriff zu verschonen. Spanische Schiffe und Kolonien versprachen aber immer die reichste Beute.

Das Leben an Bord der Bukanierschiffe war demokratisch geregelt. Über alle wichtigen Entscheidungen wurde abgestimmt. Der Kapitän konnte sich nur halten, wenn er beliebt und erfolgreich war und jeder einen gleichen Anteil von der Beute erhielt. Einige Seeräuber träumten sogar davon, einen eigenen Piratenstaat zu gründen.

Gegen 1717 war der Handel in der gesamten Karibik praktisch lahmgelegt. Handelsschiffe konnten nur noch mit Militäreskorte in See stechen. Die Piraterie erwies sich ein schweres Hindernis für die wirtschaftliche Entwicklung der Karibischen Inseln und der britischen Kolonien in Nordamerika. Im September 1717 bot der englische König Georg I. daher allen Piraten eine Generalamnestie an: Jeder, der sich bis 5. September 1718 stellte, sollte begnadigt werden. Neue Gerichte wurden eingerichtet und sorgten dafür, dass diejenigen, die sich nicht stellten oder zur Piraterie zurückkehrten, gnadenlos gejagt wurden.

Im Jahr 1724 veröffentlichte „Kapitän Charles Johnson" das Buch *A General History of the Robberies and Murders of the Most Notorious Pirates.* Man geht jedoch davon aus, dass der tatsächliche Autor Daniel Defoe war. Mit diesem Buch begründete er unser modernes Bild von Piraten, die unter der Totenkopfflagge segeln, und verklärte Blackbeard, Kapitän Kidd, Bartholomew Roberts, „Calico" Jack Rackham, Mary Read and Anne Bonny geradezu ins Mystische. Von da an riss man Schriftstellern wie Sir Walter Scott und Lord Byron romantische Piratenromane förmlich aus den Händen. Johnsons kühne Abenteurer inspirierten Robert Louis Stevenson zu seiner *Schatzinsel* und Spätere zu Filmen à la *Unter Piratenflagge* oder natürlich den *Piraten der Karibik.*

Die Bücher und Filme spielen alle im Goldenen Zeitalter der Piraterie, das von 1691 bis 1724 dauerte. Die Piraten auf Tortuga waren jedoch schon viel früher erfolgreich, und auch nach 1820 gab es noch einmal ein kurzes Aufbäumen.

Das echte Piratenleben hatte mit der Darstellung im Film jedoch kaum etwas zu tun. Meist dauerte es nur zwei oder drei Jahre und endete oft am Ende eines Stricks. Obwohl viele der Seeräuber nichts weiter als brutale Schläger waren, wurden sie schon zu ihren Lebzeiten als romantische Helden verehrt, als Männer, die lebten, wie es ihnen gefiel. Ihre Beute erlaubte ihnen einen extravaganten Lebensstil, während ihre Zeitgenossen in Armut lebten.

In einer Zeit, als die meisten auf Gedeih und Verderb ihren Landesherren ausgeliefert waren, lebten die Piraten ein freies, aufregendes, wenn auch meist recht kurzes Leben.

KAPITEL EINS

Piratenangriff

Die vielen geschützten Wasserwege, die durch die rauen Küstenlinien und Buchten der karibischen Inseln gebildet werden, boten den Piraten gute Schlupfwinkel, von denen aus sie Überraschungsangriffe auf ihre arglosen Opfer unternahmen. Für viele Händler folgte auf den Ruf „Schiff voraus!" der gefürchtete Anblick der Totenkopfflagge.

Am 14. September 1723 näherte sich die Galeere *Princess* der Insel Barbados. An Bord hatte sie eine Ladung Sklaven aus Westafrika. Plötzlich entdeckten die Seeleute ein Schiff mit einer schwarzen Flagge. Als es näher herankam, sah man, dass es sich um eine Schaluppe mit acht Kanonen auf dem Hauptdeck handelte. Auf der Reling waren zehn drehbare Geschütze montiert, und an Bord befanden sich etwa 40 Piraten.

John Wickstead, der Kapitän des Schiffes, erkannte schnell, dass ihnen die Piraten an Feuerkraft überlegen waren. Er ließ mehr Segel setzen und versuchte, zu fliehen, aber das schwerbeladene Handelsschiff war langsam. Bald hatte die Schaluppe sie eingeholt und eröffnete das Feuer. Gegen acht Uhr abends lag sie längsseits, und Kapitän Wickstead wurde befohlen, ein Langboot zur Schaluppe zu schicken. Die Piraten setzten darin zur *Princess* über und übernahmen sofort das Kommando. Sie drückten den zweiten Offizier Goldsmith Blowers und den Schiffsarzt John Crawford zu Boden, steckten ihnen angezündete Lunten zwischen die Finger und zwangen sie, das Versteck des Goldes zu verraten. Anschließend plünderten die Piraten das Schiff. Sie nahmen die beiden Kanonen vom Achterdeck der *Princess* und schickten sie mit Schießpulver, Pistolen und Vorräten aus dem Kabelgatt zu ihrer Schaluppe. Außerdem nahmen sie elf Sklaven, von denen jeder 500 Pfund wert war, und James Sedgwick, den Gesellen des Schreiners, sowie William Gibbons, den Gesellen des Schiffsarztes, mit. Es war nicht ungewöhnlich, dass Seeräuber Männer in ihren Dienst zwangen, deren Fähigkeiten für sie nützlich waren. Zwei weitere Matrosen, Henry Wynn und Robert Corp, schlossen sich den Piraten freiwillig an. Auch das kam nicht selten vor. Nachdem sie alles Brauchbare mitgenommen hatten, segelten Kapitän George Lowther und seine Piraten in ihrer Schaluppe *Ranger* davon und überließen Kapitän Wickstead und seine Mannschaft ihrem Schicksal.

Augenzeugenberichte über einen Piratenangriff sind selten, denn meist gab es keine Überlebenden. Der Bericht dieses Überfalls existiert nur, weil die *Ranger* einen Monat später auf der Insel Blanco (Blanquilla) vor der Küste Venezuelas überholt und kielgeholt wurde. Dabei wurde sie von der HMS *Eagle* entdeckt. Da das Schiff auf der Seite lag, damit der Rumpf abgekratzt werden konnte, waren die Kanonen an Land gebracht worden und die Piraten somit völlig wehrlos. Der Piratenkapitän Lowther entkam, aber ein Großteil der Mannschaft, inklusive Wynn und Corp, wurde gefangen genommen. Der Bericht des Überfalls stammt aus Kapitän Wicksteads Aussage vor dem Seegericht, das Wynn und Corp am 11. Mai 1724 auf der Insel St. Kitts verurteilte.

Eine kleine Piratenschaluppe mit der Totenkopfflagge am Mast überfällt ein Handelsschiff. Piraten setzten Kanonen nur selten ein, da sie ihre Beute lieber unversehrt erobern wollten.

Die Eroberung der Samuel

Während die Piraten überlegten, ob sie die *Samuel* versenken oder verbrennen sollten, erschien ein weiteres Schiff, das sie sofort verfolgten.

Drei Jahre zuvor hatte ein ähnlicher Überfall im Nordatlantik stattgefunden. Am 29. Mai 1720 hatte das Handelsschiff *Samuel* London mit Ziel Boston verlassen. Als Fracht führte es Eisenwaren, verschiedene Güter in Ballen und Kisten sowie 45 Fässer Schießpulver. An Bord waren Kapitän Samuel Cary, seine zehn Männer und drei Passagiere. Am 13. Juli befanden sie sich 40 Meilen östlich von Neufundland, als plötzlich zwei Schiffe in Sicht kamen. Sobald die Schiffe in Reichweite gerieten, eröffneten sie das Feuer und hissten Piratenflaggen. Das kleinere der Schiffe war eine 80-tonnige Schaluppe mit zehn Kanonen, die unter einem Union Jack (der britischen Fahne) fuhr, der mit vier flammenden Bällen bestickt war. Das größere Schiff war ein 220-tonniger Dreimaster mit 26 Kanonen, der unter einer schwarzen Flagge mit einem Totenschädel und einem Entermesser fuhr. Mit ihren sechs Kanonen war die *Samuel* hoffnungslos unterlegen. Kapitän Cary schätzte, dass jedes der beiden anderen Schiffe mit etwa 100 Piraten bemannt war, sodass auch seine Mannschaft unterlegen war, und zwar etwa 20 zu 1.

Cary erhielt nun den Befehl, in seinem Beiboot zu einem der Piratenschiffe hinüberzukommen. Er tat, wie ihm geheißen war, und wurde von dem damals berühmten walisischen Piratenkapitän Bartholomew Roberts in Empfang genommen, der seit Monaten eine Spur der Verwüstung entlang der Ostküste hinterlassen hatte. In einem einzigen Hafen hatte er dabei 17 Schiffe ausgeplündert und verbrannt!

Roberts' Männer enterten die *Samuel*, rissen die Ladeluken heraus und machten sich „unablässig fluchend, eher böse Geister als Männer" mit Entermessern und Äxten über die Fracht her. Sie nahmen alles mit, was auch nur annähernd wertvoll war, hackten den Rest in Stücke und warfen ihn über Bord. Die Seeräuber nahmen neben den sechs Bordkanonen auch die Beiboote und die Ersatztaue mit, die Ankertaue landeten im Meer. Zudem erbeuteten sie 40 Fässer Schießpulver. Die Piraten erklärten, dass sie eine Amnestie des Königs niemals annehmen würden – lieber würden sie im Falle des Falles das Schießpulver anzünden und „alle gemeinsam fröhlich zur Hölle fahren". Die Mannschaft der *Samuel* wurde – mit Ausnahme des Kapitäns und eines Iren – gezwungen, an Bord des Piratenschiffs zu gehen. Die Passagiere bereiteten sich darauf vor, zu sterben.

Während die Piraten überlegten, ob sie die *Samuel* versenken oder verbrennen sollten, erschien ein anderes Schiff am Horizont, das sie sofort verfolgten. Kapitän Cary, seinem einzigen verbliebenen Matrosen und den drei Passagieren gelang in der Zwischenzeit das seefahrerische Kunststück, die *Samuel* sicher in den Hafen von Boston zu segeln. Dort erstattete Cary dem Notar Joseph Hiller Bericht über den Angriff Bericht.

Aaron Smith, Pirat

Einen etwas ausführlicheren Bericht darüber, wie es ist, Opfer eines Piratenangriffs zu werden, lieferte Aaron Smith ab, der in Kingston, Jamaika, als Bootsmann auf der Handelsbrigg *Zephyr* angeheuert hatte, um sich die Passage zurück nach England zu verdienen, wo er heiraten wollte. Kapitän der Brigg war Mr. Lumsden. In jenem Frühling war die Ernte schlecht ausgefallen, und das Beladen der Brigg ging nur langsam voran. Um endlich wegzukommen, kaufte Smith Kaffee auf eigene Rechnung, der mit dem Schiff transportiert werden sollte. Aber trotz allem war das Verladen erst Ende Juni beendet. Anschließend gingen die Passagiere, zu denen Kapitän Cowper, fünf oder sechs Kinder und ein schwarzes Dienstmädchen gehörten, an Bord. Die *Zephyr* durchkreuzte die Bucht nach Port Royal. Dort nahm sie eine farbige Frau, mit der Mr. Lumsden auf Jamaika zusammenlebte, sowie mehrere weitere Kinder und einen unbekannten Passagier mit an Bord.

Am nächsten Morgen brach die *Zephir* nach England auf. Anfangs war das Wetter sehr schön, und der Wind war gemäßigt, aber schon bald kam starker Nordostwind auf, der von hoher Dünung begleitet wurde. An diesem Punkt kamen Smith die ersten Zweifel über die nautischen Fähigkeiten Mr. Lumsdens, der ständig seinen Rat suchte. Später stellte sich heraus, dass Lumsden die meiste Zeit auf einem Kohlenfrachter an der Küste verbracht und praktisch keine Erfahrung mit Atlantiküberquerungen hatte. Er fragte Smith, ob er luvwärtig oder leewärtig fahren solle. Eine luvwärtige Passage würde länger dauern, erklärte Smith. Bei einer leewärtigen Passage würden sie dagegen riskieren, auf Piraten zu treffen. Nichtsdestotrotz entschied sich Lumsden für die leewärtige Passage und steuerte die Insel Grand Cayman an. Inzwischen hatte der Wind wieder nachgelassen, und die Fahrt dauerte vier Tage. Auf Grand Cayman wurden sie von den Eingeborenen in Kanus begrüßt, die ihnen Papageien, Schildkröten und Muscheln verkaufen wollten. Von dort aus ging die Reise weiter nach Kap St. Antonio, dem südwestlichsten Punkt Kubas. Auf der Fahrt trafen sie auf einen Schoner aus St. Johns in Neubraunschweig.

Am nächsten Morgen umrundete die *Zephyr* Kap St. Antonio und wandte sich nach Osten, um die auffrischende Brise auszunutzen. Plötzlich tauchten vor ihr zwei Segel auf. Gegen zwei Uhr mittags spazierte Smith mit Kapitän Cowper über das Deck, als er sah, wie ein Schoner auf sie zukam.

Smith spazierte mit Kapitän Cowper über das Deck, als er sah, wie ein Schoner auf sie zukam.

„Das Schiff sah sehr verdächtig aus“, sagte Smith, „Ich kletterte sofort mit meinem Teleskop in die Takelage, um es mir genauer anzusehen.“

Smith war sofort klar, dass es sich um ein Piratenschiff handelte. Er berichtete es Kapitän Cowper, sie riefen Lumsden nach oben und informierten ihn. An Deck empfahl Smith, den Kurs zu ändern, aber Lumsden weigerte sich hartnäckig. Er glaubte, die englische Flagge, die er gehisst hatte, werde ihn vor einem Angriff der Piraten schützen.

Eine halbe Stunde später sahen sie, dass sich das Deck des Schoners mit Männern füllte, die begannen, Beiboote auszusetzen. Endlich änderte Lumsden den Kurs um zwei Striche, aber es war schon zu spät: Die *Zephyr* war bereits in Reichweite der Kanonen des Schoners geraten. Sobald dieser in Rufweite kam, erhielt die *Zephyr* den Befehl, das Beiboot am Heck auszusetzen und den Kapitän hinüberzuschicken. Mr. Lumsden tat, als würde er den Befehl nicht verstehen. Als Antwort schickte der Schoner eine Salve Musketenkugeln. Lumsden signalisierte schließlich „Aye, aye" und gab den Befehl, die Großrah einzuholen und das Beiboot auszusetzen.

Inzwischen hatte sie ein Beiboot des Schoners eingeholt. Neun oder zehn „wilde Gesellen mit Musketen, Messern und Enterhaken" kamen an Bord und übernahmen sofort das Kommando. Sie befahlen Mr. Lumsden, Smith, Kapitän Cowper und dem Schiffsschreiner zum Piratenschiff zu rudern, wobei sie „unseren Abschied mit wiederholten Schlägen mit den Griffen ihrer Entermesser und der Androhung, uns zu erschießen, beschleunigten", sagte Smith. Während sie ruderten, gab Lumsden zu, überaus sorglos gewesen zu sein, denn er habe eine Aufstellung des gesamten Geldes, das sich an Bord befand, offen auf seinem Schreibtisch liegen gelassen.

„Der Kapitän (der Piraten) war ein höchst grobschlächtiger, primitiver Bursche", sagte Smith „etwa 5 Fuß und 6 Zoll groß und stämmig. Er hatte eine Adlernase, hohe Wangenknochen, einen großen Mund und sehr große, dunkle Augen. Er war fahl, hatte schwarzes Haar und schien ungefähr 30 Jahre alt zu sein."

Zuerst hielt Smith ihn für einen Indio, später stellte sich heraus, dass sein Vater Spanier und seine Mutter eine yukatekische Indianerin war.

In gebrochenem Englisch fragte er Lumsden, was die beiden Schiffe, die sich vor ihnen befanden, seien. Lumsden erklärte ihm, dass es sich um zwei französische Handelsschiffe handelte. Der Piratenkapitän befahl, die Verfolgung aufzunehmen. Dann fragte er nach der Fracht der *Zephyr*. „Zucker, Rum, Kaffee, Pfeilwurz, Rotholz und Indigo zum Färben", antwortete Lumsden. Außerdem wollte der Pirat noch alles über den Schoner aus Neubraunschweig wissen – ob sie wüssten, was er geladen hätte und wie er bewaffnet sei.

Dann fragte er Mr. Lumsden, ob dieser selbst Geld an Bord habe, was er verneinte. „Halten Sie mich nicht für einen Trottel, Sir", sagte der Pirat. „Ich weiß, dass alle Schiffe auf dem Weg nach Europa Münzgeld mit sich führen. Wenn Sie das Geld freiwillig hergeben, lassen wir Sie unbehelligt Ihrer Wege ziehen."

Lumsden wiederholte, er habe kein Geld, woraufhin der Kapitän erwiderte, er werde die Fracht über Bord werfen und das Schiff durchsuchen lassen, wenn das Geld nicht auftauche. Finde er dabei Geld, werde er das Schiff mit allen an Bord verbrennen lassen.

Inzwischen war es Abend geworden, und die Brise war abgeflaut. Die Piraten gaben die Verfolgung der Franzosen auf und kehrten zur *Zephyr* zurück. Sie bereiteten das Abendessen vor und boten Lumsden, Smith und Cowper Wein an, den diese ablehnten.

Anschließend erfuhr Smith, dass er als neuer Navigator an Bord des Piratenschiffs bleiben solle. Er protestierte und erzählte von seiner – noch nicht vorhandenen – Ehefrau, den drei Kindern und den betagten Eltern in England. Lumsden beschwerte sich zusätzlich, er könne ohne Smiths Hilfe nicht weiterfahren.

„Wenn ich ihn nicht behalten soll, müssen Sie bleiben", erklärte der Piratenkapitän daraufhin Lumsden.

Sobald sie allein waren, wandte sich Lumsden an Smith und sagte: „Verärgern Sie um Gottes Willen den Kapitän nicht, sonst wird er mich behalten. Sie sind alleinstehend, ich habe eine große Familie, die von mir abhängig ist. Sollen meine Kinder zu Waisen werden?"

Er versprach, sofort nach seiner Freilassung ein Kriegsschiff auf die Suche nach den Piraten zu schicken. Er werde allen erzählen, was passiert sei, und die Sache auch bei Lloyd's vorbringen, sodass niemand glauben könne, Smith sei freiwillig bei den Piraten geblieben. Außerdem versprach er mit tränenüberströmten Gesicht, Smiths Habseligkeiten zu seiner Familie in England zu bringen.

Bald war das Abendessen fertig, und sie nahmen die Einladung des Piratenkapitäns an, um ihn nicht zu verärgern.

„Unser Abendessen bestand aus gehacktem Knoblauch und Zwiebeln, die in einer Schüssel mit Brot gemischt wurden", sagte Smith. „Jeder griff einfach zu, wie es ihm beliebte, entweder mit den Fingern oder mit dem vorhandenen Besteck."

Während des Abendessens bettelte Mr. Lumsden darum, zur *Zephyr* zurückgehen zu dürfen, um die Kinder zu beruhigen. Smith bat, mitgehen zu dürfen. Der Kapitän sagte, er werde sie bei ihrem Besuch begleiten, sobald die beiden Schiffe geankert hätten.

Als sich das Piratenschiff der *Zephyr* näherte, befahl der Pirat, einen Signalschuss abzugeben. Nachdem er Antwort erhalten hatte, folgte die *Zephyr* dem Piratenschoner zur Küste. Einer der Seeleute der *Zephir* hatte das Kommando und nahm auch die Lotungen vor. Als er 14 Faden Tiefe ausrief, gingen die Schiffe vor Anker. Ein Beiboot wurde ausgesetzt, und Lumsden wurde zusammen mit dem Piratenkapitän hinübergerudert. Smith, Kapitän Cowper und der Schiffsschreiner mussten an Bord des Piratenschoners bleiben. Kurz darauf kehrten einige Piraten mit Kapitän Cowpers Chronometer, Smiths Teleskop und einigen Kleidungsstücken, dem Schiffsfernrohr sowie mit einer Ziege, der prompt die Kehle durchgeschnitten wurde, zurück. Sie sagten, das Gleiche werde den Männern pas-

Lumsden bettelte, zurück an Bord der *Zephyr* gehen zu dürfen, um die Kinder zu beruhigen.

In dieser etwas überdramatisierten Zeichnung lehnt Aaron Smith, Bootsmann der „Zephyr“, einen Posten an Bord des Piratenschiffes, das ihn gefangen nahm, ab. Smith wurde später unverletzt von den Piraten freigelassen.

sieren, falls an Bord der *Zephyr* kein Geld gefunden werde. Dann wurde ihnen befohlen, sich schlafen zu legen. An Schlaf war aber nicht mehr zu denken, als der Schreiner den beiden Männern erzählte, Mr. Lumsden habe Geld auf der *Zephyr* versteckt. Den Rest der Nacht verbrachten sie damit, zu diskutieren, was mit ihnen passieren würde.

Als es schließlich hell wurde, sahen sie, wie die Piraten an Bord der *Zephyr* auf die Mannschaft einprügelten, und sie fürchteten um ihr Leben. Während die Piraten damit begannen, die Fracht der *Zephir* umzuladen, bot man den Männern an Bord des Piratenschoners jedoch Kaffee an, und ihre Stimmung hellte sich wieder etwas auf.

Gegen sieben Uhr morgens kehrte der Piratenkapitän zurück. Im Arm trug er eine Reihe von Dingen, die zum Teil Smith gehörten. Mit vorgehaltenem Säbel zwang er Smith, zurück an Bord der *Zephyr* zu gehen und alles zu holen, was er zum Navigieren benötigte.

„Sie hören besser auf mich, oder ich ziehe Ihnen die Haut ab“, drohte er mit seinem Säbel in der Hand.

An Bord der *Zephyr* beschwor Lumsden Smith noch einmal, den Piratenkapitän nicht zu verärgern. In seiner Kabine entdeckte Smith, dass seine Truhe zerschlagen worden war. Der Inhalt, zu dem auch zwei Diamantringe gehörten, war verschwunden. Ein Seemann gab ihm seine goldene Uhr, seinen Sextanten und einige Dinge, die er für ihn versteckt hatte, zurück. Anschließend packte Smith seine restliche Kleidung zusammen. Seine Bücher, den Papagei und einige weitere Kleinigkeiten ließ er zurück, damit Lumsden sie seiner Familie übergeben konnte, falls dieser England jemals erreichen würde.

In der Zwischenzeit hatte das Piratenschiff längsseits der *Zephyr* festgemacht, und die Piraten begannen, das Eigentum der Passagiere umzuladen. Es gelang Smith, Lumsdens Schreibtisch zu retten, indem er ihn als seinen eigenen, der nichts als Papiere enthalte, ausgab. Die Mannschaft der *Zephyr* machte sich nun daran, die Fracht auf den Schoner laden. Lumsden wurde von der Arbeit befreit, um die weinenden Kinder zu beruhigen. Nachdem er das erledigt hatte, wollte der Piratenkapitän die Frachtpapiere sehen und ließ nur das

Indigo, die Pfeilwurz und etwas Kaffee verladen. Als etwas Rotholz dazwischengeriet, befahl Lumsden, es über Bord zu werfen. Der Piratenkapitän stoppte die Männer jedoch sofort mit der Aussage, Lumsden lasse das Holz nur über Bord werfen, um es später als gestohlen anzugeben und seine Versicherer zu betrügen.

Danach musste die Mannschaft der *Zephyr* einen Teil der Masten, Rahen und Spiere abbauen und den Piraten übergeben. Den Kindern nahmen sie die Ohrringe und die Bettdecken weg. Von den Vorräten wurden vor allem Wasser und Vieh mitgenommen. Anschließend brachte man Lumsden und Kapitän Cowper auf das Achterdeck, wo ihnen unmissverständlich mitgeteilt wurde, dass sie mitsamt dem Schiff verbrannt werden würden, wenn sie das Versteck des Geldes nicht verrieten. Erneut behauptete Lumsden, er habe kein Geld an Bord. Daraufhin ließ der Piratenkapitän die Kinder an Bord seines Schiffes bringen. Lumsden und Cowper wurden unter Deck im Pumpenraum eingesperrt. Dann wurde brennbares Material an der Tür aufgestapelt. Als er begriff, dass es nun ernst wurde, gab Lumsden endlich zu, doch Geld an Bord zu haben. Er wurde befreit und brachte den Piraten eine kleine Kiste voller Dublonen – spanischer Goldmünzen, die in Lateinamerika geprägt worden waren. Lumsden versicherte, dies sei das einzige Geld an Bord, aber da ihm der Piratenkapitän nicht glaubte, wurde er wieder im Pumpenraum eingesperrt.

Als nun Cowper nach Geld befragt wurde, sagte er, er habe keines, woraufhin der Piratenkapitän ihn anzünden lassen wollte. Schließlich rückte Cowper neun Dublonen heraus, die ihm angeblich von einer armen Witwe anvertraut worden waren, welche nun verhungern müsse.

„Erzählen Sie mir nichts von armen Leuten“, sagte der Kapitän. „Ich bin selbst arm, und Ihre Landsleute sind schuld daran. Ich weiß, dass es hier noch mehr Geld gibt. Entweder ich bekomme es, oder ich werde alles verbrennen.“

Auch Cowper wurde wieder eingesperrt, und das Schiff wurde angezündet.

Als die Flammen auf sie zukamen, flehten Lumsden und Cowper um Gnade. Sie bettelten darum, in einem Beiboot auf See ausgesetzt anstatt verbrannt zu werden. Auf diese Weise könne der Kapitän die *Zephyr* behalten, und falls es noch mehr Geld gebe, werde er es sicherlich finden.

Nun glaubte ihnen der Kapitän endlich und ließ die Flammen löschen. Smith, die Kinder und die übrige Crew durften zur *Zephyr* zurückkehren. Die Piraten hatten währenddessen begonnen, ihre Beute mit einem Saufgelage zu feiern. Nachdem sie fertig waren, ging es zurück auf den Schoner – und Smith sollte sie wieder begleiten. Als er zögerte, drohten sie damit, ihm den Kopf abzuschneiden, wenn er nicht sofort gehorche. Smith antwortete ganz ruhig, dass er den Befehl nicht gehört habe und noch etwas Zeit brauche, um einige Dinge mit Mr. Lumsden zu regeln. Dies wurde ihm erlaubt, und er überzeugte Lumsden davon, einen Frachtbrief für den Kaffee, den Smith an Bord gebracht hatte, zu unterzeichnen. Außerdem sollte Lumsden einen Schuldschein über £ 18,10 zugunsten von Mr. Watson, einem Händler für Schiffsbedarf in London, ausstellen. Nachdem das erledigt war, ging Smith zu den Piraten.

Dort nahm der Piratenkapitän Smith seine Uhr ab und sagte, er werde sie behalten. Smith wies ihn darauf hin, dass sie ein Geschenk seiner betagten Mutter sei, die ihn nun niemals wiedersehen werde. Er hatte die Uhr mit Mr. Lumsden mitschicken wollen, war aber sicher gewesen, dass einer der Piraten sie stehlen werde.

„Sie haben ja eine sehr schlechte Meinung von uns", sagte der Kapitän, „aber ich werde Ihnen zeigen, dass wir nicht so schlimm sind, wie es immer heißt. Kommen Sie mit mir, und Ihre Uhr wird sicher zu Hause ankommen."

Der Pirat fuhr mit Smith wieder hinüber zur *Zephyr*, übergab die Uhr Mr. Lumsden und verbot seinen Männern, sie zu stehlen. Nachdem er sich verabschiedet hatte, wurde Smith mit vorgehaltener Waffe zurück auf das Piratenschiff gezwungen. Der Kapitän fragte noch einmal, ob er alles habe, was er zum Navigieren brauche. Später werde er keine Ausreden gelten lassen. „Hätte ich es versucht, hätte er mich umgebracht", erzählte Smith später. Dann kappten die Piraten die Taue zur *Zephyr* und sagten Lumsden, er solle seine Reise fortsetzen. Er dürfe jedoch unter keinen Umständen nach Havanna fahren. Dorthin war nämlich nun der Piratenschoner unterwegs.

Als die *Zephyr* Segel setzte, ließ Lumsden die Beiboote aussetzen. „Seht euch nur diesen Gauner an", sagte der Piratenkapitän. „Er schneidet seine Beiboote los. Zu Hause behauptet er dann, wir hätten sie gestohlen, und bekommt neue Boote von seiner Versicherung. Ich werde an Lloyd's schreiben und das verhindern."

Piraten und Frauen

Was mit den Frauen an Bord der *Zephyr* geschah, konnte nicht mehr geklärt werden. Meist war ihr Los in der Hand von Piraten jedoch nicht gerade schön. Der berüchtigte Pirat Blackbeard erwürgte z. B. gern weibliche Gefangene und ließ sie über Bord werfen. Sein Zeitgenosse Stede Bonnet – übrigens der einzige Pirat, der seine Opfer hinrichtete, indem er sie über die berühmte Planke gehen ließ – nahm ebenfalls keine weiblichen Gefangenen. Frauen wurden auf seinem Schiff weder gebraucht, noch waren sie erwünscht. Es wird sogar vermutet, dass Bonnet nur Pirat wurde, um seiner zänkischen Ehefrau zu entkommen.

In vielen Fällen wurden Frauen, nachdem die männlichen Gefangenen abgeschlachtet worden waren, zusammen mit unerwünschter Fracht einfach über Bord geworfen. Viele der ersten Piraten waren zudem homosexuell und hatten kein Interesse an Frauen. Nach Jahren, in denen sie in den Bukanierkolonien oder auf Schiffen nur unter Männern gelebt hatten, wandten sie sich zur sexuellen Befriedigung an ihre Kameraden oder ließen ihre Gelüste an den Schiffsjungen aus.

Später, als sich die Piratenkolonien ausbreiteten, wurden weibliche Prostituierte eingeführt. Zwischen den Geschlechtern herrschte jedoch ziemlich wenig Liebe. Ehefrauen wurden, falls überhaupt vorhanden, oft getauscht, verkauft oder gestohlen.

Alexander Selkirk, der Pirat, auf dessen Leben die Geschichte von Robinson Crusoe basiert, brannte zwar mit einer Frau durch, ließ sie dann aber sitzen und heiratete eine andere.

William Davis heiratete eine Afrikanerin und brachte seine Schwiegereltern gegen sich auf, als er seine Frau an einem heißen Tag gegen eine Schale Rum eintauschte. Auf der anderen Seite soll ein unbekannter Pirat einer Hure 500 Dublonen gezahlt haben, nur um sie nackt zu sehen.

Viele Piraten ließen sich auch mit den Frauen der eingeborenen Bevölkerung ein, denn es war leichter, sie zu kaufen, als sie zu vergewaltigen. Kapitän William Cowley berichtete von einem Stamm, bei dem die Männer keine Hemmungen hatten, ihre Frauen mit den fremden Europäern zu teilen, während sie bei Annäherungsversuchen anderer Mitglieder ihres Stammes eifersüchtig wurden. William Betagh berichtete von einem kalifornischen Stamm, bei dem „jeder Mann mit den Frauen schlafen konnte und nur mit einem rostigen Messer oder einer Schale Dickmilch bezahlen musste.“ Im Jahr 1719 stellte Betagh jedoch eine Regel auf, nach der er jeden Mann, der auf einem eroberten Schiff betrunken aufgefunden wurde oder der sich dort einer Frau unsittlich genähert hatte, bestrafen werde. Er war der Ansicht, seine Männer bräuchten keine Frauen, um ihr sexuelles Verlangen zu stillen.

Afrikanerinnen, die von Sklavenschiffen befreit wurden, waren beliebte Geschenke. Der Freibeuterkapitän Woodes Rogers, der später Gouverneur der Bahamas wurde, schrieb 1709, er habe „den jungen Padre an Land gebracht und ihm die hübscheste junge Negerin mitgegeben, die wir an Bord hatten.“ Der junge Geistliche zog mit lüsternem Gesichtsausdruck von dannen. „Zweifelsohne wird er mit ihr das eine oder andere Gebot brechen.“

Als Kapitän William Ambrose Cowley das Schiff eines dänischen Sklavenhändlers mit 60 Sklaven an Bord kaperte, ließ er diese bei der Umrundung von Kap Horn einfach erfrieren. Er nannte sie „die abstoßendsten Kreaturen, die ich je gesehen habe, mit ihren Schaffellen um die Schultern oder Lederschurzen vor den Geschlechtsteilen.“

Afrikanerinnen, die von Sklavenschiffen befreit wurden, waren beliebte Geschenke.

Einige weibliche Gefangene wurden auch vergewaltigt. Der amerikanische Pirat Charles Gibbs, der selbst für über 400 Überfälle verantwortlich war, erzählte von einem Angriff auf ein holländisches Schiff, das auf dem Weg von Holland nach Curaçao war. Alle Passagiere – Männer wie Frauen – wurden ermordet, mit Ausnahme einer wunderschönen jungen Holländerin. Sie wurde an die Westküste Kubas gebracht, wo sie zwei Monate lang in einer kleinen Festung gefangen gehalten und „derart grausam behandelt wurde, dass es mir bei der bloßen Erinnerung daran graut“, sagte Gibbs. Dann beschlossen die Piraten, sie aus

Sicherheitsgründen umzubringen, vergifteten sie und warfen ihre Leiche ins Meer.

Europäische Frauen wurden aber oftmals auch mit übertriebener Höflichkeit behandelt. An Bord der *Revenge*, die von Kapitän John Phillips kommandiert wurde, unterwarf sich die Mannschaft folgender Regel: „Falls wir auf eine ehrbare Frau treffen, wird jeder Mann, der sich ihr ohne ihr Einverständnis unsittlich nähert, sofort hingerichtet."

Auf Bartholomew Roberts' Schiff *Princess* erklärte sich ein Pirat mit dem Spitznamen „Little David" zum Beschützer der gefangenen Frauen. Richtig funktioniert hat dies jedoch nicht. Zwar beschützte er sie vor den anderen Männern, vergewaltigte sie dafür aber selbst.

Kapitän Henry Johnson, der sonst in jeder Hinsicht ein überaus blutrünstiger Pirat war, verhinderte eines Tages die Vergewaltigung der Passagierin Mrs. Groves. Zwei Bukaniere, die während des Überfalls auf Cartagena im Jahr 1697 einige Frauen getötet hatten, wurden hingerichtet. Kapitän Henry Morgan befahl seinen Männern vor dem Überfall auf Portobelo 1668, alle Frauen in der Stadt mit Respekt zu behandeln. Nach der Eroberung St. Catalinas wurden die Frauen zu ihrem eigenen Schutz in die Kirche gesperrt. Vermutlich wollte Morgan sie jedoch nur in Sicherheit wissen, um später ein Lösegeld zu erpressen.

Morgan selbst verliebte sich in Panama in eine spanische Schönheit. Anstatt sich ihr aufzuzwingen, verschaffte er ihr ein eigenes Quartier, versorgte sie mit Essen aus seiner Küche, das ihr Koch zubereiten durfte, und versuchte dann, sie zu verführen, was jedoch misslang. Später wollte er sie zwingen, ließ sie hungern und erniedrigte sie, aber sie verweigerte sich weiterhin.

Andere Piraten gingen ähnlich vorsichtig mit Frauen um, zumindest, wenn es sich um Europäerinnen handelte. Kapitän Woodes Rogers' Männer etwa verschonten „ein Dutzend hübscher, vornehmer junger Damen", die sie bei der Eroberung Gujaquils in Peru im Jahr 1709 in einem Haus angetroffen hatten.

Der frühere Bootsmann der *Zephyr*, Aaron Smith, der – wie bereits berichtet – zwangsweise als Navigator auf einem Piratenschoner arbeiten musste, konnte schließlich mit der Hilfe eines kubanischen Mädchens fliehen. Er gelangte nach Havanna, wo er prompt als Pirat verhaftet wurde. Er wurde zurück nach England gebracht und vor Gericht gestellt. Der Kronanwalt höchstpersönlich führte den Prozess. Smith wurde jedoch freigesprochen und heiratete letztendlich seine Verlobte, die auf ihn gewartet hatte. Später veröffentlichte er den dramatischen Bericht über seine Gefangenschaft bei den Piraten.

Tote reden nicht

Aaron Smith hatte großes Glück, denn grundsätzlich galt unter den Piraten das Motto: „Tote reden nicht."

Am 22. Juni 1600 sah etwa die Besatzung des englischen Piratenschiffes *Philip* ungerührt zu, wie die Mannschaft eines französischen Handelsschiffes vor ihren Augen ertrank. Einer der Seeräuber sagte später vor Gericht aus, sie seien rein zufällig auf die *St. Mary*, die mit zwei weiteren Schiffen, der *Admiral* und der *Vice-Admiral*, unterwegs gewesen war, gestoßen. Die *Philip* war ein bis an die Zähne bewaffnetes Kriegsschiff, während die anderen drei Schiffe spärlich bewaffnete Handelsschiffe waren. Sie grüßten die *St. Mary* auf Französisch und fragten, wer sie sei, wo sie herkomme und wohin sie wolle. Nachdem die Piraten der *Admiral* die gleichen Fragen gestellt hatten, griff die *Philip* an. Die *St. Mary* wurde schwer beschädigt, und die *Philip* feuerte auch noch drei oder vier Schüsse auf die *Admiral* ab. Die Seeräuber wollten gerade die *St. Mary* entern, als sie bemerkten, dass eine der Luken der *Philip* kaputt war und Wasser hineinlief. Sie mussten ihren Angriff abbrechen, damit der Schaden repariert werden konnte. Die *Admiral* und die *Vice-Admiral* setzten mehr Segel und ergriffen schnell die Flucht.

Nach Abschluss der Reparaturen nahm die *Philip* die Verfolgung auf und eröffnete mit Kanonen und Musketen das Feuer. Es gelang ihnen, ein Seil an Bord der *Admiral* zu werfen, das jedoch riss. Also enterten sie stattdessen die *Vice-Admiral* und waren gerade dabei, die Flagge einzuholen, als sie erfuhren, dass das Schiff zu sinken begonnen hatte. Sie kehrten zur *Philip* zurück und nahmen dabei einige der Kanonen der *Vice-Admiral* mit. Während des heftigen Gefechts wurden neun oder zehn Piraten getötet. Der Kapitän der *Vice-Admiral* verlor ein Bein, ein anderer Seemann einen

Sir Henry Morgan (1635–1688) walisischer Bukanier, Pirat und Gouverneur von Jamaika. Diese Zeichnung stammt aus „The Buccaneers of America" von A. O. Exquemelin.

Arm, und einige weitere Matrosen erlitten Schusswunden.

Zurück auf der *Philip* ging der Seeräuber, der später vor Gericht aussagte, unter Deck. Als er eine halbe Stunde später wieder hinaufkam, sah er nur noch ein französisches Schiff. Er erfuhr, dass die *St. Mary* gesunken war. Er sah die französischen Seeleute im Wasser, aber ein Boot, das zu ihrer Rettung ausgesetzt worden war, wurde vom Piratenkapitän wieder zurückgerufen. Nicht ein einziger Seemann wurde gerettet.

KAPITEL ZWEI

Die Freibeuter

Mit einem Kaperbrief ihrer Regierung – quasi der Erlaubnis, Schiffe anderer Nationen zu überfallen – wurden die Freibeuter bald zu einer lohnenden Einnahmequelle für ihr eigenes Land und zu einer Gefahr für alle anderen, besonders für Spanien, das versuchte, seinen Einfluss auf die Neue Welt zu festigen.

Im Jahr 1492 entdeckte Christoph Kolumbus die Karibik. Als er noch unter französischer Flagge gesegelt war, hatte er selbst als Pirat vor Lissabon venezianische Galeeren, die auf dem Weg nach England waren, überfallen. Auf seiner Entdeckungsreise sieben Jahre später landete Kolumbus, so nimmt man heute an, zuerst in San Salvador auf den Bahamas. Später wurde die Insel nach dem Bukanier, der sie zu seinem Hauptquartier machte, in Walting's Island umbenannt.

Als Nächstes landete er auf Kuba, das er für das Festland von Cathay (China) hielt. Anschließend verschlug es seine Flotte aufgrund ungünstiger Winde nach Ayti (Haiti). Kolumbus taufte es La Isla Española, auch Hispaniola genannt, obwohl er vermutlich glaubte, dass es sich dabei um Cipangu (Japan) handele. Er setzte nur einmal einen Fuß auf das amerikanische Festland, als er nämlich im Jahr 1498 auf der Paria-Halbinsel, die heute zu Venezuela gehört, landete. Er tat das Land jedoch als Insel ab. Seine Reisen stießen die Tür zu den unerhörten Reichtümern dieses neu entdeckten Kontinents weit auf.

Die Konquistadoren

1519 brach Hernán Cortés nach Mexiko auf. Im August 1521 vernichtete er mit ein paar hundert Männern das gesamte Aztekenreich, zerstörte die Hauptstadt Tenochtitlán und tötete 100.000 Menschen. Er schickte drei Karavellen zurück nach Hause, um dem spanischen König von seinem Triumph zu berichten. Die Schiffe ließ er mit Gold- und Silberbarren, Kunstwerken aus Gold, 300 Pfund Perlen, Smaragden, Jadestatuen, gefiederten Masken, Zeremonialgewändern und drei lebenden Jaguaren beladen, um den Reichtum der neuen spanischen Territorien zu demonstrieren. In der

Nähe der Azoren wurden die Schiffe von französischen Freibeutern unter dem Kommando von Jean Fleury angegriffen. Zwei Schiffe wurden aufgebracht, sodass nicht der spanische Hof in Madrid, sondern Fleurys Gönner, Jean Ango aus Dieppe, einen ersten Vorgeschmack auf die neuen Reichtümer bekam.

Die Spanier beschwerten sich bei den Franzosen, dass Fleury ihre Aztekenbeute gestohlen habe. Die Franzosen behaupteten, es sei eine legitime Kriegshandlung gewesen – Spanien und Frankreich befanden sich seit 1494 immer wieder im Krieg. Privatpersonen mit schwerbewaffneten Schiffen auszustatten, war eine international anerkannte Praktik, und der französische König Franz I. ermutigte die Korsaren von La Rochelle, St. Malo und Dieppe sogar noch, den Atlantik auf der Suche nach spanischem Gold zu überqueren. „Ich würde gern den Absatz in Adams Testament sehen, der mir einen Anteil an der Neuen Welt verwehrt“, sagte Franz I. in Anspielung auf den Vertrag von Tordesillas, in dem der in Spanien geborene Papst Alexander VI. 1494 die Neue Welt zwischen Spanien und Portugal aufteilte.

Es war jedoch nicht König Franz I., der seinen Hals riskierte, sondern Jean Fleury. Er hatte das Pech, ausgerechnet

Wir schreiben das Jahr 1492. Christoph Kolumbus ist mit seinen drei Karavellen „Niña“, „Pinta“ und „Santa Maria“ auf dem Weg in die Neue Welt.

den Spaniern in die Hände zu fallen, als er im Oktober 1527 in der Nähe von Cadiz von Martín Pérez de Irizar gefangen genommen wurde. Die spanischen Behörden beschlossen, ihn nicht als Kriegsgefangenen auszutauschen, sondern als Seeräuber hinzurichten, und so endete er zusammen mit 150 seiner Männer am Strick.

Sein Schicksal schreckte andere französische Freibeuter jedoch nicht ab, die sich weiterhin auf der Jagd nach Schätzen auf den langen Weg über den Atlantik machten. 1525 wurde der Entdecker Sebastian Cabot vor der brasilianischen Küste von einem französischen Freibeuter angegriffen. 1526 verlor Rodrigo de Acuñas Galeone *San Gabriel* den Anschluss an den Rest von Garcia Jofre de Loaysas Expedition zur Magellanstraße. Französische Korsaren griffen an und enterten das Schiff. Weitere Freibeuter wurden vor Puerto Rico und Santo Domingo, wie Hispaniola während der Kolonialzeit meist genannt wurde, gesehen.

1527 wurde die Beuteauswahl sogar noch besser. Der spanische Eroberer Francisco Pizarro landete mit einer Handvoll Männer in Peru und eroberte das Inkareich, wo er tonnenweise Gold und Juwelen erbeutete, die er nach Spanien zurückschickte. In der Zwischenzeit ließen die Spanier die übrig gebliebenen Azteken in Mexiko nach Gold und Silber schürfen. Die Spanier interessierten sich nur für die Reichtümer Mexikos und Perus und hatten wenig Interesse daran, die Karibischen Inseln, die sie passenderweise Islas Inútiles – die nutzlosen Inseln – nannten, zu kolonisieren. Aus diesem Grund waren die Inseln die perfekten Zufluchtsorte für die Freibeuter, die sich an Land mit Lebensmitteln und Wasser versorgten und in den Häfen wichtige Reparaturen an ihren Schiffen vornahmen.

Die Arawken und Kariben zogen sie den Spaniern vor, die sie überaus grausam behandelten, sie abschlachteten, versklavten oder sich zu Tode schuften ließen. Ein spanischer Beobachter schrieb dazu: „Ich sah, dass die Eingeborenen französische Lutheraner besser behandelten als diejenigen, die kamen, um sie zu unterwerfen."

Französische Freibeuter

Nachdem 1529 ein Friedensabkommen zwischen Frankreich und Spanien geschlossen wurde, tauchten immer mehr französische Schiffe in Amerika auf. Den Spaniern gefiel das gar nicht, da sie die Neue Welt als ihr Eigentum ansahen. Sie behandelten sogar ehrliche Kaufleute, die auf den Karibischen Inseln Handel betrieben, wie Piraten. Bereits einen einzigen Gegenstand aus Amerika an Bord eines Schiffes zu haben, wurde als Akt der Piraterie angesehen und mit dem Tod bestraft.

1535 wurde die Beziehung zwischen Spanien und Frankreich erneut schlechter. Dies verführte zahlreiche französische Kapitäne dazu, sich dem Freibeutertum zuzuwenden. Sie hatten ihre Hauptquartiere auf den Bahamas, die mit unzähligen Sandbänken und Riffen ideal waren, um auf Galeonen zu warten, die durch die Floridastraße fuhren oder die windwärtige Passage zwischen Kuba und Santo Domingo wählten. Die Angriffe auf spanische Schiffe, die Schätze aus Peru transportierten, brachten den transatlantischen Seehandel zum Erliegen. Im Jahr 1536 führte dies zu einem neuerlichen Krieg zwischen Spanien und Frankreich. Die Spanier mussten ihre Handelsschiffe von Kriegsschiffen eskortieren lassen, um den Handel mit Amerika fortsetzen zu können. Für die Fahrt nach Amerika wurden Flotten vor Sevilla und Cadiz aufgestellt, für die Heimreise vor Santo Domingo. Die Schiffe brachten Seide und Taft, Wein aus Andalusien und Schwerter aus Toledo für die spanischen Siedler in der Neuen Welt. Auf dem Rückweg nahmen sie Gold, Silber, Perlen, Smaragde sowie Zucker, Kakao, Tabak und Tierhäute aus Peru, Chile und Neuspanien mit.

Obwohl das Konvoisystem den spanischen Schiffen auf hoher See einigermaßen Schutz bot, waren die spanischen Siedlungen auf Kuba, Santo Domingo und Puerto Rico weitestgehend schutzlos. Die örtlichen Behörden warnten Madrid davor, dass selbst die Siedlungen auf dem Festland – Cartagena, Veracruz und Panama – von nur 100 Männern mit Leichtigkeit überrannt werden könnten.

Der Waffenstillstand von Nizza von Juni 1538 brachte Frankreich und Spanien Frieden, schreckte aber die französischen Korsaren, die natürlich wenig Lust hatten, den einfachen Weg zum schnellen Geld aufzugeben, keineswegs ab. 1540 überfielen sie die Stadt San Germán auf Puerto Rico. Und 1542 herrschte zwischen Frankreich und Spanien wieder Krieg. Im Februar 1543 griffen französische Freibeuter San Germán erneut an und eroberten vier Karavellen. Dieses Mal nahmen jedoch zwei spanische Galeo-

Kolumbus erscheint vor den spanischen Monarchen Ferdinand und Isabella nach der Rückkehr von seiner ersten Reise in die Neue Welt.

John und Sebastian Cabot gehen im Mai 1497 beim Aufbruch zu ihrer ersten Entdeckungsreise in Bristol an Bord ihres Schiffes „Matthew".

nen sowie zwei Karavellen mit Lateinersegel, die mit 250 Freiwilligen bemannt waren, von Santo Domingo aus die Verfolgung auf. Fünf Tage später hatte die Flotte unter dem Kommando von Kapitän Ginés de Carrion, dem Kommandanten der Galeone *San Cristóbal*, die Freibeuter eingeholt. Die Spanier versenkten ein Schiff und kaperten das französische Flaggschiff mit 40 Mann an Bord. Trotz des Erfolges hatten die Einwohner von San Germán aber zu viel Angst vor einer Rückkehr und ließen sich stattdessen weiter landeinwärts in Guayanilla nieder.

Im Juni des gleichen Jahres griffen sechs französische Schiffe unter dem Kommando des flämischen Wallonen Robert Waal die Isla Margarita vor der Küste Venezuelas an und brannten das Perlenfischerdorf Nuevo Cadiz auf der Nachbarinsel Cubagua nieder. Im Juli landete Waal mit 400 bis 500 Männern in Santa Maria (Kolumbien) und besetzte die Stadt sieben Tage lang. In der Nacht zum 24. Juli nahm er mit 450 Männern Cartagena ein und zwang die Einwohner, 37.500 Pesos auszuhändigen. Anschließend verlangte er weitere 2.000 Pesos, damit er die Gebäude stehen ließ.

1544 beendete der Frieden von Crépy zwar offiziell wieder einmal die Kampfhandlungen, hielt die Korsaren jedoch nicht auf. Weitere Siedlungen entlang der Küste Neuspaniens wurden niedergebrannt. Havanna und Santiago de Cuba wurden von den Freibeutern Jacques Sores aus La Rochelle und François le Clerc – bei den Spaniern als „Pie de Palo" (Holzbein) bekannt – geplündert. Dieses Mal nahmen die Spanier jedoch Rache: Eine kleine Flotte segelte unter dem Kommando von Pedro Menéndez de Aviles durch die französischen Küstenbatterien nach La Rochelle und eroberte fünf spanische Schiffe zurück, die vom Franzosen Jean Alphonse de Saintonge gekapert worden waren. De Aviles Männer enterten de Saintonges Flaggschiff *Marie*, töteten de Saintonge und schlachteten seine Mannschaft regelrecht ab. Im Jahr 1552 versuchte de Saintonges Sohn Antoine, seinen Vater mit einem Angriff auf Santa Cruz auf Teneriffa zu rächen, doch sein Flaggschiff wurde von der Küstenbatterie versenkt, und Antoine starb mitsamt seiner Mannschaft.

Die Engländer greifen ein

Die Engländer hatten ein eigenes Interesse an Amerika. 1497 hisste John Cabot aus Bristol die Tudor-Fahne in Maine und erhob so Anspruch auf das Gebiet, das heute die Vereinigten Staaten und Kanada umfasst. Im Gegensatz zu den spanischen Territorien war die Ausbeute in den englischen Gebieten aber eher dürftig, und so wandten sich nun auch die Engländer der Piraterie zu. 1545 überraschte Robert Reneger aus Southampton die spanische *San Salvador*, die mit ihrer Ladung aus Zucker und Tierhäuten auf dem Rückweg von Santo Domingo war, vor dem Kap von São Vicente an der Südwestspitze Portugals. Eigentlich wollte Reneger nur einen Teil der Fracht mitnehmen, aber dann fand er Gold an Bord. Der spanische Kapitän flehte ihn an, dies nicht zu erwähnen, da es Teil eines privaten „Unternehmens" des Kapitäns war. Dann würde wohl auch niemand das Gold vermissen, dachte sich Reneger und erleichterte den Kapitän von seiner Bürde. Als die spanischen Behörden von dem Vorfall erfuhren, wurde Diplomatenpost zwischen London und Madrid ausgetauscht, aber Reneger „entlohnte" den englischen Lord Admiral und Heinrich VIII. großzügig, sodass er sich als reicher Mann aus dem Geschäft zurückziehen konnte. Bald gingen andere in Renegers Fußstapfen und legten ihre unrechtmäßigen Einnahmen in Baltimore oder Irland an. Die Killigrews und die Tremaynes bildeten mächtige Piratensyndikate und ließen sich auch nicht davon abhalten, als Maria Tudor 1554 Philipp II. von Spanien heiratete. Die Piraterie wurde nicht nur als Geschäft, sondern auch als eine patriotische Pflicht angesehen. Außerdem unterlag sie religiösen Einflüssen. Schließlich sei es die Pflicht jedes Protestanten, das katholische Spanien um sein Gold zu erleichtern.

Französische Korsaren

Während die Engländer sich mit eher kleinen Überfällen auf spanische Schiffe abgaben, organisierten die französischen Hugenotten großangelegte Attacken auf spanische Kolonien. Am 29. April 1553 landeten acht Seeräuberschiffe mit 800 schwerbewaffneten Männern an Bord an der Nordküste Santo Domingos, wo sie die Städte La Yaguana und Monte Cristi überfielen. Im darauf folgenden Sommer wurde noch einmal Santiago de Cuba angegriffen. Die spanischen Siedler hatten der Feuerkraft ihrer Angreifer erneut nichts entgegenzusetzen.

Bei den Hugenotten kam Jacques Sores zu Ruhm und Ehre, als er vor Teneriffa die portugiesische Galeone *Santiago* kaperte und die 38 Jesuiten, die er an Bord fand, ins Meer werfen ließ. Am 10. Juli 1555 landeten er und 100 Männer eineinhalb Meilen von Havanna entfernt auf Kuba und griffen die aus zwölf Kanonen bestehende Verteidigungsbatterie der Stadt von hinten an. Am Morgen des 12. Juli ergaben sich die 24 Verteidiger. Anschließend segelten Sores' Männer ihre Schiffe in den Hafen, wo sie kielgeholt und neu ausgerüstet wurden. Sores verlangte ein Lösegeld von 500 Pesos für jeden Spanier, 100 Pesos für jeden Sklaven und weitere 30.000 Pesos, damit er die Gebäude verschonte.

Doch der spanische Gouverneur Dr. Angulo unternahm mit fünf Spaniern, acht Indianern und 220 Sklaven einen überraschenden Gegenangriff, der aber fehlschlug. Die Piraten metzelten ihre Gefangenen nieder. Dabei ging Sores besonders gegen Sklaven hart vor und ließ viele an den Füßen aufhängen. Seine Männer machten Havanna und alles, was sich im Umkreis von fünf Meilen befand, dem Erdboden gleich. Am 5. August kehrten sie auf ihre Schiffe zurück und nahmen die zwölf Kanonen der Stadt mit.

Im April des Jahres 1559 unterzeichneten Heinrich II. von Frankreich und Philipp II. von Spanien ein erneutes Friedensabkommen. Was ihr katholischer König tat, interessierte die protestantischen Hugenotten jedoch nicht im Geringsten. Noch im gleichen Jahr wurden drei spanische Galeonen geplündert. Der Kapitän eines weiteren spanischen Schiffes auf dem Weg nach Havanna versenkte seine Ladung lieber im Meer, als sie an die Korsaren zu verlieren. 1561 nahmen Hugenotten Puerto Cabellos und Trujillo an

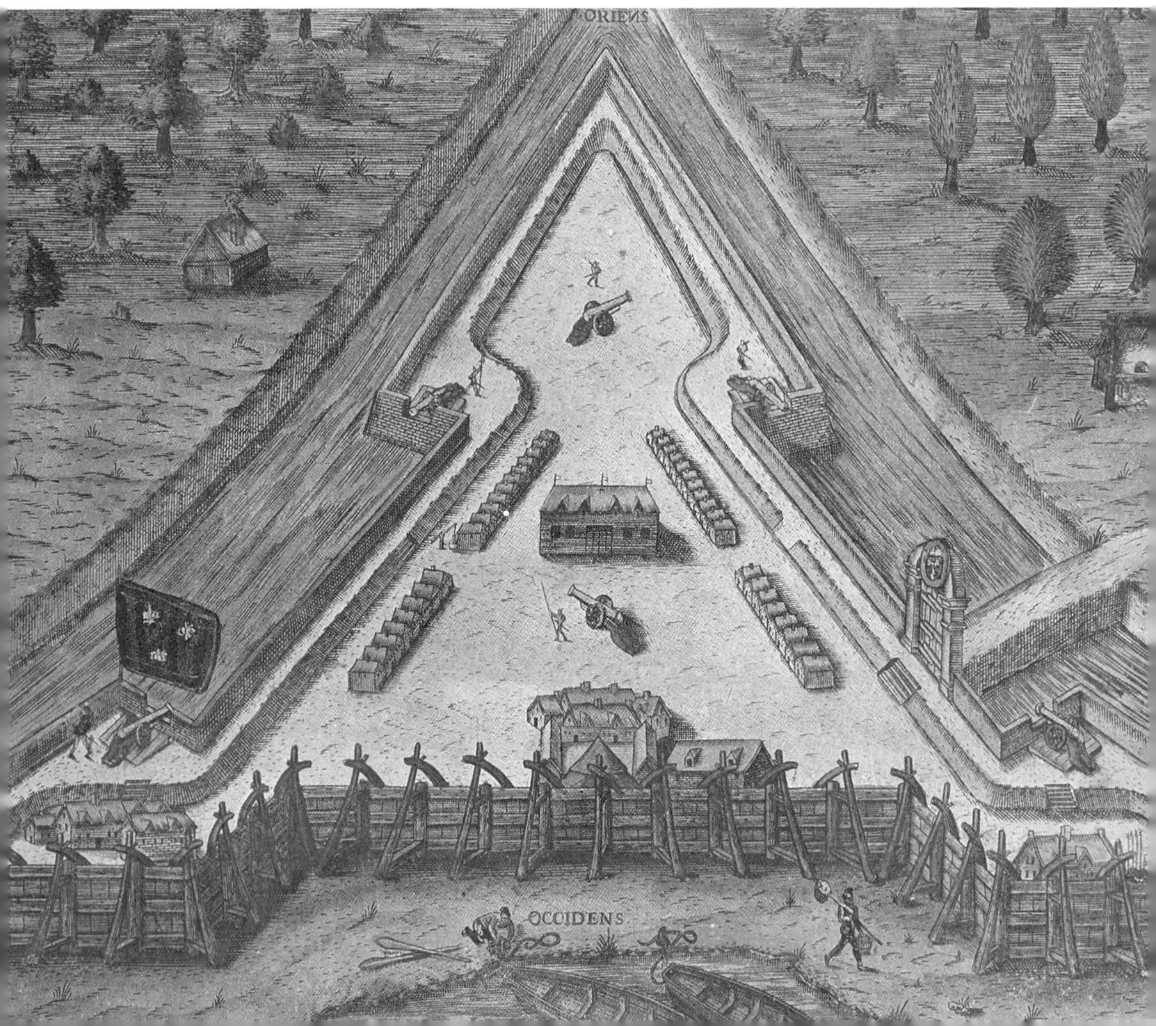

Zeichnung nach einem Stich von Theodore De Bry: Fort Caroline, das französische Kolonisten 1564 an der Küste Floridas bauten.

der honduranischen Nordküste sowie Campeche in Mexiko ein. Langsam begannen die Spanier jedoch, sich zu wehren: Die Einwohner Campeches konnten einen zweiten Angriff abwehren. Ein französisches Piratenschiff wurde vor der honduranischen Küste aufgebracht. Drei Hugenotten wurden sofort exekutiert, den Rest brachte man in Ketten nach Guatemala.

Der Freibeuter Jean Bontemps wurde 1572 bei dem Versuch getötet, die Insel Curaçao einzunehmen, die sich damals im Besitz der Spanier befand. Er starb durch einen Pfeil in der Kehle, und sein Kopf wurde als Trophäe nach Santo Domingo gebracht.

Aber dies schreckte die Hugenotten nicht ab. Sie versuchten, auf dem amerikanischen Festland einen Stützpunkt einzurichten, von dem aus sie die spanischen Schiffe angreifen konnten. 1562 – 45 Jahre, bevor die Briten ihre erste Kolonie in Jamestown, Virginia, gründeten – sichteten die Mannschaften zweier Schiffe und einer Schaluppe unter dem Kommando von Jean Ribault mit 150 Hugenotten an Bord die Küste Floridas bei St. Augustine. Sie wandten sich nach Norden und erforschten die Küste bis hinauf ins heutige South Carolina. An der Südspitze der Insel, die wir heute als Parris Island kennen, bauten sie eine kleine Festung: Charlesfort. Ribault ließ zwei Dutzend Freiwillige unter dem Kommando von Kapitän Albert de la Pierria zurück und versprach, sechs Monate später mit Verstärkung zurückzukehren. Als er in Frankreich ankam, fand er sich inmitten eines Religionskrieges wieder. Dieser verzögerte seine Rückkehr, und die Festung wurde nach einem Jahr aufgegeben. 1564 kehrten die Hugenotten dann nach Florida zurück. Ribaults Leutnant René de Laudonnière brachte 300 hugenottische Siedler auf drei Schiffen in die Neue Welt. Sie bauten an der Mündung des St. John's River, in der Nähe des heutigen Jacksonville, das große Fort Caroline. Wie in anderen frühen amerikanischen Kolonien litten auch die Siedler in Fort Caroline unter Hunger, Krankheiten, Meutereien und Angriffen der Indianer. Um diesem Elend zu entkommen, eroberte eine Gruppe von Kolonisten zwei Schaluppen und wandte sich wieder dem Geschäft zu, das sie am besten verstanden: der Piraterie.

Der Freibeuter Jean Bontemps starb durch einen Pfeil in der Kehle, und sein Kopf wurde als Trophäe nach Santo Domingo gebracht.

Im folgenden Jahr kehrte Ribault selbst nach Amerika zurück und brachte weitere 600 Siedler mit. Auch ihm fiel es schwer, alte Gewohnheiten aufzugeben, und so kaperte er auf dem Weg noch schnell zwei spanische Schatzschiffe. Damit handelte er sich den Zorn Pedro Menéndez de Aviles' ein, des früheren Erzfeindes von Jean Alphonse de Saintonge und Ritters des Ordens von Santiago. Dieser landete mit seinem Flaggschiff *San Pelayo* und vier Begleitschiffen bei Fort Caroline. Ribault ließ die Ankertaue seiner Schiffe kappen und floh auf die offene See. Es gelang ihnen, de Aviles abzuhängen, der daraufhin 35 Meilen weiter südlich bei St. Augustine vor Anker ging. Zwei Schaluppen wurden ausgesandt, um die Kavallerie aus Santo

Domingo zu holen, während sich de Aviles' Männer zunächst verschanzten. Am 16. September 1565 machten sich dann 400 Männer auf den Weg nach Fort Caroline. Anfangs wurden sie von einem Hurrikan aufgehalten, aber vier Tage später griffen sie an.

Der er den Angriff vorausgesehen hatte, war Jean Ribault in der Zwischenzeit nach Fort Caroline zurückgekehrt und hatte den Großteil seiner Männer, 600 an der Zahl, abgezogen. Mit ihnen wollte er nach St. Augustine segeln und de Aviles in den Rücken fallen. Aber der Plan ging schief, da der Hurrikan, der de Aviles aufgehalten hatte, auch Ribaults Schiffe zerstört hatte und seine Männer ohne Essen, Wasser oder Waffen entlang der Küste gestrandet waren. Die verbliebenen 112 Verteidiger von Fort Caroline starben, ohne dass ein einziger Spanier sein Leben lassen musste. 70 Frauen und Kinder wurden gefangen genommen, während Laudonnière, Ribaults Sohn Jacques und etwa 60 weiteren die Flucht und schließlich die Rückkehr nach Frankreich gelang. Nach der Eroberung Fort Carolines machte sich de Aviles dann auf die Jagd nach Ribaults Männern. Am 10. Oktober ergaben sich Ribault und 300 seiner Männer. Man fesselte ihnen die Hände auf den Rücken und schnitt ihnen südlich von St. Augustine, an einem Ort, der heute als Matanzas (span.: Blutbad) bekannt ist, die Kehlen durch. Nur fünf junge Männer blieben am Leben. Weitere 150 Hugenotten ergaben sich bei Cape Canaveral unter der Bedingung, dass sie am Leben blieben. Sie wurden auf die *San Pelayo* verfrachtet, um nach Havanna gebracht zu werden. Aber auf dem Weg dorthin zettelten sie eine Meuterei an, übernahmen das Schiff und segelten nach Dänemark.

Die Spanier tauften Fort Caroline in Fort San Mateo um, da sie es am Gedenktag des heiligen Matthäus eingenommen hatten, und ließen eine kleine Garnison unter Kapitän Villaroel zurück. Im Jahr 1568 belagerte der Gascogner Dominque de Gourgues zusammen mit 280 Hugenotten auf drei Schiffen das Fort. Da sie zahlenmäßig stark unterlegen waren, ergriffen Villaroel und seine Männer im Schutz der Dunkelheit die Flucht und versuchten, sich südwärts nach St. Augustine durchzuschlagen. 30 Männer wurden dabei getötet, weitere 38 gefangen genommen. Als Vergeltung für Ribault wurden sie ebenfalls hingerichtet.

Inzwischen hatte der Religionskrieg im Heimatland die Hugenotten viel Kraft gekostet. Das französische Freibeutertum war am Ende, die englischen Freibeuter hingegen befanden sich auf dem Weg nach oben. Obwohl England während der französisch-spanischen Kriege der engste Verbündete Spaniens gewesen war, kam es nun zu Konflikten aufgrund der Religion. Mit dem Tod Maria Tudors 1558 und der Krönung Elisabeths I. wurde England zu einer durch und durch protestantischen Nation, während Spanien seine enormen Reichtümer dazu verwendete, die Gegenreformation zu unterstützen.

Spanien war inzwischen noch reicher geworden, da man eine Methode entwickelt hatte, Silber auch aus zuvor unbrauchbarem Erz zu gewinnen. Seinen Reichtum wollte es jedoch nicht einmal mit seinen Verbündeten teilen, noch wollte es diese Handel mit den Kolonien in Übersee betreiben lassen.

John Hawkins sticht in See

1562 unternahm John Hawkins, ein Händler aus Plymouth, die erste von drei Fahrten in die Karibik. Er besaß drei Schiffe: die 120-tonnige *Solomon*, die 100-tonnige *Swallow* und ein gekapertes portugiesisches Schiff. Zuerst hielten sie an der Küste Guineas, wo sie 300 Sklaven an Bord nahmen. Anfang 1563 erreichten sie die Nordküste Santo Domingos. Hawkins hatte mit dem spanischen Kommandanten Lorenzo Bernáldo, der mit 120 Kavalleristen abgestellt war, ihn aufzuhalten, ein Abkommen getroffen, sodass die Sklaven ohne Probleme entladen werden konnten. Hawkins hatte so gute Beziehungen, dass sogar ein Teil der Waren, die er mit seinen Erträgen erwarb, auf einem spanischen Schiff via Sevilla zurück nach England gebracht werden sollte. Obwohl die spanischen Behörden auf den Handel aufmerksam wurden und seine Waren beschlagnahmten, konnte Hawkins auf seinen eigenen Schiffen noch genug Güter nach Hause transportieren, um sich zum reichsten Mann von ganz Plymouth zu machen.

Als er 1565 seine zweite Reise plante, hatte er plötzlich eine Reihe reicher Gönner, zu denen auch Königin Elisabeth I. selbst gehörte. Neben der *Solomon*, der *Swallow* und der *Tiger* nahm er auch das Schiff der Königin, die mit 30 Kanonen bewaffnete *Jesus of Lübeck* mit. In Sierra Leone nahmen sie 400 Sklaven an Bord, die sie über Dominica zur Isla Margarita transportierten, aber die Spanier vor Ort wollten nicht mit den Engländern handeln. Also segelte Hawkins westwärts die Küste entlang nach Borburata, nahe dem heutigen Puerto Cabello (Venezuela). Mit ein bisschen Waffengewalt wurden die dortigen Einwohner schnell vom Handel „überzeugt“. Das war eine übliche Praktik in der Karibik, da die spanischen Siedler Madrid gegenüber vorgeben mussten, mit anderen Nationen keinen Handel zu treiben. Hawkins wandte die gleiche Taktik in Ríohacha (Kolumbien) noch einmal an und kehrte mit einem noch größeren Gewinn als beim ersten Mal von seiner zweiten Reise zurück.

Mit dem Ende des französischen Freibeutertums begann der Aufstieg der Engländer unter der Führung von Männern wie Sir Francis Drake.

Die englische Königin ignorierte die Proteste des spanischen Botschafters, als Hawkins seine dritte Reise vorbereitete. Dieses Mal ging jedoch alles schief: Zuerst entstanden Probleme, da er nicht genug Sklaven bekam. Dann schickte er seinen jungen Verwandten Francis Drake voraus, um den Ankerplatz in Ríochacha zu sichern, aber man feuerte auf ihn. Nach einem kurzen Gefecht zog sich Drake aus der Schussweite zurück und blockierte die Hafeneinfahrt. Als Hawkins fünf Tage später ankam, setzte er 200 Mann an Land. Sie machten mit den spanischen Verteidigern kurzen Prozess und besetzten die Stadt. Anschließend schickte Hawkins eine Abordnung, die von einem entflohenen Sklaven angeführt wurde, in den Dschungel, um die Schätze zu suchen, die von den Spaniern dort versteckt worden waren.

Dann ging es weiter nach Santa Marta, wo sich der örtliche Gouverneur nach einem kleinen Schaukampf zur Befriedigung seiner persönlichen Ehre gern auf den Handel mit Hawkins einließ. Im folgenden Monat versuchte Hawkins das gleiche Spiel in Cartagena, aber dieses Mal meinten es die Spanier ernst, und er musste unverrichteter Dinge wieder abziehen. Auf dem Weg nach Norden geriet seine kleine Flotte in einen schweren Hurrikan und musste im Hafen von San Juan de Ulúa, einer kleinen Festungsinsel gegenüber dem Hafen von Veracruz (Mexiko), Unterschlupf suchen. Dort kamen auch Gold und Silber an, die in Peru und Chile geschürft wurden. Sie wurden dann auf Maultierrücken und zusammen mit Gewürzen, Seide und Juwelen aus dem Orient mühsam auf dem Landweg von Acapulco an der mexikanischen Westküste nach Veracruz transportiert.

Hawkins' Flotte traf bei Einbruch der Dunkelheit ein. Die Hafenwache verwechselte sie mit dem spanischen Konvoi, der jedes Jahr um diese Zeit kam, um das Silber abzuholen. Am Morgen hisste Hawkins eine falsche Flagge und ließ den Hafenlotsen sowie das gesamte Begrüßungskomitee an Bord kommen. Anschließend segelten die englischen Schiffe direkt unter den Mündungen der spanischen Kanonen hindurch in den Hafen. Sie gingen vor Anker und nahmen die gesamte Insel ein, bevor den Spaniern überhaupt klar wurde, wen sie da so nett empfangen hatten. Hawkins hatte gehofft, neue Vorräte an Bord nehmen, wichtige Reparaturen durchführen und wieder unbehelligt verschwinden zu können, aber zwei Tage später tauchte der echte spanische Konvoi auf, der aus elf Galeonen bestand. An Bord befand sich zudem der neue Vizekönig von Neuspanien, Martín Enríquez. Hawkins schickte eine Nachricht, dass er die Spanier in den Hafen lassen werde, wenn er im Gegenzug seine Schiffe überholen lassen und ungehindert wegsegeln könne.

Nach der langen Atlantiküberquerung gingen bei den Spaniern die Vorräte zur Neige. Da sie sich außerdem mitten in der Hurrikansaison an einer gefährlichen, vom Wind abgewandten Küste befanden, blieb ihnen gar nichts anderes übrig, als zuzustimmen. Enríquez hatte aber nicht vor, dieses unfreiwillige Abkommen einzuhalten. Nachts schlichen sich spanische Truppen an Bord eines Schiffswracks, das neben den Engländern lag. Hawkins ahnte jedoch etwas und eröffnete das Feuer, während sich die englischen Schiffe bereitmachten, schnell in See zu stechen.

Plötzlich überrannten die Spanier die Garnison geradezu, eroberten die Küstenbatterie und eröffneten das Feuer auf die Engländer. Das Gefecht hielt den ganzen Tag an. Nur zweien der sechs englischen Schiffe gelang die Flucht: der *Minion* unter Hawkins und der *Judith* unter Drake. An Land ergaben sich 100 Männer, während sich 200 Überlebende auf die *Minion* retten konnten. Ohne sich neu ausstatten zu können, setzte Hawkins Segel nach England. Als er dort ankam, waren nur noch 15 Mann am Leben.

Sir Francis Drake

Nachdem Hawkins' Karibikhandel fehlgeschlagen war, wandte man sich nunmehr verstärkt der Piraterie zu. Zwischen 1568 und 1572 gingen vor allem protestantische französische und holländische Freibeuter Geschäftsbeziehungen mit den Piraten an der Westküste Englands ein. Englische Piraten kauften wiederum Kaperbriefe vom französischen König Heinrich IV. und verschacherten ihre Beute auf der Isle of Wight, einer berüchtigten Piratenhochburg.

1570 segelte Francis Drake mit den kleinen Schiffen *Dragon* und *Swan* in die Karibik zurück. Über diese Reise ist jedoch nichts weiter bekannt. Man weiß nur, dass er Rache für San Juan de Ulúa nehmen wollte. Der Sohn eines Laienpredigers war überzeugter Protestant. Seine Lieblingslektüre war *Foxes Buch über die Märtyrer,* ein anschaulicher und überaus polemischer Bericht des Puritaners John Foxe, der für seinen Glauben verfolgt wurde. Drake war bereits für seine Heldentaten bekannt, und man kann davon ausgehen, dass er für diese Reise die Genehmigung der Königin hatte.

Auch 1571 unternahm Drake eine Reise in die Karibik, erneut mit der 25-tonnigen *Swan,* aber dieses Mal mit französischen Partnern. Ein spanisches Dokument über seinen Angriff auf die Küste von Nombre de Dios in Panama berichtet, dass er Boote im Fluss Chagres ausraubte, die Waren im Wert von 40.000 Dukaten sowie wertvolle Stoffe transportiert hatten. Gold und Silber erbeutete er von anderen Schiffen. Zurück in Plymouth, teilte man diese Beute unter den Partnern auf.

Ein Porträt der Königin Elisabeth I. von England (1533–1603). Sie war eine große Gönnerin englischer Freibeuter wie Sir Francis Drake und Sir Walter Raleigh.

1572 kehrte Drake mit Unterstützung von Hawkins und dessen Schiff *Pascha* nebst seiner eigenen winzigen *Swan* erneut in die Karibik zurück. Diesmal führte er einen Kaperbrief der Königin mit sich, der aber vielmehr ein Freibrief zum Plündern der spanischen Kolonien war. Begleitet wurde er von Kapitän James Raunce, der ein weiteres Schiff und 30 Männer beisteuerte. An einem versteckten Ankerplatz im Isthmus von Panama versammelten sie vier Barkassen, um einen Nachtangriff auf Nombre de Dios zu starten. Sie fanden die Schatzkammern jedoch leer vor, und Drake wurde bei einem kurzen Gefecht mit der Bürgerwehr verwundet. Raunce hatte danach genug und verließ die Expedition. Drake hingegen war aus viel härterem Holz geschnitzt. Er errichtete im Golf von San Blas ein kleines Hauptquartier und attackierte von dort aus das südamerikanische Festland bis nach Curaçao. Als der spanische Silberkonvoi im folgenden Jahr in Panama vor Anker ging, zog Drake mit seinen Männern durch den dichten Dschungel, um die Maultierkarawane abzufangen, die das in Peru gestohlene Silber über die Landenge transportierte. Obwohl sie Hilfe von den örtlichen Eingeborenen, entflohenen afrikanischen und indianischen Sklaven – den sogenannten Cimarrones, die für die Spanier gar nichts übrighatten – bekamen, schlug der Überfall fehl, als ein betrunkener Matrose aus Versehen die Wachen des Konvois alarmierte. Während dieses „Ausflugs“ sah Drake von einem hohen Bergkamm aus zum ersten Mal den Pazifik, der bis dahin den spanischen Schiffen vorbehalten war. Die Hälfte von Drakes Männern, darunter auch einer seiner Brüder, starb im Dschungel an Gelbfieber und anderen Krankheiten. Zwei Wochen später, als sie schon alles verloren glaubten, stolperten sie doch noch über eine Maultierkarawane, die mit Gold und Silber beladen war. Sechs Stunden lang ließen sie sich

Die „Golden Hind“ auf ihrer langen und einsamen Weltumsegelung unter dem Kommando des Abenteurers, Forschers und Freibeuters Francis Drake.

Die Flotte von Francis Drake und John Hawkins ankerte vor Neuspanien, als die Spanier ohne Vorwarnung angriffen. Nur zwei englische Schiffe mit Drake und Hawkins an Bord konnten entkommen.

mit ihrer Beute den Fluss hinabtreiben, bis sie endlich wieder ihre Schiffe erreichten. Auf dieser Reise legte Drake den Grundstein für Ruhm und Reichtum, denn er kehrte schwerbeladen nach England zurück.

Weltumsegelung

Im Jahr 1577 segelte Drake wieder über den Atlantik, dieses Mal mit einem Geschwader aus fünf kleinen Schiffen. Er wollte im Süden Chiles die Magellanstraße durchqueren und die dahinterliegende Küste mit spanischen Kolonien ausrauben – wiederum mit Zustimmung seiner Königin. Die Durchquerung der Magellanstraße dauerte 16 Tage, in denen Drake von seinem Stellvertreter getrennt wurde. Dieser glaubte, Drakes Schiff wäre verlorengegangen, und war nach England zurückgekehrt. Die *Golden Hind* musste also allein weitersegeln. Drakes Flaggschiff fuhr die südamerikanische Küste hinauf, die nahezu unbewacht war, da bisher noch kein nichtspanisches Schiff in diese Gewässer vorgedrungen war. In Valparaíso nahm er Vorräte auf und griff vorbeifahrende

spanische Handelsschiffe an. Die Galeone *Cacafuego* hatte einem Bericht zufolge „13 Kisten Reales (damalige spanische Währung), 80 Pfund Gold und 26 Tonnen Silber an Bord“, als sie Drakes Opfer wurde. Die *Golden Hind* lag mit ihrer enormen Ladung aus Gold- und Silberbarren, spanischen Münzen, Edelsteinen und Perlen bald so tief im Wasser, dass sie nicht mehr fahrbar war. Auch nachdem er die halbe Ladung über Bord geworfen hatte, um überhaupt segeln zu können, erzielte Drake zu Hause noch einen Gewinn von 4.700 Prozent!

Nachdem er sich mehr aufgeladen hatte, als er eigentlich transportieren konnte, versuchte Drake, für den Weg zurück nach England die berühmte Nordwestpassage zu finden. Er und seine Männer waren die ersten Europäer, die einen Blick auf das heutige Kanada warfen. Von der Kälte besiegt – eine komplette Durchfahrung der Nordwestpassage sollte erst 1906 erfolgen –, wandte sich die *Golden Hind* jedoch westwärts und segelte 68 Tage lang, ohne Land zu sichten, bevor sie eine Inselkette, wahrscheinlich die Palau-Inseln, erreichte. Von dort ging es weiter zu den Philippinen und den Molukken (Gewürzinseln), wo Drake ein Abkommen mit dem Sultan traf, das den Engländern das Recht zum Gewürzhandel gab. Dieser war bisher ein spanisches Monopol gewesen.

Drakes Seemannskunst war zwar unübertroffen, aber er segelte in völlig unkartierten Gewässern. Daher war es kaum zu vermeiden, dass sein Schiff schließlich auf ein Riff lief. Es gelang ihm jedoch, die *Golden Hind* ohne größere Schäden zu befreien und nach Java weiterzusegeln, wo er neue Vorräte an Bord nahm. Dann fuhr er über den Indischen Ozean zum Kap der Guten Hoffnung, wo er zwei Jahre, nachdem er in die Magellanstraße eingefahren war, wieder atlantische Gewässer erreichte. Ihm waren nur 56 von 100 Besatzungsmitgliedern geblieben.

Am 26. September 1580 landete Francis Drakes Schiff mit Gewürzen und Schätzen beladen im Hafen von Plymouth. Drake selbst war nun ein reicher Mann und berühmt noch dazu – als erster englischer Kapitän war ihm die Weltumsegelung geglückt. Als erster Engländer war er auf dem Pazifik und dem Indischen Ozean gesegelt. Trotz spanischer Proteste wegen seines Verhaltens in ihren Gewässern gewährte ihm die Königin eine Audienz. Sechs Stunden lang befragte sie ihn über seine Reise, die sie mitfinanziert hatte. Dann schlug sie ihn unter großem öffentlichen Jubel an Bord der *Golden Hind* zum Ritter. Damit bekannte die Königin offiziell ihre Loyalität zu „dem Piraten“, wie Drake von der Bevölkerung liebevoll genannt wurde. Das ermutigte weitere englische Seeräuber, die in immer größerer Zahl in die Karibik segelten.

Als Kind eines einfachen Bauern stieß Drake bei den Höflingen und in der Regierung immer wieder auf Verachtung. Elisabeth hingegen mochte ihn. Als er 1585 das nächste Mal in die Karibik segelte, kommandierte er eine Flotte von 25 Schiffen. Außerdem wurde er von 2.300 Marinesoldaten an Bord von 21 Kriegsschiffen begleitet. Zwei davon, die *Aid* und die *Elizabeth Bonaventure,* die ihm als Flaggschiff diente, waren Leihgaben der Königin.

Zusätzlich waren die Galeone *Leicester* und Sir Martin Frobishers privates Handelsschiff, die *Primrose,* an der Fahrt beteiligt. Drakes Order lautete schlicht, dem spanischen Reich so viel Schaden wie möglich zuzufügen.

Seine erste Station war Hispaniola, wo er ein spanisches Schiff kaperte. An Bord befand sich ein griechischer Steuermann. Dieser empfahl ihm als besten Ankerplatz für seine Flotte die Mündung des Flusses Jaina, zehn Meilen westlich der Inselhauptstadt Santo Domingo. An diesem Abend landeten 800 Engländer unter dem Kommando von Christopher Carleill auf der Insel. Am nächsten Morgen lag Drakes Flotte vor der Hafeneinfahrt. Daraufhin versuchten die Spanier, die Einfahrt mit zwei Schiffen zu blockieren. Carleills Truppe griff sie von hinten an, und gegen Mittag gaben die Spanier auf. Drake besetzte die Stadt einen Monat lang, plünderte sie und brannte Gebäude um Gebäude nieder, bis die Einwohner ihm 25.000 Dukaten als Lösegeld aushändigten.

Anschließend segelte Drake nach Cartagena, das damals die größte spanische Stadt in der Karibik war. Ihr Gouverneur Pedro Fernández wusste, dass Drake auf dem Weg war, und machte sich zur Verteidigung bereit. Er verfügte über 450 bewaffnete Männer, 400 indianische Bogenschützen, 100 Speerträger, 54 Kavalleristen und 20 bewaffnete afrikanische Sklaven an Land. Im Hafen lagen zwei schwerbewaffnete Galeeren unter dem Kommando des Veteranen Pedro Vique Manrique. Obwohl die Verteidigungskräfte durchaus eindrucksvoll waren, kannten sie alle Drakes furchterregenden Ruf und wussten, wie groß die Streitmacht war, die sich ihnen näherte. Eine Woche nach der Abfahrt in Santo Domingo segelte Drakes Flotte in den riesigen Außenhafen Cartagenas ein und setzte Carleill und 600 Männer aus, die sich von Norden heranschleichen sollten. In der Zwischenzeit beschäftigte Frobisher das Fort in Boquerón. Am nächsten Morgen griff Carleills Truppe an und überrannte den äußeren Verteidigungsring. Die spanische Moral brach zusammen. Die Galeeren liefen auf Grund, ihre Mannschaften flohen, die Galeerensklaven rebellierten. Bei den Kämpfen wurden 30 Engländer und acht Spanier getötet. Am nächsten Tag brach die Gegenwehr endgültig zusammen. Drake besetzte Cartagena über einen Monat lang und plünderte es so lange, bis die Bewohner 107.000 Dukaten aufgetrieben hatten, um den Rest der Stadt zu retten.

Im Anschluss daran plünderte er noch St. Augustine in Florida und nahm Santiago auf den Kapverdischen Inseln ein, bevor er nach England zurücksegelte. Das Ausmaß seines Feldzugs war beispiellos, die Folgen waren katastrophal: Die Bank von Sevilla brach zusammen. Die Bank von Venedig, deren Hauptschuldner Philipp II. von Spanien war, ging fast bankrott, und die Fugger von Augsburg, damals größte deutsche Bank, versagten ihm weitere Kredite. Selbst Lord Burghley, wichtigster Berater der englischen Königin, der Drake und seine Methoden verabscheute, musste zugeben, dass „Sir Francis Drake für den spanischen König ein Alptraum ist". Das Freibeutertum wurde zunehmend zum

Machtfaktor bei internationalen Angelegenheiten. Zu einer Zeit, als die englische Regierung nur wenige echte Kriegsschiffe besaß, wurden die Seeräuber zur wichtigsten „Waffe" im inoffiziellen Krieg mit Spanien. Auch wirtschaftlich gesehen waren die Freibeuter wichtig. In den verbleibenden 15 Jahren von Elisabeths Regentschaft fanden jährlich zwischen 100 und 200 Kaperfahrten statt, die Beute im Wert bis zu 300.000 Pfund Sterling von den Spaniern mitbrachten.

Sir Thomas Cavendish

Drakes Weltumsegelung inspirierte den aus Suffolk stammenden Gutsbesitzer Thomas Cavendish, der schon kurz darauf unter immensen Kosten seine eigene Kaperfahrt ausrichtete. Am 21. Juli 1586 stach er in Plymouth mit drei Schiffen und 123 Männern in See. Nachdem er die Magellanstraße passiert hatte, griff er spanische Siedlungen an der amerikanischen Pazifikküste an. Vor der Küste Kaliforniens brachte er die Schatzgaleone *Santa Ana* auf und verbrannte sie mitsamt ihren 500 Tonnen Fracht. „Entlang der Küste Chiles, Perus und Neuspaniens", so schrieb er in einem Bericht an seinen Investor Lord Hunsdon, „machte ich fette Beute. Ich versenkte 19 Schiffe. Alle Dörfer und Städte, in denen ich landete, plünderte ich aus und brannte sie nieder."

Über die Philippinen, die Molukken, Java sowie das Kap der Guten Hoffnung segelte er zurück nach England. 1588 fuhr er mit seinem einzig verbliebenen Schiff, der *Desire*, deren Bug vergoldet und deren Mastspitzen in goldene Tücher gewickelt waren, die Themse hinauf. Ihre Segel waren mit buntem Seidengras aus der Südsee geschmückt, und Cavendish und seine Mannschaft stolzierten – in feinstes Tuch gehüllt – auf dem Deck umher.

Seine zweite Kaperfahrt im Jahr 1591 finanzierte er, indem er einige Landhäuser verkaufte und Hypotheken aufnahm. Dieses Mal gelang ihm die Durchquerung der Magellanstraße jedoch nicht, und er starb auf dem Weg zurück nach England im Nordatlantik. Vor seinem Tod verfluchte er noch seine „anmaßenden, rebellischen Seeleute", die er für den Fehlschlag verantwortlich machte.

Die Niederlage ihrer Armada im Jahr 1588 schwächte die Spanier sehr. In den darauf folgenden drei Jahren brachten die englischen Freibeuter so viel Zucker und Tierhäute mit, dass der Markt in London übersättigt war. Schiffe wurden nach Hamburg umgeleitet, um die Verluste so gering wie möglich zu halten. Nun mischten sich auch Reiche und Adlige wie Sir Walter Raleigh und die Grafen von Cumberland und von Essex ein. Edward Glenham aus Benhall in Suffolk verkaufte gar seinen Familiensitz, um eine Fahrt zu finanzieren, deren Ziel es war, die Insel Sao Jorge auf den Azoren einzunehmen. Wenn diese Großunternehmungen schiefgingen, wandten sich ihre Initiatoren oftmals der Seeräuberei zu. Zur Verteidigung seiner Freibeuterkollegen gegen die Kritik Francis Bacons erklärte Raleigh: „Haben Sie schon einmal Piraten gesehen, bei denen es um Millionen geht? Nur diejenigen, die um kleine Beträge kämpfen, sind Piraten."

Piratendemokratie

Das Prinzip der Willens- und Handlungsfreiheit hatte bereits begonnen, sich unter den Piraten durchzusetzen. Drake war noch ein Schinder gewesen. Er war damit einer der wenigen elisabethanischen Kapitäne, die von ihrer Mannschaft eiserne Disziplin erwarteten. Die Bestrafungen auf seinen Schiffen waren hart: Wer sein Messer zog, verlor eine Hand. Wer einen Kameraden angriff, wurde dreimal von der Rah aus ins Wasser getaucht. Wer beim Stehlen erwischt wurde, dem wurde der Kopf rasiert und anschließend mit einer Mischung aus Federn und siedendem Öl eingeschmiert. Wer auf Wache schlief, beim Karten- oder Würfelspiel gotteslästerlich redete oder in der Messe fluchte, wurde ausgepeitscht oder ausgesetzt. Die Freibeuter der Karibik waren deutlich weniger geneigt, sich solch strenger Disziplin zu unterwerfen. Richard Hawkins, Sir Johns Sohn, verglich Schiffsbesatzungen mit „sturen Pferden, die das Zaumzeug zwischen die Zähne nehmen und ihre Reiter zwingen, ihrem Willen zu folgen." Seit den 1590er-Jahre war es auf den Schiffen üblich, dass der Kapitän vor einer Entscheidung seine Mannschaft befragte und sich oft ihrem Willen beugen musste.

Junge Männer aus Küstenstädten von Bristol bis zum Wash verließen ihre Bauernhöfe, Lehr- und Arbeitsstellen, um zur See zu fahren, obwohl ihnen Skorbut, Ruhr, Wundbrand, Ertrinken, Aussetzen oder jede mögliche andere gewaltsame Todesart drohte. Warum sollten sie für 40 Schilling im Jahr arbeiten, wenn sie weit mehr als das auf einem einzigen erfolgreichen Beutezug verdienen konnten?

Francis Drake wird von Königin Elisabeth I. auf seinem Schiff „Golden Hind" im September 1580 zum Ritter geschlagen. Drake war gerade von seiner Weltumsegelung zurückgekehrt.

Jeder Mann war verpflichtet, seine gesamte Beute der Raubzüge am Hauptmast des Schiffs abzulegen, wo sie nach Rang aufgeteilt wurde. Im Eifer des Gefechts wurde das aber gern einmal vergessen. Der Besatzung stand ein Drittel des Werts der gesamten Beute zu, was bedeutete, dass sie von der Rechenkunst des Organisators abhängig war. Es kam häufig vor, dass Teile der Beute „abgezweigt" wurden, bevor sie aufgelistet und verteilt werden konnten. Als William Ivy, der Segelmeister der *Tiger*, beschuldigt wurde, von der Beute gestohlen zu haben, sagte er: „Ich scheiße auf Ihren Kaperbrief", erstach mit dem Steuermannsmaat und dem Segelmaat den Kapitän und warf ihn über Bord.

Die Kapitäne ihrerseits machten es aber auch nicht anders: Viele verkauften Teile der Beute in Tunis oder Algier oder schmuggelten sie in Irland oder Wales heimlich an Land. Die von den Männern gestohlenen Gegenstände wurden auf dem Schwarzmarkt zu einem Bruchteil ihres Werts verkauft. Das Geld wurde dann meistens gleich wieder für Alkohol und Frauen ausgegeben.

Die Behörden sahen über diese Vorgänge hinweg. George Carey, ein bekannter Geschäftsmann, sagte dazu: „Ihre Majestät braucht sich nicht um die Fehler derjenigen zu kümmern, die ihr einen ordentlichen Profit einbringen." Viele Freibeuter besaßen nicht einmal Kaperbriefe. Sie waren sicher, sich im schlimmsten Fall bei ihrer Rückkehr nach England mit der Beute freikaufen zu können.

Im Jahr 1603 schrieb der venezianische Botschafter nach Hause:

Wie gerechtfertigt der Hass doch ist, den alle auf die Engländer haben, denn sie bringen die ganze Welt in Aufruhr ... Trotzdem tun die Engländer nichts dagegen, sondern sonnen sich in ihrem Ruf. Die Königin besitzt nur 15 oder 16 Schiffe, deren Erträge ihr Königreich nicht finanzieren können, daher hängen die ganze Macht und der Ruf dieser Nation von einigen Korsaren ab. Sie machen die Politiker zu Partnern, ohne zu riskieren, sie aushalten zu müssen. Stattdessen bekommen sie einen Teil ihrer Beute, der ihnen von denjenigen Anwälten zugesprochen wird, die sie selbst eingesetzt haben. Dieses unglückliche Königreich ist von den höchsten religiösen Tugenden in die Abgründe des Verrats gestürzt.

Das Piratenleben sprach natürlich vor allem diejenigen an, die von Natur aus rebellisch und unabhängig waren. Manches Vermögen wurde mit spanischem Gold gemacht. Viele sehen in der Einstellung der Freibeuter die Anfänge des sozialen Wandels, der bald darauf die göttlichen Rechte der Könige hinwegfegen sollte. Aber es lauerten auch Gefahren: Der Sohn einer reichen Familie aus Devon, John Oxenham, war bei Nombre de Dios Drakes Leutnant gewesen. 1574 rüstete er seine eigene Expedition aus und kehrte mit 70 Mann zu dem geheimen Ankerplatz im Isthmus von Panama zurück. Nachdem ihn die Eingeborenen gewarnt hatten, dass die Maultierkarawanen nun zu stark bewacht würden, um sie zu überfallen, ließ er sein Schiff zwischen den Bäumen am Wasser auf Grund laufen und tarnte die Masten mit Ästen. Er ließ vier oder fünf Männer als Wache zurück und machte sich mit dem Rest seiner Mannschaft zu Fuß auf den Weg. Als sie an einen Fluss kamen, der in den Pazifik mündete, bauten sie eine Barkasse und segelten flussabwärts. Nachdem sie die Perleninseln im Golf von Panama erreicht hatten, eroberten sie zwei Schiffe aus Lima. Leichtfertigerweise ließ Oxenham sie ziehen, nachdem er sie ausgeplündert hatte. Prompt alarmierten die Schiffe die Behörden in Panama. Oxenham wurde verfolgt und gefangen genommen. Seine Männer wurden erschossen, während man ihn auf Limas Hauptplatz aufknüpfte.

Die Niederlage der Armada hatte auch Spaniens Position gegenüber den Niederlanden geschwächt. Holländische Protestanten, denen der Handel mit den Spaniern verweigert wurde, wandten sich daraufhin ebenfalls der Piraterie zu. 1593 wurden zehn holländische Handelsschiffe von den Spaniern vor der Küste Neu-Andalusiens (Argentinien) aufgebracht. Ihre Kapitäne wurden gehängt, die Mannschaften zum Galeerendienst verurteilt. Auch den eigenen Untertanen gegenüber, die mit Eindringlingen Handel betrieben, waren die Spanier streng. 1605 marschierte der Gouverneur von Santo Domingo mit 150 Mann nach Bayahá an der Nordwestküste Hispaniolas und verlas eine Erklärung des spanischen Königs, die den schändlichen Handel zwischen Einheimischen und Piraten verdammte. Den Bewohnern wurde befohlen, an die Südküste umzusiedeln, wo ihre Geschäfte besser beobachtet werden konnten. Dann brannte man die Stadt nieder. Auch die Bewohner der benachbarten Städte Monte Cristi, Puerto Plata und La Yaguana wurden zwangsumgesiedelt. Im folgenden Jahr fuhr Admiral Luis Fajardo die Küste entlang und wies alle Nachzügler aus.

1621 wurde der niederländische Unabhängigkeitskrieg gegen Spanien nach 12-jährigem Waffenstillstand wieder aufgenommen. Das bot den Kaufleuten eine gute Ausrede, sich wieder dem Freibeutertum zu widmen. 1624 führte Pieter Schouten drei Schiffe in die Karibik, wo er Sisal und Zilam im Norden der Yukatanhalbinsel einnahm und eine spanische Galeone eroberte. Im folgenden Jahr startete Boudewijn Hendricksz mit 14 Schiffen eine Attacke auf Puerto Rico. Er setzte 800 Mann bei San Juan aus, welche die Stadt einnahmen und die Zitadelle belagerten, aber unter erheblichen Verlusten zurückgeschlagen wurden.

Die holländischen Kapitäne wurden gehängt, ihre Mannschaften zum Galeerendienst verurteilt.

Aber die Niederländer gaben nicht auf: Im Jahr 1628 führte der 51-jährige Pieter Pieterszoon Heyn – uns besser bekannt als Piet Heyn – eine Expedition mit 31 Schiffen, 1.000 Soldaten, 2.300 Matrosen und 679 Kanonen an. Sie stellten und überwältigten im Hafen von Matanzas auf Kuba einen kompletten spanischen Konvoi, der mit Schätzen aus Mexiko beladen war. Trotz der enormen Kosten erzielte die Expedition einen Gewinn von 7 Millionen Gulden. Heyns Beute bescherte den Niederlanden die finanziellen Mittel, ihren Unabhängigkeitskampf gegen Spanien fortzusetzen, den sie 1648 endlich gewannen.

KAPITEL DREI

Die Bukaniere

Den Bukanieren von Tortuga, ehemaligen Jägern und Händlern von geräuchertem Fleisch, schlossen sich entflohene Sklaven, ehemalige Gefangene und ausgesetzte Seeleute an. Sie wurden zu einer ernsten Gefahr für Schiffe, die zwischen der Neuen Welt und Spanien verkehrten.

Als die spanischen Einwohner 1605 die Nordostküste Hispaniolas verlassen mussten, ließen sie ihr Vieh zurück. So streunten große Herden Rinder und Schweine durch die Gegend und zogen die Jäger an. Die wenigen verbliebenen Arawak-Indianer zeigten ihnen, wie man das Fleisch über einem Holzrahmen, einem sogenannten *Boucan,* durch Räuchern haltbar machte. Die Franzosen nannten das fertige Produkt, das die Jäger gegen Rum, Brandy, Vorräte, Kleidung, Tabak und Waffen bei Schiffen, die entlang der Banda del Norte ankerten, eintauschten, *Viande Boucanée.* Das brachte den Jägern mit der Zeit den Spitznamen *Boucanier* (Bukanier) ein.

Außerdem verkauften sie Trockenfleisch, Häute und Talg. Das ausgelassene Fett wurde zum Beschichten der Schiffsrümpfe verwendet, um diese vor Wurmbefall zu schützen. Die ursprünglichen Bukaniere bekamen bald Verstärkung durch ehemalige Gefangene und Zwangsarbeiter, die auf den Plantagen durch afrikanische Sklaven ersetzt worden waren. Auch entflohene Sklaven schlossen sich ihnen an. Die flüchtigen Afrikaner nannte man Cimarrónes oder Maroons (Braune). Da sie ihren Lebensunterhalt durch die Jagd bestritten, waren sie herausragende Schützen. Auch mit der Machete, die sie zum Zerlegen der Tierkadaver verwendeten, konnten sie umgehen.

Meist lebten die Bukaniere in Verbänden von sechs bis acht Männern, die schworen, allen Besitz miteinander zu teilen. Einige lebten auch als homosexuelle Paare zusammen. Das nannte man *Matelotage,* vom französischen *Matelot* (Matrose). Die beiden *Matelots* teilten ihre Habe miteinander, und der länger Lebende erbte alles. Auch als sich den Bukanieren von Tortuga die die ersten Frauen anschlossen, wurde die *Matelotage* aufrechterhalten. Sollte jedoch einer der beiden Männer heiraten, teilte er sich seine Ehefrau einfach mit seinem Partner. Gegen Mitte des

17. Jahrhunderts jedoch, als Frankreich versuchte, Tortuga seine Herrschaft aufzudrücken, „importierte" der Gouverneur Hunderte von Prostituierten, um die Heterosexualität zu fördern.

Die frühen Bukaniere waren sicher keine besonders angenehm duftenden Sexualpartner, da kein Wasser der Welt den Gestank von Gedärmen und siedendem Fett, der ihnen anhaftete, beseitigen konnte. Sie schmierten sich zudem das Gesicht mit Talg ein, um Insekten fernzuhalten, und ihre handgewebten Leinenhemden waren steif von getrocknetem Blut. Ihre Hosen, Gürtel, Stiefel und Hüte bestanden aus ungegerbten Häuten. Sie lebten in Hütten, die nur mit Palmzweigen gedeckt waren, und schliefen neben ständig qualmenden Feuern, um Insekten abzuwehren. Jeder Mann trug ständig einen fast zwei Meter langen Vorderlader bei sich und hatte eine oder mehrere Macheten im Gürtel stecken, zusammen mit einem Pulverhorn, einem Kugelbeutel und einem gerollten Moskitonetz, falls er die Nacht im Freien verbringen musste.

Eine überaus beliebte Speise bei den meisten Bukanieren war das noch warme Mark, das aus den Knochen der frisch erlegten Tiere gesaugt wurde. Ihre liebsten Freizeitbeschäftigungen waren die damals üblichen Glücksspiele und das sogenannte Scharfschießen, also das Trinken einer in der Tat explosiven Mischung aus Rum und Schießpulver, die zum Lieblingsgetränk vieler späterer Piraten wurde. Als Bukanier bekam man einen Spitznamen, legte seine Vergangenheit ab, stellte keine Fragen und beantwortete auch keine.

Ein Kapitän der Bukaniere mit Muskete, Steinschlosspistole und gestohlenen Schätzen, gemalt von Howard Pyle. Die Wirklichkeit war jedoch weit weniger glamourös.

Während der Regenzeit, wenn die Jagdausbeute schlecht war, verdingten sich die Bukaniere als Piraten. Sie griffen meist nachts an, da der Wind dann auf den Atlantik blies und Schiffe durch die Passage der Winde zwischen Hispaniola und Kuba trieb. Tagsüber drehte der Wind, aber die Bukaniere interessierten die hereinkommenden Schiffe kaum, denn nur die ausfahrenden beförderten die Schätze.

Die Bukaniere verwendeten Kanus aus ausgehöhlten Baumstämmen oder kleine Barken mit nur einem Segel, die

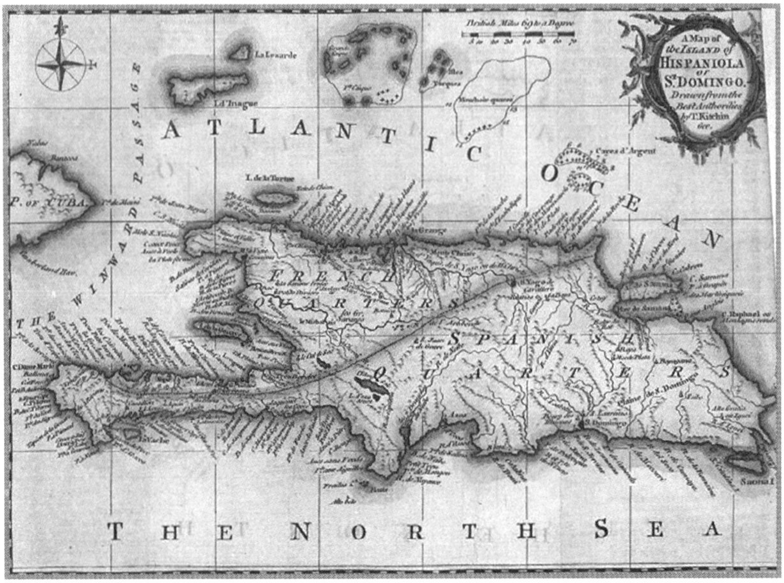

Hispaniola (das heutige Haiti und die Dominikanische Republik) in der Karibik. Tortuga, die berüchtigte Pirateninsel, liegt vor der Nordwestküste (Karte aus dem 17. Jahrhundert).

mit bewaffneten Männern beladen wurden. Sie gingen von dem Prinzip aus, vier Musketen seien so gut wie eine Kanone, und manövrierten so, dass der Bug ihres Gefährts immer in Richtung der Beute zeigte. Auf diese Weise boten sie das kleinstmögliche Ziel. Unter Beschuss griffen sie das Schiff von hinten an, klemmten das Ruder fest und kletterten das Heck hinauf.

Die spanischen Behörden reagierten alarmiert auf diese hausgemachte Bedrohung und versuchten, sie auszumerzen, indem sie die wilden Rinder und Schweine, von denen die Bukaniere lebten, abschlachteten. Anstatt die Störenfriede auszuhungern und friedlich zu stimmen, erreichten sie jedoch genau das Gegenteil: Die Bukaniere betrieben die Piraterie nun als Haupterwerb, und Tortuga wurde ihr erstes Hauptquartier. Es hatte alles, was sie brauchten: Frischwasser, fruchtbaren Boden, geschützte Ankerplätze und einen leicht zu verteidigenden Hafen. Zudem lag die Insel ideal, um Schiffe anzugreifen, die durch die Passage der Winde fuhren. Von Zeit zu Zeit versuchten die Spanier, die Piratenkolonie zu vertreiben, aber die Bukaniere widersetzten sich ein ums andere Mal. So wurde Tortuga bald zum Zufluchtsort für alle Arten der Verruchtheit.

Den ersten großen Erfolg erzielten die Piraten von Tortuga, als Pierre le Grand mit 28 Mann das Flaggschiff eines Vizeadmirals aus einem Schatzkonvoi herauskaperte. Als sie die Galeone sichteten, standen sie kurz vor dem Verhungern und waren zudem geschwächt von Durst und der gnadenlosen Sonne. Aber trotz allem beschlossen sie, bei Anbruch der Nacht anzugreifen. Sie bohrten Löcher in die Böden ihrer kleinen Boote, um sich nicht wieder anders entscheiden zu können, und gingen auf die Beute los. Sie erwischten den Kapitän und seine

Offiziere beim Kartenspiel, eroberten das Schiff und segelten mit ihm direkt in den Korsarenhafen Dieppe.

Wie die Engländer kümmerten sich auch die Franzosen nicht darum, ob ihre Freibeuter Kaperbriefe besaßen, solange sie dem Feind schadeten und genug Reichtümer nach Hause brachten. Nicht alle Bukaniere waren jedoch wirklich erfolgreich. Pierre François segelte in einem offenen Boot mit 26 Mann nach Süden, um die Perlentaucher vor der Küste Venezuelas zu überfallen. Als sie jedoch auf ein Dutzend Kanus trafen, die von zwei Kriegsschiffen bewacht wurden, holten sie ihr Segel ein und mischten sich unter die Perlentaucherkanus. Als sie längsseits des kleineren Kriegsschiffs kamen, forderten sie die Mannschaft auf, sich zu ergeben. Es kam zum Kampf, den die Bukaniere gewannen. Sie waren mit der Perlenausbeute an Bord aber nicht zufrieden und griffen nun das größere Kriegsschiff an. Dieses Mal unterlagen sie und wurden gefangen genommen.

Bukanierschiffe

Die ersten Bukaniere bevorzugten kleine, einmastige Schaluppen, die gerudert oder gesegelt werden konnten. Sie waren schnell, wendig und konnten auch in flachem Wasser manövrieren. Die besten Schaluppen stammten aus Bermuda. Sie trugen bis zu 50 Mann und 11 bis 14 Geschütze. Die englischen Piraten bevorzugten Kanonen, die Franzosen Messer und Handfeuerwaffen.

Ab 1640 nannten sich die Piraten Tortugas „Brüder der Küste“ und unterwarfen sich einem strengen Kodex, dem „Gesetz der Küste“. Sie wählten ihre Kapitäne und mussten über die Bedingungen, unter denen sie segelten, abstimmen. Als Erstes wurde immer beschlossen, wo man an Land gehen sollte, um Vorräte aufzunehmen – vor allem Fleisch, da Bukaniere kaum etwas anderes aßen. Meist überfielen sie spanische Schweinezüchter, aber auch Seekühe und Schildkröten, frisch oder gepökelt, standen auf dem Speiseplan der Piraten.

Aufteilung der Beute

Als Nächstes stand die Aufteilung der Beute auf der Tagesordnung. Grundsätzlich hieß es: „Keine Beute, keine Bezahlung.“ Der Kapitän und der Schiffseigentümer bekamen einen Extraanteil, und der Lohn des Schiffsschreiners wurde vorher festgelegt. Dann musste man bestimmen, wie viel für die Vorräte zur Seite gelegt werden sollte, welches Gehalt der Schiffsarzt bekam und was man für Medikamente ausgeben wollte. Der erste Mann, der Beute sichtete, bekam ebenfalls einen Extraanteil, während die Schiffsjungen nur einen halben Anteil erhielten. Schließlich legten die Bukaniere noch eine Ausgleichszahlung für jeden fest, der auf der Fahrt verwundet oder verstümmelt wurde. „Für den Verlust des rechten Arms 600 Münzen zu acht Reales oder sechs Sklaven; für den linken Arm 500 Münzen zu acht Reales oder fünf Sklaven; für das rechte Bein 500 Münzen zu acht Reales oder fünf Sklaven; für das linke Bein 400 Münzen zu acht Reales oder vier Sklaven; für ein Auge 100 Münzen zu acht Reales oder einen Sklaven; für einen Finger das Gleiche wie für ein Auge. Alles wird aus der Gemeinschaftskasse bezahlt", schrieb Alexandre Exquemelin, ein Chirurg, der mit den Bukanieren segelte und das Buch *Bukaniere von Amerika* schrieb. Es wurde 1678 in Amsterdam veröffentlicht und war das erste Buch über Piraten überhaupt. Als das Buch auch auf Englisch veröffentlicht wurde, verklagte ihn der Freibeuter Sir Henry Morgan wegen Verleumdung – und gewann. Exquemelin hatte Morgan als herzlosen Bösewicht dargestellt. Das störte Morgan jedoch gar nicht. Ihn regte vielmehr die Behauptung Exquemelins auf, er sei als Zwangsarbeiter in die Karibik gekommen. Morgan bestand darauf, dass er niemals jemandem gedient habe außer der Königin. Der Verleger musste Strafe zahlen, und Exquemelin musste die englische Ausgabe ändern.

Der französische Bukanier l'Olonnais schnitt einem Gefangenen das noch schlagende Herz heraus und aß es auf.

Im Gegensatz zu anderen Freibeutern ließen die Bukaniere private Plünderungen nicht zu. Sie schworen, keine Beutestücke zu verstecken oder von ihren Kameraden zu stehlen. Auf den Schiffen waren Schlösser und Schlüssel verboten. Jedem Dieb schnitten sie die Nase und die Ohren ab. Beim zweiten Vergehen wurde er ausgesetzt.

L'Olonnais der Berüchtigte

Der berüchtigste Pirat Tortugas war Jean-David Nau, besser bekannt als François l'Olonnais. Ursprünglich diente er in Dominica, bevor er Bukanier wurde. Bertrand d'Ogéron, der Gouverneur Tortugas, wurde schnell auf sein Potenzial aufmerksam. D'Ogéron hatte die Prostituierten auf die Insel geholt, um die Bukaniere zu „heterosexualisieren". Er unternahm einige halbherzige Versuche, die Insel in den Rahmen der Legalität zu bringen, ließ aber schnell wieder davon ab und stattete l'Olonnais stattdessen mit einem Schiff aus.

L'Olonnais wurde aufgrund seiner beispiellosen Grausamkeit bald zur Legende. Laut Exquemelin war es „eine Angewohnheit von l'Olonnais, jedem, den er gefoltert hatte, ohne ein Geständnis zu bekommen, auf der Stelle die Zunge herauszuschneiden und ihn mit der Machete in Stücke zu hacken. Auch folterte er seine Opfer gern, indem er sie bei lebendigem Leib in Stücke schnitt, erst ein Stück Fleisch, dann eine Hand, einen Arm, ein Bein ... Oft legte er ihnen einen Strick um den Hals und drehte diesen mit einem Stock zu, bis die Augen aus dem Kopf sprangen."

Bei einem Überfall auf Nicaragua schnitt er einem Gefangenen das noch schlagende Herz aus dem Leib und aß es vor den Augen der anderen Gefangenen auf, um sie zur Aufgabe ihrer Schätze zu bewegen. Es heißt, dass das sogar für seine abgehärteten Seeleute zu viel war, die ihn daraufhin mit seinem Stellvertreter Moses van Vin allein zurückließen.

Bei einer anderen Gelegenheit erlitt l'Olonnais bei Campeche in Mexiko Schiffbruch. Seine gesamte Crew wurde bei einem Angriff der Spanier getötet. L'Olonnais entkam nur, weil er sich mit dem Blut seiner Männer beschmierte und zwischen den Toten versteckte. Er konnte mit einigen französischen Sklaven entkommen und schlug sich bis nach Tortuga durch.

Im Jahr 1667 tat sich l'Olonnais mit Michel le Basque zusammen. Ende April stachen sie mit einer Flotte aus acht Schiffen und 660 Mann von Tortuga aus in See. In Bayahá nahmen sie Vorräte und weitere Männer auf. Drei Monate später sichteten sie in der Monapassage zwischen Hispaniola und Puerto Rico ein spanisches Schiff mit 16 Kanonen. Es war mit Kakao beladen und auf dem Weg nach Veracruz. L'Olonnais jagte es mit seiner Schaluppe, die über zehn Geschütze verfügte, und stellte es. Es kam zum Gefecht. Nach zwei oder drei Stunden hatte er die Spanier überwältigt.

L'Olonnais und ein Teil seiner Männer warteten vor der Isla Saona an der Südküste Hispaniolas, während ein Prisenkommando das Schiff zum Entladen nach Tortuga brachte. Bei ihrer Rückkehr machte er es zu seinem Flaggschiff. Inzwischen hatte er zwei weitere Schiffe angegriffen. Seine Beute bestand nunmehr aus der wertvollen Ladung Kakao, diversen Kisten voller Edelsteine und 40.000 Münzen. Er nahm die beiden großen Schiffe in seine Flotte auf und segelte in den Golf von Venezuela, um das südamerikanische Festland anzugreifen. L'Olonnais setzte einen Trupp in der Nähe der Küstenbatterie, die den Eingang zum Maracaibosee bewachte, ab. Die Batterie bestand aus 16 Geschützen, die von Erdwällen geschützt wurden. Diese stellten für die Seeräuber jedoch kein Hindernis dar. Als sie in die Lagune segelten, mussten sie feststellen, dass Maracaibo selbst bereits evakuiert worden war, und so besetzten sie die Stadt zwei Wochen lang ohne jede Gegenwehr. Bukaniertruppen suchten erfolglos die umliegende Gegend ab, um Gefangene, die l'Olonnais foltern konnte, zu finden. Das brachte jedoch nichts, denn die Reichtümer der Stadt waren über den Maracaibosee nach Gibraltar, einer Stadt, die von Hunderten spanischer Soldaten bewacht wurde, in vermeintliche Sicherheit gebracht worden. Also segelten die Bukaniere über den See und griffen an. L'Olonnais führte seine Männer mit dem Ruf in die Schlacht: *„Allons, mes frères, suivez-moi, et fait point les lâches!"* („Auf, meine Brüder, folgt mir, lasst uns nicht feige sein!")

40 Bukaniere starben, 30 wurden verletzt. Bis sie Gibraltar eingenommen hatten, ließen aber auch 500 Spanier ihr Leben. Ihre Leichen wurden auf alte Boote geladen und in der Lagune versenkt. Die nächsten Monate verbrachten l'Olonnais' Männer mit der Plünderung Gibraltars. Sie verlangten und erhielten 10.000 Pesos, um die Gebäude zu verschonen. Insgesamt erbeuteten sie 260.000 Münzen zu acht Reales, Juwelen, Seide, Silberwaren und etliche Sklaven. Bevor sie abzogen, erpressten sie 20.000 Silbermünzen und 500 Rinder, damit sie Maracaibo stehen ließen. Drei Tage, nachdem die Piraten Anker gelichtet hatten, sahen die entsetzten Bewohner der Stadt l'Olonnais schon wieder vor ihren Toren stehen. Diesmal wollte er jedoch nur einen Lotsen, der ihm half, sein schwerbeladenes Schiff über die Sandbank am Eingang zum Maracaibosee zu steuern.

Die Bukaniere segelten zur Ile de Vache vor der Südküste Hispaniolas, um ihre Beute aufzuteilen. Dann fuhr l'Olonnais weiter nach Jamaika, wo er ein Schiff, eine spanische Brigantine mit zwölf Kanonen, an Rok Brasiliano und Jelles de Lecat, zwei holländische Seeleute verkaufte, die damit ihre Piratenkarrieren begannen.

L'Olonnais ordnete an, den Spaniern gegenüber keine Gnade zu zeigen. Je brutaler sie sich auf dem Weg benähmen, desto weniger Schwierigkeiten hätten sie in der Stadt selbst.

Als l'Olonnais schließlich nach Tortuga zurückkehrte, hatte sich die Nachricht von seiner Beute bereits in den Schänken und Freudenhäusern der Insel verbreitet. Die Männer standen Schlange, um unter ihm zu dienen. 1668 zog er wieder los – mit einer Truppe von über 1.000 Männern. Und wieder hielten sie in Bayahá, um Vorräte aufzunehmen. Es ging weiter entlang der Südküste Kubas, wo sie mehrere Schiffe aufbrachten. Ihr Ziel war, die Heldentat Henry Morgans nachzuahmen, der drei Jahre zuvor den Río San Juan in Nicaragua hinaufgesegelt war und Granada eingenommen hatte. An der Moskitoküste gerieten l'Olonnais' Schiffe jedoch in eine Flaute und waren nicht mehr in der Lage, Kap Gracias à Dios zu umschiffen. Stattdessen trieben sie die honduranische Küste entlang. Auf dem Weg nach Westen enterte l'Olonnais dann ein spanisches Handelsschiff mit 24 Kanonen und 16 drehbaren Geschützen an Bord. Er nahm Puerto Cortés ein und zwang zwei eingeschüchterte Gefangene, einen Trupp von 300 Bukanieren landeinwärts zur Stadt San Pedro Sula zu führen. Nach zehn Meilen fielen ihnen einige Spanier in die Hände, die ihnen erzählten, ein Hinterhalt warte auf sie. L'Olonnais befahl, den Spaniern gegenüber keine Gnade zu zeigen. Je brutaler sie sich auf dem Weg benähmen, desto weniger Schwierigkeiten hätten sie in der Stadt selbst. Mit dieser Einschätzung lag er jedoch falsch, und sein erster Angriff wurde abgewehrt. Kurz darauf erlaubte er den Spaniern, unter der weißen Flagge die Stadt zu evakuieren. Anschließend nahm er diese ein, brannte sie nieder und plünderte die umliegende Gegend.

Zurück in Puerto Cortés erfuhr l'Olonnais, dass eine Galeone aus Spanien in der Bahia de Amatique erwartet wurde. Er postierte Wachposten in kleinen Booten entlang der Südküste, während er sich selbst auf die andere Seite in den Golf von Honduras zurückzog, um sein Schiff kielzuholen. Drei Monate später erschien die Galeone tatsächlich. Sie war mit 40 Kanonen bewaffnet und wehrte l'Olonnais' Flaggschiff, das nur 28 Kanonen hatte, ab. Trotzdem gelang es den Piraten, sie zu entern, aber die Ausbeute war mehr als enttäuschend. Der Großteil der Fracht war bereits in anderen spanischen Städten entladen worden. Übrig blieben nur noch Wein, Eisen und Papier. Ein Teil von l'Olonnais' Männern stieg daraufhin aus.

L'Olonnais behielt die Galeone, aber sie war schwer zu manövrieren und lief im folgenden Jahr vor Honduras auf Grund. Seine Mannschaft verwendete die Wrackteile zum Bau von Langbooten. An diesem Punkt ließ l'Olonnais die Hälfte seiner Männer, darunter wahrscheinlich auch Moses van Vin, zurück. Mit dem Rest seiner Crew zog er zum Río San Juan, wo er neue Boote stehlen wollte. Dort wurde er jedoch von den Spaniern vertrieben. Dann griff er im Isthmus von Panama an, um größere, seetaugliche Schiffe zu erbeuten. Diesmal attackierten ihn Indianer. L'Olonnais wurde laut dem einzigen Überlebenden „in Stücke gehackt, und diese Stücke wurden einzeln verbrannt." So endete die Karriere einer der unerfreulichsten Gestalten der damaligen Zeit.

Erfolgreiche Bukaniere

Während die Freibeuter und Bukaniere geradezu systematisch die Macht und den Reichtum Spaniens untergruben, zog es auch andere Nationen in die Karibik. Sowohl die Franzosen als auch die Holländer, Dänen und Engländer hissten dort ihre Flaggen. Spanische Versuche, sie zurückzutreiben, bescherten den Eindringlingen nur noch mehr Rekruten. Die rasant wachsenden englischen Siedlungen wurden von miteinander konkurrierenden Aktiengesellschaften finanziert. Die englische Regierung sah keinen Grund, dies zu unterbinden, denn schließlich kostete es sie nichts. Außerdem bot sich die Karibik an, verurteilte Gefangene, Regimekritiker und Bettler auf elegante Weise außer Landes zu schaffen. Hunderte englischer und französischer Straßenkinder wurden entführt und für fünf Jahre in Zwangsarbeitsverträge gezwungen. Ein Kind kostete 900 Pfund Baumwolle. Mit ihren Verträge wurde oft gehandelt, und viele von ihnen erlangten ihre Freiheit nie wieder. Die Kinder wurden viel schlechter behandelt als die teuren Sklaven, deren lebenslange „Verpflichtung" als Investition angesehen wurde. Die Sklavenhändler brachten für gewöhnlich gleich viele Männer und Frauen in die Kolonien, da man davon ausging, dass Sklaven ohne eine Frau an ihrer Seite nicht so gut arbeiten würden. Außerdem waren Frauen ein großer Anreiz, nicht wegzulaufen, da der Frauenanteil in der freien Bevölkerung äußerst gering war. Den europäischen Zwangsverpflichteten bot man diese sexuellen Privilegien nicht an.

Der französische Bukanierkapitän François l'Olonnais, einer der am meisten gefürchteten und brutalsten Seeräuber seiner Zeit.

Nach dem Sieg des Parlaments im englischen Bürgerkrieg wurden die Inseln zum Exil der Gegner Oliver Cromwells. Rund 7.000 schottische Kriegsgefangene und unzählige irische Katholiken, die man nach Barbados und St. Kitts deportiert hatte, machten aus den beiden Inseln zwei der am dichtesten besiedelten Gebiete der damaligen Welt. Einigen wurde gestattet, Kleinaktionäre zu werden, aber die Wirtschaftslage in der Karibik änderte sich bereits. In den 1650er-Jahren wurde Zucker zur wichtigsten Handelsware. Er war das Produkt des reichen Mannes, da zum Anbau große Investitionen nötig waren. Tabakbauern und Kleinaktionäre wurden bald verdrängt. Ihnen blieb gar keine andere Wahl, als sich den Bukanieren anzuschließen.

Da die meisten dieser Männer überhaupt keine Erfahrung mit der Seefahrt hatten, wurden auch die Crews der aufgebrachten Schiffe aufgefordert, sich den „Brüdern der Küste“ anzuschließen. Wer sich weigerte, wurde zum Dienst bei den Bukanieren gezwungen, bekam aber keinen Anteil an der Beute. Gelegentlich wurden auch die Sklaven der gekaperten Sklavenschiffe aufgefordert, mitzumachen. Viele Bukaniere, die selbst als Zwangsarbeiter gelebt hatten, sahen nicht ein, warum andere Männer ihr ganzes Leben als Unfreie verbringen sollten, wenn sie bei den Piraten frei sein konnten.

Bukaniere stammten keineswegs immer aus der Unterschicht. Einer der erfolgreichsten Piraten Tortugas war der Sohn eines französischen Adligen.

Ein aristokratischer Schuft

Bukaniere stammten keineswegs immer aus der Unterschicht. Einer der erfolgreichsten Piraten Tortugas war der Chevalier de Grammont, Sohn eines französischen Adligen. Nachdem er im Alter von 14 einen Mann bei einem Duell getötet hatte, lief er fort und schloss sich der französischen Kriegsmarine an, wo er schnell in den Rängen aufstieg. Als man ihm das Kommando über eine Fregatte übertrug, machte er sich mit seinem Schiff selbstständig. Nachdem er ein holländisches Schiff vor der Insel Martinique gekapert hatte, brachte er seine Beute nach Hispaniola und verkaufte sie dort für 400.000 Livres. Das Geld brachte er anschließend mit Glücksspiel, Trinken und Frauen durch.

Da er nicht mehr nach Frankreich zurückkehren konnte, schloss er sich den „Brüdern der Küste“ an. Jeder Mann wollte unter ihm dienen, denn er hatte den Ruf mutig, großzügig und fair zu sein. Während des Krieges zwischen Frankreich, Spanien und Holland in den 1670er-Jahren machte Grammont sich unter den Freibeutern als Kommandant von 2.000 Männern auf sechs großen und 13 kleineren Schiffen einen Namen. 1678 segelte er als Anführer des Santo-Domingo-Kontingents in Vizeadmiral Comte d’Estrées’ Expedition nach Curaçao, Hollands Bollwerk in der Karibik. Als d’Estrées’ Flotte vor der Ile d’Aves auf ein Riff lief und mit den Überlebenden nach Martinique zurücksegelte, fuhren Grammont und seine Männer weiter. Sie umfuhren They, ließen Curaçao links liegen und wandten sich gleich dem dickeren Fisch zu: Maracaibo.

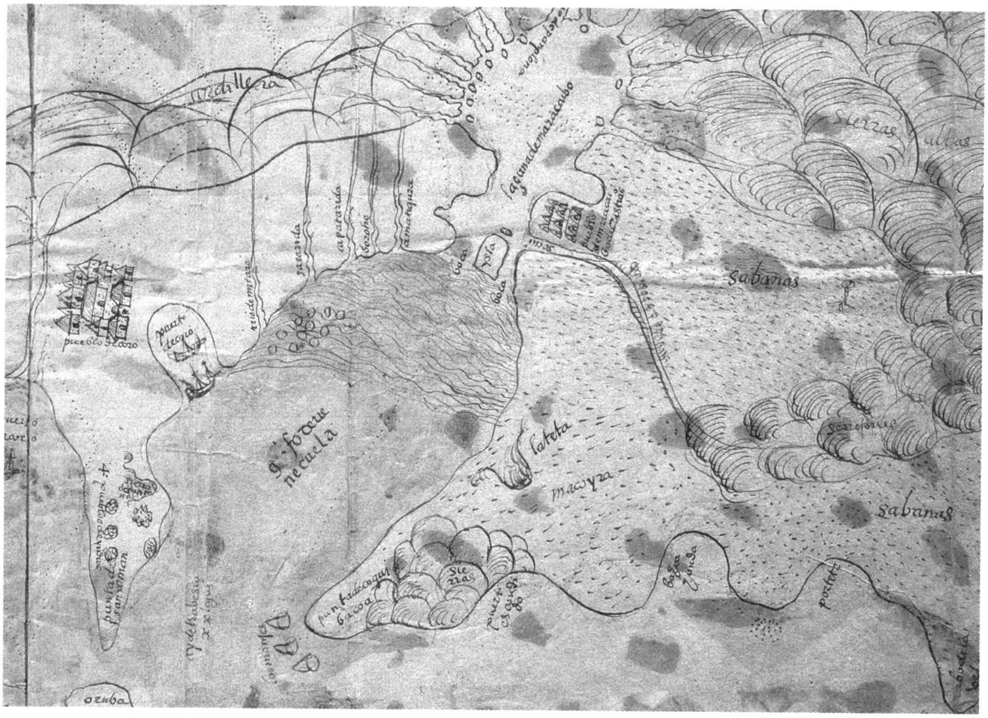

Der Golf von Venezuela mit dem spanischen Hafen Maracaibo, einem beliebten Ziel von Piraten wie François l'Olonnais und Henry Morgan (Karte aus dem Jahr 1552).

Inzwischen wachte eine neue Festung über die Einfahrt, aber weil deren Kanonen auf die See gerichtet waren, landete Grammont mit 1.000 Männern auf der Halbinsel San Carlos und griff die Spanier zu Fuß von hinten an. Den Spaniern gelang es zunächst, die Bukaniere mit Musketen aufzuhalten, aber als Grammont einige seiner Kanonen nachkommen ließ, gaben sie nach kurzem Beschuss auf.

Grammont ließ die sechs großen Schiffe als Wachposten vor der Sandbank an der Mündung zum Maracaibosee zurück und überquerte ihn mit dem Rest der Flotte. Und wieder einmal flohen die Einwohner Maracaibos. Unter ihnen befand sich auch Gouverneur Jorge Madureira Ferreira, der erst seit einer Woche im Amt war. Grammont besetzte die Stadt ohne Widerstand und plünderte sie aus. Nach zwei Wochen zog er weiter nach Gibraltar, das dieses Mal evakuiert worden war. Die 22 Männer der Garnison gaben rasch auf. Danach marschierten die Bukaniere 50 Meilen landeinwärts und nahmen die Stadt Trujillo ein – trotz 350 Verteidigern mit vier Geschützen. Nachdem er Trujillo ausgeplündert hatte, erreichte Grammont Hispaniola am Weihnachtsabend und wurde als Held gefeiert.

18 Monate später startete er einen gewagten Angriff auf La Guaira, den Hafen von Caracas. Er nahm ihn in einer einzigen Nacht mit nur 47 Männern ein. Als diese Nachricht Caracas erreichte, wurden die Maultierkarawanen, die Schätze an die Küste transpor-

tieren sollten, weiter ins Inland beordert. Eine riesige Streitmacht unter Gouverneur Francisco de Alberró machte sich auf, um den Hafen zu befreien, aber dort hatte sich die Situation inzwischen dramatisch verändert. Bei Tageslicht wurde einigen entkommenen Verteidigern klar, wie wenige Bukaniere sie eigentlich vor sich hatten, und sie unternahmen einen Gegenangriff. Grammonts Männer waren gezwungen, sich an den Strand zurückzuziehen. Neun starben, und Grammont selbst wurde durch einen Machetenhieb am Hals verletzt. Trotz allem gelang ihnen mit einem Teil der Beute und wichtigen Gefangenen die Flucht. Grammonts Ruf stieg ins Unermessliche, obwohl er die Gefangenen und den Großteil der Beute in einem Hurrikan vor Haiti verlor.

Im Sommer 1682 segelte er mit acht Piratenschiffen die kubanische Nordküste entlang. Nachdem sie zwei Monate lang am Ostende der Bahia de Matanzas auf eine auslaufende spanische Galeone gewartet hatten, kehrte Grammont nach Hispaniola zurück und überließ es dem Rest seiner Flotte, zu patrouillieren. Anfang 1683 segelten die *Diligente* und die *Cagone* unter den Holländern Pierre Bot und Jan Willems in der Passage der Winde, als Bot das spanische Handelsschiff eroberte. Er setzte die Überlebenden in Guantanamo an Land und fuhr mit der Flotte zurück nach Haiti.

Zwischenzeitlich hatte der holländische Seeräuber Nikolas van Hoorn in Santo Domingo eine Ladung Sklaven an die spanischen Behörden verloren, als Vergeltung für den Verlust eines spanischen Schiffes. Van Hoorn floh auf seiner *Saint Nicholas* in den Westen der Insel, der inzwischen unter französischer Kontrolle war. Der Gouverneur stellte ihm einen Kaperbrief aus, damit er sich legitim an den Spaniern rächen konnte. Dann tat sich van Hoorn mit Grammont zusammen. Gemeinsam segelten sie zur Isla Roatan vor Honduras, um Verstärkung für den Überfall zu organisieren. Der englische Piratenkapitän John Coxon berichtete, dass Grammont und van Hoorn versuchten, „alle Freibeuter für einen Überfall auf Veracruz zu vereinigen." So etwas hatte es bis zu diesem Zeitpunkt noch nicht gegeben.

De Graaf auf der Flucht

Im Golf von Honduras entdeckten sie zwei spanische Handelsschiffe, die *Nuestra Señora de Consolación* und die *Nuestra Señora de Regla*, die dort vor Anker lagen. Die Piraten eroberten die Schiffe, aber die Beute war enttäuschend. Sie wussten nicht, dass zur gleichen Zeit der legendäre Laurent de Graaf in einer Bucht ganz in der Nähe sein Flaggschiff *Francesa* kielholte, während er darauf wartete, dass die Handelsschiffe mit Gütern aus Guatemala beladen wurden.

Man vermutet, dass de Graaf als Bordschütze auf einem spanischen Marineschiff in die Karibik kam und bis zum Kommandanten aufstieg, bevor er von Bukanieren gefangen wurde und sich ihnen anschloss. Sein erster nachweisbarer Akt der Piraterie war ein Angriff auf den mexikanischen Hafen Campeche am 31. März 1672. Seine Männer schlichen sich an Land und zündeten einen Stapel Holz an, aus dem eine Fregatte für die Küstenwache gebaut werden sollte. Während die Truppe in die Stadt einsickerte, nutzten de Graafs Schiffe das Licht des Feuers, um in den Hafen zu segeln. Die Verteidiger flohen, und am nächsten Morgen fuhr ein schwerbeladenes Handelsschiff in den Hafen ein – und direkt in de Graafs Arme.

Bald reichte die bloße Erwähnung seines Namens, damit spanische Siedler anfingen zu beten, ihm nie zu begegnen. Er hatte auf seinem Schiff immer Violinen und Trompeten dabei, um sich selbst und andere zu unterhalten. Es hieß, er unterscheide sich auch durch „seine Höflichkeit und seinen guten Geschmack" von den übrigen Piraten. De Graaf war groß, blond und gutaussehend. Er war mit einer Spanierin verheiratet, die auf den Kanarischen Inseln lebte.

1679 kaperte de Graaf die *Tigre*, ein spanisches Kriegsschiff mit 24 bis 28 Geschützen. Das machte ihn zu einer Gefahr für den englischen Seehandel. Sir Henry Morgan, der damalige Gouverneur Jamaikas, beschrieb ihn als „großartigen, spitzbübischen Piraten." Er warnte Kapitän Peter Heywood von der Fregatte HMS *Norwich,* auf de Graaf, „der ein Schiff mit 28 Geschützen und 200 Männern kommandiert", zu achten. Als Heywood zu einer Patrouille aufbrach, gab Morgan ihm 40 Soldaten aus der Garnison zum Schutz mit.

1682 eroberte de Graaf ein weiteres spanisches Kriegsschiff in der Monapassage. Es war die *Francesa*, die Silber aus Peru im Wert von 120.000 Pesos an Bord hatte – der Sold für die Garnisonen von Santo Domingo und Puerto Rico. 50 ihrer 250 Besatzungsmitglieder wurden getötet, der Rest wurde nach Kuba zurückgeschickt. De Graaf machte die *Francesa* zu seinem Flaggschiff. In der Bahia de Samaná auf Hispaniola teilten die Bukaniere ihre Beute auf. Danach kehrte er zum Golf von Honduras zurück, um sein Schiff kielzuholen, während er auf die *Nuestra Señora de Consolación* und die *Nuestra Señora de Regla* wartete.

Die bloße Erwähnung von de Graafs Namen reichte aus, damit spanische Siedler anfingen zu beten, ihm nie zu begegnen.

De Graaf war zwar sehr verärgert, dass Grammont und van Hoorn seinen Plan vereitelt hatten, schloss sich ihnen aber dennoch für den Überfall auf Veracruz an. Insgesamt konnten sie sieben Kapitäne für ihr Vorhaben gewinnen.

Auf Roatan hielt Grammont am Strand vor den versammelten Bukanieren eine flammende Rede. Nachdem sie erfahren hatten, dass in Veracruz zwei Schatzschiffe aus Caracas erwartet wurden, zwängten sich 800 Männer auf die beiden Schiffe, und es ging los. Am Nachmittag des 17. Mai 1683 segelten Grammont, van Hoorn und de Graaf unter spanischer Flagge in den Hafen von Veracruz. Da man sie für die venezolanischen Schatzschiffe hielt, wurden sie mit Freudenfeuer empfangen. De Graaf erkundete den Hafen und setzte eine Vorhut von 200 Männern aus, die von Land aus angreifen würden. Dann gingen Grammont und van Hoorn mit der Haupttruppe in

Punta Gorda an Land. In der Nacht durchquerten beide Truppen die Dünen und kletterten über die sehr niedrigen Palisaden von Veracruz. Die Bukaniere verteilten sich in den dunklen Straßen, während Grammont mit 80 Männern zur Residenz des Gouverneurs zog, um dort jeden Widerstand im Keim zu ersticken. Um vier Uhr morgens überwältigte er die völlig überraschte Garnison.

Van Hoorn führte die Plünderungen an, während de Graaf und Grammont die Verteidigung für den Fall eines Gegenangriffs organisierten. Da sie vermuteten, die Spanier würden ihnen die Kavallerie auf den Hals hetzen, stellten sie einen berittenen Bukaniertrupp auf. Am folgenden Morgen formierte sich eine größere Gruppe spanischer Kavalleristen westlich der Stadt. Aber als sie sahen, wie hundert schwerbewaffnete Piraten zu Pferd auf sie zukamen, ergriffen sie die Flucht.

Nach der Plünderung der Stadt verlangte Grammont Lösegeld, damit er die Gebäude verschonte. Um zu zeigen, dass er es ernst meinte, ließ er alle Bewohner in die Hauptkirche bringen, umgab diese mit Feuerholz und drohte, es anzuzünden, falls er kein Geld bekäme. Man einigte sich schließlich auf 150.000 Pesos.

Da die Bukaniere nun einen riesigen Berg an Beutegut hatten, den sie noch gut eine Meile zur Küste transportieren mussten, ritt Grammont zur Kirche und ließ die Einwohner der Stadt als Träger antreten. Nachdem die Arbeit erledigt war, brachte er sie hinüber zu einer Insel vor der Küste, wo er sie gefangen hielt, bis er das ganze Lösegeld bekommen hatte. Etwa 1.500 Afrikaner und Mulatten wurden als Sklaven mit an Bord genommen, dann ergriffen die Seeräuber die Flucht. Vor der Küste trafen sie auf den alljährlichen spanischen Konvoi unter Admiral Diego Fernández de Zaldívar, aber dieser hatte keine Lust, es mit Grammont, van Hoorn und de Graaf gleichzeitig aufzunehmen, und ließ sie entkommen. Der Gouverneur von Veracruz wurde jedoch geköpft, weil er die Piraten so leichtfertig in die Stadt gelassen hatte. Der Piratenüberfall sorgte auch für die Absage des alljährlichen Volksfestes in Veracruz, und der spanische Konvoi musste sich mit der Hälfte dessen, was er normalerweise nach Hause brachte, begnügen.

Der Chevalier de Grammont, ein französischer Adliger, der zum Bukanier wurde. Zeichnung von Debelle aus Christians „Geschichte der Piraten“, 1685.

Die Bukaniere nahmen in Coatzacoalcos Wasser auf und segelten dann um Yukatan herum zur Isla Mujeres, wo sie ihre Ausbeute aufteilten. Jeder Mann bekam 800 Silbermünzen. Bei der Aufteilung gerieten van Hoorn und de Graaf in Streit, und es kam zum Kampf. In einer anderen Version der Geschichte heißt es, dass van Hoorn die Geduld ausging, bevor das Lösegeld komplett gezahlt worden war. Er wollte deshalb die Köpfe eines halben Dutzends Gefangener als Warnung an Land schicken. De Graaf zog seine Machete und verwundete van Hoorn, der anschließend in Ketten an Bord der *Francesa* gebracht wurde. Der Holländer hatte eine Wunde am Handgelenk erlitten, die sich entzündete. Zwei Wochen später starb er an Wundbrand.

Grammont stach anschließend nach Tortuga in See, kam aber aufgrund ungünstiger Winde nur langsam voran. Als sein Schiff auf die *Nuestra Señora de la Candelaria* traf, die frisch aus Havanna kam, war seine Mannschaft kurz vor dem Verhungern. Glücklicherweise hatte das Schiff Mehl geladen. Zwar hatten seine Männer jetzt erst einmal etwas zu essen, aber der Wind verhinderte immer noch, dass sie Tortuga erreichten. Grammont wandte sich deshalb nach Petit Goâve auf Haiti, wo er die *Candeleria* freigab. Nachdem er fünf ihrer Besatzungsmitglieder dienstverpflichtet und die meisten Segel mitgenommen hatte, gab er Kapitän Luis Bernal einen Freibrief, damit dieser von keinem anderen Piraten behelligt werde.

De Graaf war stolz darauf, dass er niemals einen Kaperbrief angenommen hatte und deshalb überall auf der Welt vor Anker gehen konnte. Als er jedoch am 3. September 1683 vor Haiti ankerte, schickte er einen Brief an Sir Thomas Lynch, den Gouverneur

In dieser Zeichnung von Howard Pyle teilen Piraten gerade die Beute auf. Die ersten Bukaniere hatten strenge Regeln, wem welcher Anteil zustand.

Bukaniere nehmen das spanische Fort von Cartagena in der Karibik ein.

von Jamaika, in dem er den Briten seine Dienste anbot. Lynch wurde bevollmächtigt, de Graaf zu begnadigen. In der Zwischenzeit heckten de Graaf und seine Begleiter Michiel Andrieszoon, Jan Willems und François le Sage einen neuen Plan aus – einen Überfall auf Cartagena. Als sie Weihnachten 1683 vor Cartagena auftauchten, schickte der dortige Gouverneur Juan de Pando Estrada ihnen die mit 40 Kanonen bestückte *San Francisco*, die *Paz* mit 34 Kanonen sowie eine Galeote mit 28 Kanonen entgegen. Die Piratenschiffe waren zwar kleiner, ließen sich so leicht aber nicht vertreiben. Im Gegenteil: Sie griffen an. Die Seeräuber enterten die *San Francisco*, die prompt auf Grund lief. Nach vier Stunden ergab sich die *Paz*, und die Galeote wurde kurzerhand genommen. De Graaf machte die *San Francisco* wieder flott, ernannte sie zu seinem neuen Flaggschiff und gab ihr den Namen *Fortune*, den er später in *Neptune* änderte. Die Gefangenen schickte er mit einer Nachricht an Land, in der er sich beim Gouverneur für das schöne Weihnachtsgeschenk bedankte. Dann blockierten die Piraten den Hafen.

Mitte Januar 1684 kamen einige englische Sklavenhändler an, die von der HMS *Ruby* beschützt wurden. Da sich de Graaf ja mit den Engländern angefreundet hatte, ließ er sie passieren und unterhielt die Offiziere sogar auf seinem Schiff. Einer der Händler, Diego Maquet, brachte einen Brief von de Graafs Frau mit. Darin schrieb sie, der König von Spanien werde ihn begnadigen, wenn er der Piraterie abschwöre und wieder für Spanien segele. Anstatt das Angebot anzunehmen, kaufte de Graaf Fleisch und Wein von Maquet, die von Port Royal nach Roatan verschifft werden sollten, und brach die Blockade ab.

Auf seinem Weg nach Honduras entdeckte de Graf zwei Schiffe. Er folgte ihnen bis zum Einbruch der Nacht in einiger Entfernung und näherte sich dann einem der beiden. Es fuhr unter spanischer Flagge und hatte 14 Kanonen. In der Nacht schlichen die Bukaniere an Bord und übernahmen das Schiff fast ohne Gewalt. Es war mit Chinin und 47 Pfund Gold beladen. Am Morgen kaperten sie dann auch das zweite Schiff, ein englisches, das mit Zucker beladen war. Die Spanier hatte es erobert und waren gerade dabei, es nach Havanna zu bringen. De Graaf gab der englischen Besatzung ihr Schiff zurück und ließ sie ihrer Wege ziehen. Vorher gab er ihnen noch einen Brief an Gouverneur Lynch mit, in dem er noch einmal seine Dienste anbot. Als Antwort versprachen ihm die Engländer eine Benadigung, falls er sich einbürgern lasse, einen Treueeid schwöre und eine Plantage auf Jamaika kaufe. Außerdem versprachen sie ihm, auch vom spanischen König eine Begnadigung zu erwirken und die notwendigen Papiere zu besorgen, damit seine Frau von den Kanaren nachkommen könne.

De Graaf fand es jedoch schwierig, alte Gewohnheiten aufzugeben. Er fing vor Kuba ein spanisches Schiff ab, das Depeschen an Bord hatte, in denen es hieß, Frankreich und Spanien befänden sich wieder im Krieg. Er segelte mit seinem eroberten Schiff nach Petit Goâve. Andrieszoon, Willems und die *Neptune* richteten vor Kuba eine Blockade ein; dabei eroberten sie die holländischen Schiffe *Elisabeth* und *Stad Rotterdam* und die jamaikanische Schaluppe *James,* die mit den Spaniern Handel getrieben hatte. Es dauerte nicht lange, bis sich die Spanier an de Graaf rächten. Eine Kaperpiroge entdeckte die *Neptune,* die vor der Isla de Pinos bei Kuba ankerte. Sie griffen die Männer an, die an Land gegangen waren, um Holz zu schlagen, nahmen sie gefangen oder töteten sie. Der Rest der Mannschaft von de Graafs Flaggschiff lichtete den Anker und floh.

Auf seinem Weg nach Honduras entdeckte de Graf zwei Schiffe. Er folgte ihnen bis zum Einbruch der Nacht in einiger Entfernung und näherte sich dann einem der beiden.

Nachdem er vor Havanna auf den Rest seiner Flotte getroffen war, segelte de Graaf, der sich noch immer auf dem eroberten spanischen Schiff befand, durch die Passage der Winde gegen das südamerikanische Festland. In der Nacht zum 17. Januar 1685 eröffnete ein kleines Schiff das Feuer auf de Graaf. Er ließ das Deck räumen und bereitete sich auf einen Kampf vor. In einiger Entfernung sah er zwei große und drei kleinere Schiffe. Er befürchtete, auf eine spanische Flotte getroffen zu sein. Während er sich den Schiffen vorsichtig näherte, ließ er zwei Pulverfässer öffnen, damit er schlimmstenfalls sein Schiff selbst in die Luft jagen konnte. In diesem Moment gaben ihnen zwei der entfernten Schiffe Signale. Eines war die *Neptune;* das andere die *Mutine* oder „Rebellin", wie Andrieszoon die *Paz* umgetauft hatte. Das kleine Schiff, das auf sie gefeuert hatte, gehörte auch zu ihrer Piratenflotte. Es war ein englisches Handelsschiff unter Kapitän Jean Rose, der de Graafs Schiff im Dunkeln nicht erkannt hatte.

Als Nächstes segelte die Flotte nach Curaçao. Vor Bonaire sichteten sie ein flämisches Schiff, das aus La Guaira kam. Es wurde sogleich gekapert. De Graaf schickte ein Schiff nach Curaçao, um Masten zu kaufen, welche diejenigen ersetzen sollten, die sie bei einem Sturm vor St. Thomas verloren hatten. Dies wurde ihnen zwar verweigert, aber die Piraten amüsierten sich an Land blendend, bis sie mit vorgehaltenen Waffen weggejagt wurden.

Angriff auf Campeche

De Graaf beschloss, dass wieder einmal ein groß angelegter Überfall wie derjenige auf Veracruz fällig war, und führte seine Flotte nach Norden. Im April 1685 gab es erneut eine große Piratenversammlung, diesmal auf der Isla de Pinos vor Kuba. Die meisten Bukaniere stimmten dafür, noch einmal Veracruz zu überfallen, aber de Graaf wandte ein, dass die Spanier sich nicht zweimal überrumpeln lassen würden. Als sich die anderen Piraten weigerten, ein neues Ziel auszusuchen, segelte er davon. Grammont folgte ihm und holte den Holländer vor der Moskitoküste ein. Zusammen entwarfen sie den Plan, zum kleineren Hafen von Campeche zurückzukehren, und fuhren zur Isla Mujeres, um alle nötigen Vorbereitungen zu treffen. Bald jedoch erfuhren die Spanier von den Plänen der Seeräuber, und der stellvertretende Gouverneur Campeches, Felipe de la Barrera y Villegas, schickte einen Wachposten los, der nach einem möglichen Angriff Ausschau halten sollte. Ende Juni kam die Nachricht, dass sich Schiffe näherten. Am Nachmittag des 6. Juli tauchte eine Piratenflotte aus sechs großen und vier kleinen Schiffen, sechs Schaluppen und 17 Pirogen in den Gewässern sechs Meilen vor Campeche auf.

Ein aus 700 Männern bestehender Landungstrupp bestieg die Beiboote und hielt etwas außerhalb der Stadt auf den Strand zu. Die 200 Soldaten der Garnison bezogen Stellung am Strand. Anstatt zu landen, blieben die Piraten aber bis zum nächsten Morgen kurz vor dem Strand in ihren Booten sitzen, dann fuhren sie anscheinend zu ihren Schiffen zurück. Das war natürlich nur eine Finte. Bevor die spanischen Soldaten die Stadt erreichen konnten, wendeten die Piraten ihre Boote und ruderten in den Hafen. Dort landeten sie ohne Gegenwehr, stellten sich rasch in vier Reihen auf und marschierten in das Stadtzentrum.

Im Hafen hatte Kapitän Cristóbal Martínez de Acevedo den Befehl erhalten, seine Fregatte *Nuestra Señora de la Soledad* im Fall eines Angriffs zu versenken, indem er Löcher in die Planken bohrte. Der Überfall kam jedoch so überraschend, dass dafür keine Zeit mehr blieb. Deshalb befahl er dem Bootsmann, mit Schießpulver eine Spur bis zur Waffenkammer zu legen, und zündete die Lunte an. Die Explosion zerstörte das Schiff völlig und demoralisierte die Verteidiger derart, dass sie sich in die Zitadelle zurückzogen und sich eine Woche verschanzten.

Am 12. Juli 1685 hatten die Piraten gerade begonnen, die Zitadelle zu beschießen, als zwei Ablösungskolonnen der Spanier aus der Provinzhauptstadt Mérida de Yucatán den Strand entlangmarschiert kamen. Grammonts Männer nahmen hinter Campeches Befestigungswall ihre Verteidigungspositionen ein. Die erste Reihe der Spanier fiel unter den wohlgezielten Schüssen der Piraten. Dann schlich sich ein Teil der Piraten um die Soldaten herum und griff die Kolonnen von hinten an. Die im Kreuzfeuer stehenden Soldaten zogen sich verwirrt zurück. In dieser Nacht meuterte die gesamte Garnison und floh. Gegen elf Uhr abends riefen zwei englische Gefangene den Piraten zu, die Zitadelle sei nun verlassen.

Grammont stellte wieder eine berittene Bukaniertruppe auf und verfolgte die Spanier. Dabei verwüsteten sie das Hinterland bis 25 Meilen landeinwärts. Die Piraten hielten die Stadt zwar fast zwei Monate lang, da die Einwohner Campeches jedoch vorgewarnt gewesen waren, hatten sie die meisten Wertsachen aus der Stadt geschafft, sodass es kaum etwas zu plündern gab. Das trieb Grammont jedoch zu grausamen Racheakten.

Am 25. August feierten die Piraten mit Feuerwerk ein Fest zu Ehren Ludwigs XIV. und bereiteten anschließend ihre Abfahrt vor. Zuvor schickten sie noch eine Nachricht an Gouverneur Juan Bruno Téllez de Guzmân, in der sie 80.000 Pesos Lösegeld und 400 Rinder für Campeche verlangten. Einige Tage später kam die Antwort. Sie war an den stellvertretenden Gouverneur de la Barrera gerichtet, der sich unter den Gefangenen befand. Er musste die Nachricht laut vorlesen. Die Piraten, so hieß es, würden gar nichts erhalten und könnten die Stadt ruhig niederbrennen, da die Spanier genug Geld hätten, sie wieder aufzubauen, und auch über genug Menschen verfügten, sie wieder zu besiedeln.

Grammont war außer sich. Er brannte die Stadt nieder und schickte noch einmal eine Nachricht, in der er drohte, die Bewohner zu töten. Er erhielt eine weitere höhnische Antwort, und so begann er, die Gefangenen auf den Marktplatz zu führen und aufhängen zu lassen. Nachdem ein Dutzend Menschen getötet worden waren, wandte sich de la Barreda zusammen mit einer Reihe wichtiger Bürger an de Graaf, „von dem sie wussten, dass er menschlicher war als der Franzose." Sie boten ihm an, ihm den Rest ihres Lebens als Sklaven zu dienen, wenn er den übrigen Einwohnern Campeches das Leben rette. De Graaf überzeugte Grammont schließlich und ließ die Gefangenen auf die Schiffe bringen.

Grammont verschwindet

Anfang September verließen die Piraten Campeche, fuhren weiter zur Isla Mujeres und teilten die Beute auf. Anschließend fuhr Grammont auf van Hoorns *Saint Nicholas* nach Roatan, um das Schiff kielholen zu lassen. Begleitet wurde er von Nicolas Brigaut in einer erbeuteten spanischen Galeote sowie einer Schaluppe. Als Nächstes plante Grammont, vermutlich in Zusammenarbeit mit den englischen Siedlern in den Carolinas, einen Angriff auf St. Augustine, das sich in den Händen der Spanier befand. Die drei Schiffe segelten die Atlantikküste Floridas hinauf. Grammont und die Schaluppe hielten sich zurück, während Brigaut unter spanischer Flagge bei Matanzas an die Küste fuhr, um sich umzusehen. In einem Sturm wurde sein Schiff versenkt. Nach drei Tagen folgte ihm Grammont, weil er wissen wollte, was aus seinem Spion geworden war, wurde aber vom gleichen Sturm nach Norden abgedrängt. Man hat nie wieder etwas von ihm oder seinen 180 Männern gehört.

De Graaf und die spanische Marine

Von der Isla Mujeres aus stach de Graaf mit seiner *Neptune* in See. Er wurde von Pierre Bot in der *Nuestra Señora de Regla* und drei weiteren Freibeutern begleitet. Am 11. September 1685 wurden sie von einer Schwadron der spanischen Flotte der Inseln über dem Winde unter dem Kommando von Admiral Andrés de Ochoa y Zárate gesichtet, der sofort die Verfolgung aufnahm. Nach vier Stunden fielen Bots *Regla* und eine Piratenschaluppe zurück und gerieten in Reichweite der spanischen Kanonen. In einem verzweifelten Versuch, dem Beschuss zu entkommen, begann Bot, seine Beute über Bord zu werfen. Trotzdem kam die *Nuestra Señora de la Concepción* unter Vizeadmiral Antonio de Astina immer näher. Bot stimmte schließlich zu, die Segel zu streichen, falls man ihn verschone.

An Bord seines Schiffes fanden die Spanier 130 französische Bukaniere, 20 Spanier, 13 Indianer und einige afrikanische Sklaven, die in Campeche gefangen genommen worden waren. Das Schiff war mit 22 Kanonen und zehn drehbaren Geschützen bestückt. Die Spanier sammelten 200 Feuerwaffen ein. Was Plünderungen betraf, waren die spanischen Soldaten schlimmer als jeder Freibeuter. Zahlmeister Juan Nieto musste eine Gruppe „Halunken, Trunkenbolde und Diebe" mit der Machete abwehren, und eine Gruppe Soldaten mit besonders „flinken Fingern" musste dem Schatzmeister Rede und Antwort stehen. Die Situation war kaum unter Kontrolle, als eine weitere Gruppe Soldaten vom Flaggschiff *Santo Cristo de Burgos* an Bord kam. Nachdem sie alles an sich genommen hatten, was sie in die Finger bekamen, blieben noch 30 Pfund an kirchlichem Zierrat, etwas Geld und einige Lebensmittel übrig.

Vier Tage später holten die *Santo Cristo de Burgos* und die *Nuestra Seño-*

ra de la Concepción mit Bot und seinen Männern als Gefangene an Bord die *Neptune* ein. Auch de Graaf musste sein Schiff leichter machen, indem er Beute über Bord warf. Am nächsten Morgen näherten sich ihm zwei spanische Schiffe, um ihm den Todesstoß zu versetzen. Im Lauf des Tages feuerte das spanische Flaggschiff 14 Breitseiten und unzählige weitere Schüsse auf ihn ab, während die *Concepción* 1.600 Schüsse abfeuerte. Es ist ein Beweis für de Graafs Seemannskunst, dass er mit ein paar zerschossenen Spieren entkommen konnte, obwohl er zeitweise von beiden Seiten aus Musketenreichweite angegriffen wurde.

Admiral Ochoa, der von seinem kommenden Sieg überzeugt war, hatte den Tag im Segeltuchstuhl auf dem Achterdeck sitzend begonnen. Gegen Abend war er nicht mehr zurechnungsfähig. Man gab ihm die letzte Ölung, und Admiral Admiral Astina übernahm das Kommando.

Im Lauf der Nacht versenkte de Graaf seine Geschütze. Als es Morgen wurde, fanden sich die Spanier auf der leewärtigen Seite de Graafs wieder, der bereits auf dem Weg durch den Yukatankanal zwischen Kuba und Kap Catoche war. Astina nahm die Verfolgung auf, aber im stärker werdenden Wind fiel der geschwächte Aufbau der *Santo Cristo* über Bord, und die *Concepción* musste beidrehen, um sie zu unterstützen. Das Geschwader „humpelte" zurück nach Veracruz, wo Bot, seine Offiziere und ein halbes Dutzend Spanier, die unter seiner Flagge gesegelt waren, hingerichtet wurden.

Ochoa starb einige Tage, nachdem sie im Hafen eingelaufen waren, und ersparte sich so die Erniedrigung eines Kriegsgerichtsverfahrens. De Graaf war dagegen noch lange nicht am Ende. Er nahm seine Aktivitäten wieder auf und kaperte weitere Schiffe. Im Dezember 1685 ging er in Kuba an Land, um fünf Schiffe kielholen zu lassen und Rinder zu stehlen. Im folgenden Februar segelte er mit sieben Schiffen in die Bahia de la Ascensión an der Ostküste Yukatans. 500 Piraten gingen an Land und marschierten 60 Meilen landeinwärts, um die Stadt Tihosuco zu überfallen. Die Einwohner flohen und überließen den Bukanieren die Stadt, die ausgeplündert und niedergebrannt wurde. Dann marschierten sie weiter zum 40 Meilen entfernten Valladolid. Auch hier flohen die Bewohner. Nur 36 Männer blieben zur Verteidigung zurück. Die Piraten griffen jedoch nicht an. De Graaf gab seinen Männern ganz plötzlich den Befehl, zu den Schiffen zurückzukehren. Es heißt, der schlaue Mulatte Nunez habe einen Zettel zu den zurückgelassenen Wertsachen gelegt, auf dem stand, dass ein Hinterhalt geplant sei. De Graaf nahm daraufhin lieber seine Beute und zog sich nach Tortuga zurück.

Es ist ein Beweis für de Graafs Seemannskunst, dass er mit ein paar zerschossenen Spieren entkommen konnte.

Im Dienst der Franzosen

Die politische Situation begann sich zu verändern. Nach seinem Überfall auf Veracruz hatten sowohl der jamaikanische als auch der französische

Gouverneur auf Haiti de Graaf eingeladen, in ihren Häfen sein Hauptquartier aufzuschlagen. Bis 1685 hatten die Franzosen jedoch aufgehört, wahllos spanische Kolonien anzugreifen. Ludwig XIV. ordnete an, dass die Piraterie auf französischen Inseln aufhören müsse. Der damalige Gouverneur auf Haiti, de Franquesnay, ging so lange gegen die Bukaniere vor, bis diese mit einer Revolte drohten. Er wurde durch Pierre-Paul Tarin de Cussy ersetzt, der freizügig Kaperbriefe ausstellte, bis der König das Verbot der Piraterie bekräftigte.

De Graaf kümmerte das alles wenig, bis er im Herbst 1686 bei der Verfolgung der kleinen Barkasse *Santa Rosa* vor dem südamerikanischen Festland Schiffbruch erlitt. Es gelang ihm trotzdem noch, die Barkasse zu kapern und mit ihr nach Haiti zu segeln. Die Spanier hatten inzwischen von Laurent de Graaf oder *Lorencillo,* wie sie ihn nannten, gehörig die Nase voll. Sie stellten einem eigenen Geschwader Freibeuter aus der Bucht von Biskaya Kaperbriefe aus und schickten sie auf die Jagd nach den Piraten der Karibik. Bevor sie San Sebastián im Baskenland verließen, schwor ihr Kommandant Francisco García Galán, „zuerst auf die Suche nach *Lorencillo* zu gehen". Als jedoch eine Fregatte der Biskaya-Freibeuter unter Fermín de Salaberría im Mai 1687 bei Júcaro auf de Graaf traf, wurde sie in Untiefen gelockt und entging nur dank der Hilfe einiger kleiner Schiffe der kubanischen Küstenwache der Kaperung. Doch de Graaf kehrte zurück, versenkte eine Piroge, kaperte einen Schoner, tötete einige Kubaner und nahm einige weitere als Gefangene mit. Blas Miguel, der Bruder eines getöteten Kubaners, schwor Rache. Er segelte am 10. August, dem Laurentiustag, nach Petit Goâve, in der Hoffnung, de Graaf beim Feiern zu erwischen. Er hatte 85 Mann auf einer Brigantine und einer Piroge dabei. Sie stürmten an Land, wurden jedoch rasch umzingelt und getötet. Miguel selbst wurde gerädert, eine grausame Foltermethode, bei der das Opfer auf ein Wagenrad gebunden wird. Dann bricht man ihm alle Gliedmaßen und erschlägt es zu guter Letzt.

Kurz darauf beorderte Gouverneur de Cussy de Graaf mit 250 Bukanieren auf zwei kleinen Schiffen zur Ile de Vache vor der Südküste Haitis, um die französischen Ansprüche durchzusetzen. Zudem warnten die Franzosen den jamaikanischen Gouverneur, dass sie es als Bruch des Waffenstillstands ansehen würden, wenn Briten in der Gegend fischten oder jagten. Tatsächlich schickte de Cussy die Bukaniere los, um Schatzjäger von dem kürzlich bei Kap Carcasse gefundenen Wrack eines spanischen Schatzschiffes fernzuhalten.

Im darauf folgenden Jahr wurde de Graaf zu einem weiteren Wrack auf der Seranilla-Sandbank 180 Meilen südwestlich von Jamaika geschickt, von dem de Cussy von einem gefangenen spanischen Kapitän gehört hatte. Dort fand er ein britisches Bergungsschiff vor. Es gelang ihm, mehrere Kanonen zu bergen, bevor er erfuhr, dass sich England und Frankreich wieder im Krieg befanden.

De Graaf kehrte sofort nach Haiti zurück, hielt auf dem Weg aber kurz in Montego Bay auf Jamaika an, um die

Bevölkerung zu warnen, dass er sich einen Kaperbrief besorgen und dann zurückkommen werde, um die gesamte Nordküste zu plündern. Die erschrockenen Einwohner flohen nach Port Royal im Süden. De Graaf kam tatsächlich einen Monat später zurück und eroberte an der Nordküste einige jamaikanische Schaluppen. Anschließend schickte er einen Trupp an Land, der eine Plantage ausplündern und Panik auf der Insel verbreiten sollte.

Da die Briten noch keine offizielle Nachricht von der Kriegserklärung aus London erhalten hatten, sahen sie das Ganze als Piraterie an. Handelsschiffe durften die Häfen nicht verlassen, während Kapitän Edward Spragge von der HMS *Drake* mit einer Flotille gegen die Piraten vorging. Sie wurden zurückgeschlagen und versuchten es Anfang des folgenden Jahres noch einmal. Es sollte aber noch bis März 1690 dauern, bevor de Graaf die Blockade Jamaikas aufhob.

De Graaf blieb auf offener See zurück und kaperte eine Schaluppe aus Jamaika, die ausgeschicktworden war, die Schildkrötenfänger vor den Cayman-Islands zu beschützen. Von der Besatzung erfuhr er, dass die Briten planten, sich mit den Spaniern zu verbünden und gegen die französische Kolonie auf Hispaniola vorzugehen. De Cussy befahl de Graaf, sein Hauptquartier von der Ile de Vache südlich Hispaniolas nach Kap François im Norden zu verlegen. Dann marschierte er mit einer kleinen Armee unter der Führung de Cussys landeinwärts und attackierte die Stadt Santiago de los Cabelleros. Die Spanier antworteten, indem sie mit 2.600 Mann in der Nähe von Kap François landeten, während weitere 700 Mann unter dem Kommando von Francisco de Segura Sandoval sich von Santo Domingo auf der anderen Seite der Insel aus auf den Weg machten.

Obwohl sie 3:1 unterlegen waren, bewiesen die Bukaniere zu Beginn der Kämpfe, dass sie den spanischen Soldaten mehr als gewachsen waren. Dann wurde de Cussy leichtsinnig und beschlosss, sich auf der Ebene Sabane de Limonade dem Kampf offen zu stellen. Das war ein Fehler, denn dieses Mal überraschten die Piraten keine kleine Garnison mitten in der Nacht, noch traten sie gegen eine Bürgerwehr an, die sich zwischen Kampf und Flucht kaum entscheiden konnte. Am 21. Januar 1691 gewannen die Spanier die Schlacht von Sabane Real. 500 Franzosen, darunter de Cussy, starben. De Graaf floh in die Berge, während es zur Abwechslung einmal die Spanier waren, die französische Siedlungen plünderten.

Obwohl sie 3:1 unterlegen waren, bewiesen die Bukaniere zu Beginn der Kämpfe, dass sie den spanischenn Soldaten mehr als gewachsen waren.

Ein neuer Gouverneur, Jean-Bapiste Ducasse, übernahm Haiti, und de Graaf wurde einer der führenden Offiziere. De Graaf organisierte zuerst die Verteidigung von Kap François gegen weitere spanische Angriffe. Dann überfiel er noch einmal Jamaika.

Im Juni 1694 landeten 3.000 Bukaniere auf dem östlichsten Zipfel Jamaikas. Sie verwüsteten das Hinterland, bevor sie einen Angriff auf Port

Royal vortäuschten. Als die Engländer herausmarschiert kamen, flohen sie rasch zurück auf ihre Schiffe. Dann segelte de Graaf zur Carlisle Bay westlich von Port Royal und setzte dort in der Nacht 1.500 Männer aus. Am nächsten Tag griffen sie Port Royal an, wo sie auf nur noch 250 Verteidiger und zwölf Geschütze trafen. Sie feuerten so lange, bis sie vor den Verteidigern waren, und ließen eine Salve los, welche die Engländer aus ihren Schützengräben auf der Westseite des Flusses vertrieb. Die Soldaten, die ihnen noch am Vortag entgegenmarschiert waren, konnten zwar das Ostufer halten, aber de Graaf hatte in der umliegenden Gegend freie Hand. Die englischen Plantagen waren aber gut bewacht, sodass sich die Bukaniere mit einer ziemlich mageren Ausbeute zufriedengeben mussten. Am 3. August zogen sie sich zurück und nahmen 1.600 Sklaven mit.

Die Briten wollten sich die Unverfrorenheit des Piraten nicht länger bieten lassen und rüsteten eine Expedition unter der Führung von Oberst Luke Lillington und Kommodore Robert Wilmot aus. Die beiden taten sich mit den Spaniern unter General Gil Correoso und Admiral Francisco Cortés zusammen. Am 24. Mai 1695 griff die englisch-spanische Truppe die Franzosen an der Nordküste Hispaniolas an. De Graaf führte die Verteidiger an, zog sich aber angesichts der Masse an Gegnern zurück. Als sich die feindliche Armee seinem Hauptquartier in Kap François näherte, floh er ohne Gegenwehr und überließ seine neue französische Frau und seine zwei Töchter den Spaniern.

De Graaf wurde später von den Franzosen verhaftet und beschuldigt, ein Abkommen mit den Spaniern getroffen zu haben, da Holland sich auf die Seite der englisch-spanischen Allianz gegen Frankreich gestellt hatte. Er wurde in Frankreich vor Gericht gestellt und freigesprochen. Zwar kehrte er nach Santo Domingo zurück, aber sein Ruf hatte schwer gelitten. Trotzdem wartete er dort, bis seine Frau Marie Anne Dieu-le-Veut und seine Töchter bei einem Gefangenenaustausch 1698 freigelassen wurden.

De Graafs Ende

Kurz darauf tauchte der frankokanadische Abenteurer Pierre Le Moyne d'Iberville in Santo Domingo auf. Er war auf dem Weg, Louisiana zu kolonisieren, und de Graaf schloss sich ihm an. An einem nebligen Morgen im Januar 1699 warteten fünf französische Schiffe vor der spanischen Siedlung Pensacola in Florida auf einen Lotsen. Ein spanischer Offizier ging an Bord und fand sich Auge in Auge mit d'Ibervilles Dolmetscher wieder, in dem er sofort *Lorencillo* erkannte. Die Besucher baten darum, in den Hafen fahren zu dürfen, was abgelehnt wurde. Sie segelten ohne Widerspruch nach Westen davon und gründeten schließlich ihre neue französische Kolonie im heutigen Biloxi (Mississippi). Im Jahr 1700 wurde de Graaf dort als Regierungsassistent aufgeführt. Es war seine letzte offizielle Erwähnung. Vermutlich starb er um 1704, obwohl einige Quellen vermuten lassen, dass er noch zu den ersten Siedlern von Mobile, Alabama, gehörte.

Bukaniere greifen in ihren offenen Booten ein großes Handelsschiff von hinten an.

KAPITEL VIER

Port Royal: reich und verrucht

Als Oliver Cromwell eine Flotte unter Admiral William Penn in die Neue Welt schickte, um dort den Puritanismus zu verbreiten, hätte er wohl nie vermutet, dass ausgerechnet Mitglieder dieser Besatzung Port Royal, die „reichste und verruchteste Stadt der Neuen Welt", gründen würden.

Nachdem die Franzosen 1665 die Kontrolle über Tortuga erlangt hatten, versuchten sie, die Piraterie dort zu unterdrücken. So übernahm Port Royal auf Jamaika die Rolle des Zufluchtsorts für die Karibikpiraten. Die Stadt, die am Ende einer rund 16 km langen Sandbank zwischen der Karibischen See und dem Hafen von Kingston liegt, war berühmt für ihre Ausschweifungen und galt einst als reichste und verruchteste Stadt der Neuen Welt.

Jamaika war 1509 von den Spaniern besiedelt worden, aber da es auf der Insel kein Gold gab, gaben sie die Kolonien bald wieder auf. 1642 erhielt Kapitän William Jackson mit Unterstützung des Flottenadmirals trotz Protesten des spanischen Botschafters Alonso de Cárdenas einen königlichen Kaperbrief, der es ihm erlaubte, spanische Besitztümer in der Neuen Welt zu plündern. Er stach mit 300 Männern in See und nahm auf Barbados und St. Kitts weitere 700 Freiwillige an Bord. Sie überfielen mehrere Häfen im spanischen Südamerika sowie in Mittelamerika. Außerdem eroberten sie Santiago de la Vega auf Jamaika in einem erbitterten Kampf, der 40 Engländer das Leben kostete. Ihre Beute war mager: 7.000 Silberpesos, 10.000 Pfund Brot aus Maniok-

Luftaufnahme des heutigen Port Royal, Jamaika, auf der man das Ausmaß der Schäden sieht, die das Erdbeben von 1692 verursacht hat.

mehl und 200 Rinder. Trotzdem waren die Seeräuber von der Schönheit der Insel sehr beeindruckt, und 23 von ihnen blieben zurück. Nach seinem Sieg im englischen Bürgerkrieg sah Oliver Cromwell es als seine religiöse Pflicht an, den Puritanismus zu verbreiten, vor allem in der Neuen Welt. Der Dominikaner Thomas Gage, der die Karibik, Mexiko und Mittelamerika bereist hatte, erzählte Cromwell, dass es ein Leichtes wäre, die katholischen Spanier mit Waffengewalt aus aus der Karibik zu entfernen. Im Dezember 1654 – während er gerade ein Bündnis mit Spanien aushandelte – schickte Cromwell eine 2.500 Mann starke Truppe unter General Robert Venables mit einer Flotte, die von Admiral William Penn geführt wurde, in die Karibik. Im Januar 1655 erreichten sie Barbados, wo sie weitere Schiffe und über 4.000 Freiwillige aufnahmen. Auf St. Kitts schlossen sich ihnen noch einmal 1.200 Männer an. Mit dieser Truppe versuchten sie, nach Santo Domingo vorzudringen. Der erste Versuch wurde jedoch abgewehrt. Nun blockierten sie den Hafen, aber ein spanisches Schiff mit 50 Kanonen an Bord durchbrach die Blockade, und 3.000 Engländer verloren ihr Leben.

Da Admiral Penn nicht mit leeren Händen nach England zurückkehren wollte, segelte die Flotte nach Jamaika, das im Zentrum der spanischen Karibik lag. Als Erstes wurde Santiago de la Vega erobert. Dessen spanischen Bewohner hatten zehn Tage Zeit, die Stadt zu verlassen, und mussten ihren gesamten Besitz aufgeben. Obwohl sie nach außen hin den Bedingungen zuzustimmen schienen, flohen die meisten Spanier landeinwärts und bildeten eine Guerrilla-Armee.

Die Insel befand sich nun zwar in englischer Hand, bei ihrer Rückkehr nach London wurden Penn and Venables aber erst einmal wegen Pflichtverletzung in den Tower von London geworfen. Kaum jemand zweifelte an der Fähigkeit der Spanier, die Insel zurückzuerobern. Vermutlich hätten sie dies auch sofort getan, wäre nicht auf Kuba die Pest ausgebrochen. So gelang es den Spaniern erst 1657, eine Expedition zusammenzustellen, als die spanisch-jamaikanischen Rebellen unter Cristóbal Arnoldo Ysassi die Nordküste Jamaikas besetzten.

In kürzester Zeit erlebte Port Royal einen unerhörten Aufschwung: Bordelle, Spielhallen und Spelunken entstanden über Nacht, und überall wurde der beliebte Rumpunsch „Teufelstod" serviert.

Fuß fassen

Auch auf Jamaika war die Pest ausgebrochen, und 4.500 der 7.000 dort stationierten Männer starben innerhalb eines Jahres. Bis 1656 blieben den Engländern von ursprünglich 30 Schiffen zudem nur noch zehn übrig. Sie hatten jedoch im Süden der Insel, in der Gegend von Port Royal und des heutigen Hafens von Kingston, Fuß fassen können. Sie stellten eine Truppe aus 500 Männern unter Befehlshaber und Gouverneur Edward D'Oyley auf und vertrieben die Spanier. Bei einem zweiten Zusammenstoß am Río Nuevo an der Nordküste wurden 300 Spanier getötet und 100 verwundet, während die Engländer nur 60 Mann verloren. Eine dritte spanische Expedition wurde im Jahr 1660 zurückgeschlagen, und endlich gelang auch die Ausmerzung der hausgemachten Bedrohung durch die Guerillakämpfer aus Santiago de la Vega.

Obwohl das katholische Spanien die neue puritanische Regierung in England nicht grundsätzlich ablehnte, befürchtete man nun eine englische Expansion. Daher fanden 1658 in Mexiko-Stadt Jubelfeiern statt, als Oliver Cromwell starb. D'Oyley war dennoch wild entschlossen, Jamaika zu halten. Englische Bukaniere, die von den Franzosen aus Tortuga vertrieben worden waren, fanden in Port Royal eine ideale Basis zum Angriff auf spanische Schatzschiffe. Gouverneur D'Oyley stattete französische, portugiesische und holländische Freibeuter großzügig mit Kaperbriefen aus – unter der Bedingung, dass sie vornehmlich die Spanier angriffen. Er hoffte, den Gegner auf diese Weise aus dem Gleichgewicht zu bringen.

Der Hafen von Port Royal bot bis zu 500 Schiffen Platz und war bald voll belegt. Man rekrutierte Siedler aus Irland und Schottland, aus den anderen englischen Kolonien in der Karibik und auch aus den Gefängnissen und Armenvierteln Londons. 1658 lebten bereits 4.500 Europäer und 1.500 afrikanische Sklaven auf Jamaika. In kürzester Zeit erlebte Port Royal einen unerhörten Aufschwung. Bordelle, Spielhallen und Spelunken entstanden über Nacht, und überall wurde der beliebte Rumpunsch „Teufelstod" serviert. Gouverneur Sir Thomas Modyford schrieb, dass „sich die Spanier über die Krankheiten unserer Leute wunderten, bis sie die Stärke unserer Getränke zu kosten bekamen. Dann wunderten sie sich, warum nicht alle längst tot waren."

Es gab auch einige Kirchen, aber ein Geistlicher aus England verließ Port Royal bald wieder und sagte: „Da der Großteil der Bevölkerung aus Piraten, Schurken, Huren und anderen abstoßenden Personen besteht, sehe ich meine Anwesenheit hier nicht als erforderlich an."

Einige von Venables und Penns Offizieren hatten schon früh Angriffe auf das Festland bei Riohachá und Santa Marta (Kolumbien) geführt, die vom damaligen Gouverneur Robert Sedgwick, der nur kurz im Amt war, als ehrlos verdammt wurden. D'Oyley förderte hingegen diese Angriffe und nahm wahrscheinlich sogar selbst an Überfällen auf Panama und Cartagena teil, bevor er 1661 abberufen wurde. In den ersten sechs Jahren nach der englischen Besetzung Jamaikas wurden vier Städte, 18 Ortschaften und drei Dutzend kleinere Siedlungen von den Piraten aus Port Royal angegriffen – einige von ihnen mehrfach.

Unter D'Olyeys Förderung plünderte Kapitän Christopher Myngs 1659 die Städte Cumaná und Puerto Cabello an der Küste Venezuelas und erbeutete in der kleinen Stadt Coro Schätze im Wert zwischen 200.000 und 300.000 Pfund. Die fliehenden spanischen Bewohner ließen 22 Kisten mit jeweils 400 Pfund Silber, Kunsthandwerk aus Silber, Juwelen sowie Kakaobohnen zurück.

Das Eintreffen der gewaltigen Beute am 23. April 1659 wurde in Port Royal groß gefeiert. Dann entdeckte man allerdings, dass Myngs sich selbst bedient hatte, bevor der Schatz offiziell registriert worden war. Er wurde verhaftet und sollte zu seinem Gerichtsverfahren nach England geschickt werden. Während die entsprechenden Papiere noch vorbereitet wurden, entdeckte Myngs, dass auch D'Oyley und weitere Offizielle aus Port Royal flinke Finger gehabt hatten, und verklagte sie nun seinerseits.

In der Zwischenzeit war die Monarchie in England wiedereingesetzt worden. Nachdem Karl II. den Thron bestiegen hatte, rief er sofort Frieden mit Spanien aus und ersetzte den so überaus streitlustigen D'Oyley durch den Royalisten Lord Windsor. Als dieser im August 1662 in Port Royal eintraf, redete er kaum mit D'Oyley und lehnte dessen Bitte ab, sich auf Jamaika niederlassen zu dürfen. Stattdessen schickte er ihn umgehend zurück nach England.

Vier Kanonen auf einem Platz in dem Teil Port Royals, der das Erdbeben vom 7. Juni 1692 unbeschadet überstanden hatte.

Außerhalb des Gesetzes

Trotz der veränderten politischen Lage hatte Lord Windsor nicht vor, der Piraterie Einhalt zu gebieten. Er zog lediglich die alten Kaperbriefe ein und stellte eigene aus. Mit der Einrichtung eines Gerichts für seerechtliche Streitigkeiten stellte er zudem sicher, dass auch er seinen Anteil an der Beute erhielt. Obwohl sich England offiziell mit Spanien im Frieden befand, wurde dieser 1661 durch Karls Hochzeit mit Katharina von Branganza, einer portugiesischen Prinzessin, wieder untergraben. Zudem ging man davon aus, dass die Karibik im Grunde genommen außerhalb des Gesetzes lag und Friedensabkommen sowieso nichts wert waren. Schon bald häuften sich in Port Royal so große Gold- und Silbermengen an, dass die Regierung vorschlug, ein eigenes Münzamt einzurichten.

Myngs starb an seinen Wunden, nachdem man ihm zweimal in den Hals geschossen hatte.

Im Jahr 1662 kehrte Myngs nach Jamaika zurück und überfiel mit 1.300 Männern Santiago de Cuba. Trotz Stürmen, ungünstiger Winde und eines Nachtmarsches über felsiges Gelände nahm er die Stadt ein. Zwei Monate später erhielt er von Jamaikas Inselrat die Erlaubnis, Campeche zu überfallen. Am 9. Februar 1663 ging er bei Sonnenaufgang mit 1.000 Männern dort an Land. Myngs führte den Angriff an und erlitt schwere Verletzungen im Gesicht und am Oberschenkel. Edward Mansfield übernahm das Kommando, und gegen zehn Uhr morgens hatten sie den Hafen eingenommen. Sie beschlagnahmten ungefähr 300 Tonnen Waren aller Art, aber nur wenig Silber.

Die Angriffe fügten den englisch-spanischen Beziehungen großen Schaden zu, außerdem stellten sie herbe Verluste für die spanische Staatskasse dar. Ausgerechnet zu diesem Zeitpunkt begannen die gewaltigen Silbervorkommen in Potosi, das damals zum Vizekönigreich Peru gehörte, zu versiegen. Philipp IV. konnte es sich nicht mehr leisten, seine Flotten in der Karibik überholen zu lassen. Also bat er wieder um Frieden. Karl II. ließ sich auf ein neues Abkommen ein, und es gab einen Gefangenenaustausch. Für die Piraten von Port Royal bedeutete dies, dass die halboffiziellen Aktionen von Myngs nun nicht mehr stattfinden konnten. Myngs selbst ging zurück nach England, wo er zum Ritter geschlagen wurde. Als Vizeadmiral kommandierte er während des zweiten Englisch-Holländischen Krieges die HMS *Victory*. Er starb im Juni 1666 während des sogenannten Viertägigen Kampfes an seinen Wunden, nachdem man ihm zweimal in den Hals geschossen hatte.

Im Juni 1663 nahm Kapitän Barnard aus Port Royal San Tomé am Orinoco ein und kehrte mit großer Beute zurück. Im Oktober 1664 segelte Kapitän Cooper in einer Fregatte mit 80 Mann an Bord und zwei erbeuteten spanischen Schiffen nach Port Royal. Das größere der beiden, die *María*, hatte Oliven, Öl und Wein geladen. Zudem befanden sich mehrere Ordensbrüder sowie 46.000 Kilo Quecksilber, das zum Ausschmelzen von Silber aus minderwertigem Erz benutzt wurde, an Bord. Der spanische Botschafter Don Patricio Moledi beschwerte sich, aber Jamaikas stellvertretender Gouverneur Sir Charles Lyttleton behauptete keck, dass das neueste Abkommen nur Übergriffe auf spanische Besitztümer an Land verbiete – Schiffe auf hoher See seien weiterhin Freiwild.

Einer der berüchtigtsten Piraten von Port Royal war Rok Brasiliano. Er wurde in Groningen in den Niederlanden geboren und wanderte in die holländische Kolonie im heutigen Bahia (Brasilien) aus. Als diese 1654 an die Portugiesen ging, machte er sich auf den Weg nach Jamaika, wo er bei den Engländern als „Rock der Brasilianer“ bekannt wurde. Schon bald kommandierte er sein eigenes Boot. Dann rekrutierte er eine Mannschaft aus den Spelunken im Hafenviertel und eroberte mit ihr eine Galeone aus Neuspanien. Nach jeder Fahrt kamen sie nach Port Royal zurück und „verschleuderten in ein paar Tagen alles, was sie verdient hatten, bei Ausschweifungen aller Art“, schrieb Exquemelin. „Und am Ende wurde er so dreist, dass ganz Jamaika vor ihm zitterte.“

Bei einer seiner ersten Expeditionen geriet er jedoch bei Campeche in Gefangenschaft und wurde nach Spanien gebracht. Dort konnte er seine Freiheit zurückerlangen und nach Jamaika zurückkehren. 1668 kaufte er eine Brigantine von François l'Olonnais und machte Jelles de Lecat zu seinem Bootsmann. Sie segelten zur Moskitoküste, wo sie sich im Juli Henry Morgans Angriff auf Portobelo in Panama anschlossen. Dann überfielen sie Cumaná in Venezuela und kehrten mit einer zweiten Brigantine, die zu Brasilianos Flaggschiff wurde, wieder nach Port Royal zurück. De Lecat übernahm das Kommando über das alte Schiff.

Das neueste Abkommen verbot nur Angriffe auf spanische Besitztümer an Land – Schiffe waren weiterhin Freiwild.

Im Frühling 1669 begleiteten Brasilianos zwei Schiffe die Fregatte Joseph Bradleys, eines Veteranen des Überfalls auf Portobelo, in den Golf von Mexiko, um die spanischen Siedlungen in der Gegend der Laguna de Términos in der Bucht von Campeche anzugreifen. Die drei Schiffe hielten sich drei Wochen vor Campeche auf, ohne Beute zu machen. Brasiliano verlor zwei Männer bei dem Überfall auf den Hafen von Lerma, bevor Bradley ein kubanisches Schiff eroberte, das Mehl geladen hatte. Dann kehrten sie zur Laguna de Términos zurück. Nach zwei Monaten Pause segelten sie wieder nach Campeche und blockierten den Hafen. Bradley blieb vor dem Hafen, während Brasiliano sich südwestlich davon umsah. Vor Las Bocas erwischte er drei Fischer. Unter Folter verrieten sie ihm, dass ein Schiff aus Veracruz erwartet wurde. Bevor das Schiff ankam, wurden die Piraten aber von drei spanischen Schiffen verjagt. Brasiliano floh nach Nordosten, aber als er versuchte, um die Yukatanhalbinsel herumzusegeln, strandete er aufgrund eines starken Nordostwindes am Strand von Chicxulub, einer Sandbank östlich des heutigen Progreso. Einer der gefangenen Fischer konnte fliehen und die Behörden der Provinzhauptstadt Mérida de Yucatán alarmieren. Eine Abteilung der Kavallerie wurde ausgesandt. Die Soldaten ertappten Brasiliano dabei, wie er die Schiffskanone und weitere schwere Gegenstände aus dem Wrack vergrub. Als sie zum Angriff übergingen, sprangen Brasiliano und seine Männer in ihre Boote. Die Spanier gruben erst einmal Brasilianos „Schätze" aus. Sie fanden 60 Kanonenkugeln, zwei bronzene Drehgeschütze und eine bronzene Kanone mit dem Wappen Philipps II. von Spanien.

Brasiliano und seine Männer wurden von de Lecat gerettet und von Bradley zurück nach Port Royal gebracht. Kurz darauf eroberten de Lecat und sein Bootsmann Erasmus Reyning ein spanisches Handelsschiff. Sie nannten es *Seviliaen,* versenkten die Brigantine und segelten mit dem Beuteschiff nach Port Royal.

Die Spanier waren nun fleißig damit beschäftigt, sich zu rächen, und so begann der spanische Freibeuter Manoel Rivero Pardal mit Überfällen auf die jamaikanische Küste. Das wollte Henry Morgan wiederum mit einem Angriff auf Panama vergelten. Bei der Fahrt wurden Brasiliano und Bradley während des Überfalls auf das Schloss San Lorenzo an der Mündung des Río Chagres verwundet. Bradley starb, aber man vermutete, dass Brasiliano sich ausreichend erholte, um Morgans abenteuerlichen Marsch über den Isthmus mitzumachen. Wahrscheinlich war er sogar noch bis 1673 dabei. Laut Exquemelin fiel er dann den Spaniern in die Hände und wurde in Campeche von der Inquisition gefoltert. Als er gestand, auf der Isla de Pinos Schätze vergraben zu haben, wurden spanische Soldaten auf die Suche geschickt, die auch tatsächlich 100.000 Silbermünzen fanden.

Henry Morgan vor Panama-Stadt, das er laut Bildunterschrift 1671 von den Spaniern eroberte.

Der Piratengouverneur

Henry Morgan war wahrscheinlich der berühmteste Pirat Port Royals. Er wurde 1635 in Wales geboren und kam aus einer Soldatenfamilie. Seine Onkel Thomas und Edward waren Söldner, die es im 30-jährigen Krieg in der Rangordnung weit nach oben gebracht hatten. Als der englische Bürgerkrieg begann, stand Thomas auf der Seite des Parlaments, während sich Edward den Royalisten anschloss. Nach der Hinrichtung Karls I. ging Edward ins Exil. Ob Neffe Henry viel mit dem Krieg zu tun hatte, ist nicht bekannt, aber er sagte: „Ich habe die Schule zu früh verlassen, um in der Admiralität oder einem anderen Rechtsgebiet erfolgreich zu sein. Ich kann mit der Pike besser umgehen als mit dem Buch."

Im Alter von 19 Jahren segelte Morgan mit Penn und Venables in die Karibik. Nach deren fehlgeschlagenem Versuch, Hispaniola einzunehmen, landete er schließlich auf Jamaika. Als Lord Windsor Gouverneur wurde, ernannte er Morgan zum Hauptmann im Port Royal-Regiment. Außerdem erhielt er ein Schiff und einen Kaperbrief und begleitete Christopher Myngs nach Santiago de Cuba und Campeche.

Dann schloss er sich einer neuen Expedition in den Golf von Mexiko unter der Führung von David Martien und John Morris an. Dieses Unternehmen war höchst illegal, da sich England und Spanien gerade im Frieden befanden. Außerdem hatte der neue Gouverneur Jamaikas, Sir Thomas Modyford, angeordnet, dass „alle gewalttätigen Übergriffe auf die Spanier aufhören" sollten. Für Morgan war das Ganze besonders problematisch, da sein Onkel Edward nach der Wiedereinsetzung der Monarchie nach England zurückgekehrt und dort zum Vizegouverneur Jamaikas ernannt worden war. Auf seiner Fahrt hatte dieser noch in Santo Domingo Halt gemacht und dem spanischen Gouverneur eine offizielle Nachricht überbracht. Darin wurde vorgeschlagen, dass „wir alle feindlichen Akte unterlassen und stattdessen unsere Häfen gegenseitig nutzen können, um unsere Schiffe gegen Bezahlung mit Vorräten zu versorgen." Henry Morgan tat jedoch so, als wisse er nichts von diesem Abkommen, und „arbeitete" weiter unter dem Schutz seines zwei Jahre alten Kaperbriefs von Lord Windsor.

Im Februar 1665 eroberten Martien, Morris und Morgan vor Campeche eine spanische Fregatte.

Am 19. Februar ankerten sie vor der kleinen Stadt Santa María de la Frontera an der Mündung des Río Grijalva. Anschließend zog ein Trupp von 120 Piraten 50 Meilen den Fluss hinauf zur Provinzhauptstadt Villahermosa de Tabasco. Um vier Uhr morgens griffen sie an. Nachdem sie die Stadt geplündert hatten, luden sie ihre Beute und die Gefangenen auf ein Küstenschiff.

Ich habe die Schule zu früh verlassen, um in der Admiralität oder einem anderen Rechtsgebiet erfolgreich zu sein. Ich kann mit der Pike besser umgehen als mit dem Buch.
HENRY MORGAN

Als sie bei ihren Schiffen an der Flussmündung ankamen, mussten sie feststellen, dass diese von drei spanischen Fregatten aus Campeche überwältigt worden waren.

Da ihr Rückweg abgeschnitten war, ließen die Seeräuber ihre Gefangenen frei und zogen in der Hoffnung los, einen anderen Weg auf das offene Meer zu finden. An der Küste sahen sie sich ihrem eigenen Flaggschiff und ihrem Beuteschiff gegenüber, die von 300 Freiwilligen aus Campeche bemannt wurden. Der spanische Kommandant sandte ihnen eine Nachricht, in der er sie aufforderte, sich zu ergeben. Die Piraten taten so, als hätten sie ihn nicht verstanden. Als ein Übersetzer geschickt wurde, ließen sie durch diesen ausrichten, sie ergäben sich nicht kampflos. Anstatt an Bord der Piratenschiffe zu bleiben und die Seeräuber auszuhungern, gingen die Spanier an Land. Dort wurden sie von einem Palisadenzaun empfangen, der mit Sandsäcken verstärkt worden war – und aus dem sieben kleine Kanonen hinausschauten. Die Piraten hatten sich dahinter sicher verschanzt. Die spanische Streitmacht bestand zum Großteil aus bewaffneten Zivilisten. Diese hatten wenig Lust, solch ein Bollwerk anzugreifen, und zogen ab. Am nächsten Tag fanden die Piraten ihre Schiffe vor dem Strand auf Grund gelaufen wieder und konnten ungehindert entkommen.

Sie segelten die Küste hinauf und plünderten dabei alles, was ihnen in die Finger kam. In Roatan füllten sie ihre Wasservorräte auf und griffen dann Trujillo an. An der Moskitoküste heuerten sie einige einheimische Führer an und versteckten ihr Schiff am Monkey Point (Nicaragua), bevor sie mit leichteren Booten den Río San Juan hinauf in den Nicaraguasee fuhren. In der Nacht überquerten sie den See und schlichen sich an Granada heran. Am Morgen des 29. Juni 1665 marschierten sie ins Stadtzentrum, feuerten eine Salve ab und warfen die 18 großen Kanonen auf der Plaza de Armas um. Dann übernahmen sie das Haus des Garnisonskommandanten und stahlen die dort gelagerten Waffen und die Munition. Sie schlossen 300 Männer in der Kirche ein, während sie die Stadt plünderten. Dann ließen sie die Gefangenen frei, versenkten deren Boote und verschwanden. Im August kehrten sie über den Río San Juan zu ihren Schiffen zurück und segelten nach Port Royal. Obwohl alles, was sie getan hatten, höchst illegal war, konnte niemand ernsthaft ihre riesige Ausbeute ignorieren, und so wurde keine Anklage erhoben.

Ende des Jahres heiratete Morgan seine Cousine Elizabeth, die mit ihrem Vater, dem Vizegouverneur, nach Jamaika gekommen war. Edward Morgan war inzwischen verstorben. Im Februar 1665 war die Nachricht gekommen, dass sich England und die Niederlande wieder im Krieg befänden. Modyford hatte daraufhin eine Flotte von Freibeutern unter Edward Morgan zu den holländischen Karibikinseln Curaçao, Bonaire, St. Eustatius und Sabá geschickt. Nachdem er sein Testament gemacht hatte, verließ Edward Morgan Port Royal am 28. April 1665 an Bord seines Flaggschiffs *Speaker*. Er hatte das Kommando über neun Freibeuterschiffe und 500 Männer. Von ungünstigen Winden aufgehalten, fuhren sie Santo Domingo an, um dort ihre Vorräte aufzufüllen. Als die Flotte endlich vor St. Eustatius ankam, ging Morgan an der Spitze von 350 Bukanieren an Land. Die Insel wurde problemlos eingenommen. Leider – um es mit den Worten seines Stellvertreters Oberst Theodore Cary zu sagen – „überschätzte sich der gute alte Oberst, sprang aus dem Boot und zog sich dabei, weil er ein recht korpulenter Mann war, eine Zerrung zu. Da er sich nicht aufhalten lassen wollte, verfolgte er an diesem heißen Tag den Feind allzu übereifrig, sodass er plötzlich tot umfiel.“

Port Royal: reich und verrucht

Nach Edward Morgans erfolgreichem Überfall auf St. Eustatius weigerten sich die Bukaniere, seinem Stellvertreter Cary zu folgen, weil dieser „zu leichtfertig" war. Stattdessen wandten sie sich wieder gegen ihren Lieblingsfeind: Spanien. Modyford brauchte jedoch ihre Hilfe und wandte sich deshalb noch einmal an die Piraten. Viele zögerten jedoch, zurück nach Port Royal zu segeln und sich der Gerichtsbarkeit der Krone zu unterwerfen. Modyford berief deshalb eine Versammlung in der Bluefields Bay vor der Südwestküste Jamaikas ein. Es erschienen 600 Bukaniere, die schließlich zustimmten, noch einmal nach Curaçao zu segeln, dieses Mal unter Mansfields Kommando.

Zuerst nahmen sie Kurs auf Kuba, vermutlich um dort Proviant aufzunehmen. Um Weihnachten landeten sie in dem kleinen Hafen Júcaro auf Kuba und baten um Erlaubnis, Vorräte einkaufen zu dürfen. Das wurde abgelehnt. Für die Piraten war dies eine hervorragende Rechtfertigung, die Stadt zu plündern. Danach marschierten 200 oder 300 Piraten 42 Meilen landeinwärts, nahmen die Stadt Sancti Spíritus ein und zündeten sie an. Sie trieben die Einwohner zusammen und brachten sie zurück an die Küste, wo sie gegen ein „Lösegeld" von 300 Rindern eingetauscht wurden. Obwohl die Bukaniere von Gouverneur Modyford keine Genehmigung hatten, Kuba in dieser Weise zu überfallen, behaupteten sie, dass ihnen ihre alten portugiesischen Kaperbriefe, die noch vom französischen Gouverneur Tortugas ausgestellt worden waren, dieses Recht gäben.

Ein Abgesandter Modyfords erschien bei den Bukanieren. Sie versicherten ihm, nun mit Mansfield als ihrem Admiral nach Curaçao zu segeln, änderten aber bald ihre Meinung. Sogar Mansfields Besatzung weigerte sich, zu den niederländischen Inseln zu fahren, da man „bei den Spaniern mehr Profit erwarten konnte, und es viel ungefährlicher war." Das war das Einzige, was sie interessierte. So setzten sie Segel in Richtung Bocas del Toro im Isthmus von Panama. Die Piratenflotte teilte sich auf: Mansfield fuhr mit sieben Schiffen nach Costa Rica, während die anderen acht Schiffe die Küste entlang auf Natá in der Provinz Veragua (Panama) zuhielten.

Am 8. April 1666 kam Mansfield in Portete an und überwältigte den Wachposten, bevor dieser Alarm schlagen konnte. Sie ankerten vor Punto del Toro und gingen an Land. Der Plan war, die 50 Meilen landeinwärts gelegene Provinzhauptstadt Cartago einzunehmen. Zuerst überfielen sie jedoch die Stadt Matina, die sechs Meilen flussaufwärts lag. Der Indianer Esteban Yaperi floh aus dem nahe gelegenen Dorf Teotique und warnte Gouverneur Juan López de Flor, der daraufhin Männer in der Bergfestung Turrialba zusammenrief. Diese waren zwar nur leicht bewaffnet, aber durch den Dschungel im Vorteil. Mansfields Männer wurden bald vom anstrengenden Marsch durch den Dschungel müde und hungrig. Als sie auf einen Indianer trafen, der Weizen transportierte, prügelten sie sich um die magere Ration. Als Gouverneur López davon hörte, schlug er zu. Mansfield und seine Männer flohen erschöpft und halbverhungert zu ihren Schiffen, von denen zwei bald darauf desertierten. Um seinen Ruf zu retten, segelte Mansfield mit den beiden verbliebenen Fregatten und den drei Schaluppen nach Santa Catalina. Die Insel hatte früher den Engländern gehört, und nun befand sich dort eine kleine spanische Garnison.

Sie kamen 25. Mai 1666 gegen Mittag vor Santa Catalina an. Um Mitternacht gingen 200 Bukaniere an Land. Laut Exquemelin gehörte Henry Morgan zu den 100 Engländern, die sich an dem Überfall beteiligten. Neben ihnen waren 80 französische Bukaniere aus Tortuga dabei, der Rest waren Portugiesen und Holländer. Sie marschierten über die Insel und trieben dabei die Spanier aus den kleinen, abgelegenen Siedlungen zusammen. Bei Sonnenaufgang stürmten sie die Zitadelle. Darin fanden sie acht schlafende Soldaten, weitere 62 Soldaten waren in ihren Unterkünften. Die Insel fiel ganz ohne Verluste, es gab allerdings für die Piraten auch nicht viel zu holen.

Die Spanier griffen mit Kavalleristen und Lanzenträgern an, erlitten aber durch die überlegene Feuerkraft der Bukaniere gleich zu Beginn fast 100 Verluste.

Zehn Tage später stach Mansfield mit 170 spanischen Gefangenen an Bord in See. Zurück blieben Kapitän Hatsell, 35 Bukaniere und 50 afrikanische Sklaven, welche die Insel verteidigen sollten. Mansfield lud seine Gefangenen auf dem Isthmus von Panama ab und segelte weiter nach Port Royal, wo er am 22. Juni ankam. Er hatte Glück: Drei Monate zuvor hatten Modyford und der Inselrat beschlossen, dass es im besten Interesse Jamaikas sei, Kaperbriefe gegen die Spanier auszustellen. Trotzdem rügte Modyford Mansfield, weil er Santa Catalina ohne Befehl eingenommen hatte, obwohl es, wie er an Außenminister Lord Arlington schrieb, „eine akzeptable Unternehmung gewesen wäre, hätte er einen Befehl dafür gehabt." Da er aus Port Royal keine Kaperbriefe mehr bekam, zog Mansfield weiter nach Tortuga. Laut einem spanischen Bericht wurde er dort 1667 vergiftet. Ein zeitgenössischer englischer Bericht sagt dagegen aus, er sei von den Spaniern gefangen genommen und in Havanna hingerichtet worden.

Nach Mansfields Tod fand sich Modyford in der Rolle des inoffiziellen Anführers der Piraten von Port Royal wieder. Ende 1667 befürchtete er eine Invasion der Spanier und befahl Morgan, „die englischen Freibeuter um sich zu versammeln und spanische Staatsbürger gefangen zu nehmen." Henry Morgan stach also mit Edward Collier und John Morris in See. Begleitet wurden sie von einigen französischen Bukanieren, die immerhin die Ausrede hatten, dass zwischen Frankreich und Spanien Krieg herrschte. Sie segelten mit einem Dutzend Schiffe in den Golf von Ana Maria. Dort landete Morgan mit 700 Männern und marschierte auf Puerto Príncipe zu, das heutige Camagüey.

Die Spanier griffen mit Kavalleristen und einheimischen Lanzenträgern an, verloren aber durch die überlegene Feuerkraft der Bukaniere gleich zu Beginn fast 100 Mann. Morgans Männer stürmten die Stadt. Die Plünderungen dauerten 15 Tage, sie konnten aber nur 50.000 Silbermünzen finden. Aufgeteilt auf so viele Männer, war das äußerst wenig. Im Austauch gegen die Gefangenen gaben ihnen die Spanier aber noch einige Hundert Rinder. Gut ausgerüstet wandten sich die Piraten nun dem Kap Gracias à Dios an der Moskitoküste zu. Morgan schlug einen Überfall auf Portobelo vor. Die Franzosen, die von der geringen Ausbeute auf Kuba enttäuscht waren, wollten nicht mitmachen, da es ihnen viel zu schwierig und gefährlich war. So segelte Morgan mit nur vier Fregatten, acht Schaluppen und weniger als 500 Mann nach Panama.

Portobelo war so stark befestigt, dass nur ein Überraschungsangriff von Erfolg gekrönt sein konnte. Die Piraten ankerten in den Bocas del Toro und stiegen in Kanus um, mit denen sie 150 Meilen ostwärts ruderten. Am Nachmittag des 10. Juli 1668 kamen sie in der Nähe von Portobelo an. In der Nacht gingen sie an Land. Nach einem Marsch über Land kamen sie vor dem Morgengrauen in Portobelo an. Als sie die erste der vier Festungen erreichten, nahmen sie einen Wachposten gefangen. Sie zwangen ihn, seinen Kameraden zuzurufen, sie sollten entweder aufgeben oder sterben. Die Antwort der Spanier bestand aus einer Salve Musketenkugeln. Daraufhin kletterten die Piraten über die Mauern und überwältigten die Verteidiger. Um ihnen zu beweisen, dass er es ernst gemeint hatte, sperrte Morgan die Spanier in das Fort und sprengte es in die Luft.

Morgans Piraten nahmen die Stadt blitzschnell ein und „feuerten auf alles, was sich bewegte – Weiße, Schwarze, sogar Hunde –, um Angst und Schrecken zu verbreiten." Das zweite Fort fiel ohne Schwierigkeiten. An der dritten Festung trafen sie auf 80 Mann unter dem Kommando des Gouverneurs, die ihnen Paroli boten. Der Kampf dauerte bis zum Mittag. Die Einwohner Portobelos nutzten die Gelegenheit und flohen mit ihren Wertgegenständen in die Wälder. Das spornte Morgan an, seine Bemühungen zu verdopppeln. Er befahl seinen Männern, Sturmleitern zu bauen und zum Fort zu bringen. Dabei benutzten sie Mönche und Nonnen als lebende Schutzschilde. Schließlich nahmen sie das Fort ein, töteten 45 Verteidiger und verwundeten die übrigen. Am nächsten Morgen führte Morgan 200 Bukaniere über die Bucht und zwang 50 Soldaten, die das Fort im Hafen bewachten, zur Aufgabe. Anschließend ließ er seine Schiffe aus Bocas del Toro kommen.

Morgans Piraten nahmen die Stadt blitzschnell ein und „feuerten auf alles, was sich bewegte – Weiße, Schwarze, sogar Hunde –, um Angst und Schrecken zu verbreiten."

Dann begann das Massaker. Morgans betrunkene Piraten ergingen sich in einer Orgie aus Vergewaltigung und Mord. Exquemelin berichtet, dass Morgan die reichen Bürger foltern ließ, bis sie die Verstecke ihrer Wertsachen verrieten. Eine wahre Flut aus Gold, Silber und Juwelen ergoss sich daraufhin geradezu in Morgans Hauptquartier. Aus den

Lagerhäusern am Hafen wurde wertvolle Fracht gestohlen. Am 14. Juli 1668 schrieb Morgan an den Gouverneur von Panama, dass „wir die Stadt morgen niederbrennen werden. Dann werden wir mit Waffen und Munition aus der Hafenfestung davonsegeln und die Gefangenen mitnehmen. Wir werden ihnen die gleiche Behandlung angedeihen lassen, welche die Engländer an diesem Ort erfahren haben."

Morgan bot an, die Stadt zu verschonen, falls er 350.000 Pesos Lösegeld erhielte. Gouverneur Agustín de Bracamonte marschierte jedoch bereits an der Spitze von 800 Mann auf die Stadt zu, um sie zu befreien, und antwortete: „Für mich sind Sie ein Korsar. Meine Antwort lautet: Untertanen des Königs von Spanien treffen keine Abkommen mit niederem Fußvolk." Daraufhin schrieb Morgan zurück:

Am 14. Juli 1668 schrieb Morgan an den Gouverneur von Panama, dass „wir die Stadt morgen niederbrennen werden."

Obwohl Ihr Brief keine Antwort verdient hat, da Sie mich einen Korsaren nennen, schreibe ich Ihnen dennoch diese Zeilen, um Sie zu bitten, schnell herzukommen. Wir erwarten Sie mit großer Freude und haben bereits Pulver und Kugel bereitgelegt, mit denen wir Sie in Empfang nehmen möchten. Falls Sie nicht bald kommen, werden wir Sie, mit der Unterstützung Gottes und unserer Waffen, in Panama-Stadt besuchen. Es ist unsere Absicht, die Forts zu befestigen und sie für den König von England, meinen Herrn, zu halten, denn da er wollte, dass sie erobert werden, will er sie auch behalten. Ich bin der Ansicht, dass Sie nicht genug Männer haben, um morgen mit mir zu kämpfen, daher werde ich alle Gefangenen freilassen, damit diese Ihnen helfen können.

Als Bracamonte am nächsten Tag ankam, musste er feststellen, dass Morgan recht gehabt hatte. Er hatte in der Tat nicht genug Männer, die Festungen Portobelos zu stürmen, die jetzt von Morgans blutrünstigen Halunken bemannt wurden. Nachdem er vor den Toren der Stadt eine Woche lang erfolglos im Dschungel gesessen hatte, ordnete Bracamonte den Rückzug an. Nur ein Leutnant blieb zurück, der das Lösegeld aushandeln sollte. Es wurde schließlich auf 100.000 Pesos festgelegt. Am 27. Juli zog Morgan ab und segelte nach Hause. Dort kam er mit 500.000 Silbermünzen, 300 Sklaven und einem großen Berg sonstiger Beute an. Einen Monat lang feierte er mit seinen Männern in den Freudenhäusern und Spelunken der Stadt.

Im Oktober 1668 stach Morgan wieder in See. Er forderte die anderen Bukaniere auf, sich mit ihm vor der Ile de Vache zwecks eines weiteren Überfalls auf die Spanier zu treffen. Kurz nachdem er abgefahren war, traf die mit 34 Kanonen bestückte Fregatte HMS *Oxford* der englischen Kriegsmarine in Port Royal ein. Ihre Aufgabe war die Unterdrückung der Piraterie, auch auf Kosten Jamaikas. Modyford freute sich aber über die ausgezeichnete „Verstärkung" für Morgan und schickte sie ihm hinterher – mit dem Befehl, Cartagena einzunehmen. Der Kapitän des Schiffs geriet jedoch in Streit mit seinem Segelmeister. Als sie in den Hafen von Port Morant am östlichen Ende Kubas segelten, tötete er den Mann und floh. Modyford ernannte daraufhin Edward Collier zum Kapitän und bemannte das Schiff mit 160 Piraten.

Als die *Oxford* am 20. Dezember wieder in See stach, hatte sie neue Befehle. Sie sollte das mit 14 Kanonen bestückte französische Korsarenschiff *Cerf Volant* unter Kapitän Vivien aufhalten, das vor kurzem ein Handelsschiff aus Virginia überfallen hatte. Collier segelte direkt zur Ile de Vache, wo sich die *Cerf Volant* unter Morgans Flotte gemischt hatte. Er lud Kapitän Vivien zu sich an Bord ein. Der Segelmeister des Schiffs aus Virginia, den Collier mitgenommen hatte, identifizierte Vivien. Dieser wurde zusammen mit seiner 45-köpfigen Besatzung verhaftet. Man brachte sich an Bord der *Cerf Volant* zurück nach Port Royal. Dort wurde das Schiff in *Satisfaction* umgetauft und konnte zu Morgans Flotte zürückkehren.

Auf der Ile de Vache beschlossen die 1.000 Piraten, die sich dort versammelt hatten, dass sie mit der *Oxford* auf ihrer Seite genug Feuerkraft hätten, Cartagena einzunehmen. In jener Nacht feierten sie das neue Jahr und ihre anstehende Expedition. Morgan lud die Kapitäne Aylett, Bigford, Collier, Morris und Thornbury – die in der Piratenbruderschaft alle sehr bekannt waren – ein, mit ihm an Deck der *Oxford* zu dinieren. Die Matrosen feierten währenddessen auf dem Vorderdeck, tranken auf das Wohl des Königs, prosteten sich gegenseitig zu und feuerten einige Salven ab, als ein Funke plötzlich die Waffenkammer der *Oxford* in Brand setzte, woraufhin das Schiff explodierte. Schiffsarzt Richard Browne, der an Morgans Tisch gesessen hatte, schrieb später: „Ich aß mit den anderen zu abend, als die Hauptmasten herausgeschleudert wurden und auf die Kapitäne Aylett, Bigford und andere fielen und ihnen die Schädel zertrümmerten."

Während sich die See vom Blut der Piraten rot färbte, ruderten die Halunken der anderen Schiffe zwischen den Leichen herum, nahmen ihnen alles von Wert ab und hackten Goldringe von leblosen Fingern.

Nur sechs von 200 Männern, darunter Morgan und Kapitän John Morris, überlebten diese Katastrophe. Während sich die See vom Blut der Piraten rot färbte, ruderten die Halunken der anderen Schiffe zwischen den Leichen herum, nahmen ihnen alles von Wert ab und hackten Goldringe von leblosen Fingern.

Der Verlust der *Oxford* setzte dem Plan, Cartagena zu überfallen, ein jähes Ende. Collier stach auf der *Satisfaction* in See, um auf eigene Faust Campeche zu überfallen. Morgan führte in der Zwischenzeit den Rest der Flottille mit der Fregatte *Lilly* nach Osten – mit dem Vorsatz, Trinidad, das sich damals in spanischer Hand befand, und die Isla Margarita vor der

Küste Venezuelas zu überfallen. Diese erwiesen sich jedoch nur als kleine Fische, und als sie die Isla Saona vor Santo Domingo erreichten, waren drei von Morgans besten Schiffen desertiert. John Morris, sein treuer Leutnant, blieb jedoch an seiner Seite, und sie hatten ja noch immer acht Schiffe mit 500 Männern zur Verfügung.

Sie entschieden sich dazu, François l'Olonnais' Heldentat zu wiederholen und Maracaibo anzugreifen. Auf Aruba, der holländischen Insel an der Mündung des Golfs von Venezuela, nahmen sie Vorräte auf. Als sie sich am 9. März 1669 der Sandbank näherten, die den Eingang zur Lagune anzeigte, stellten sie fest, dass diese seit l'Olonnais' Angriff befestigt worden war: Eine Festung mit elf Kanonen bewachte nun den Kanal. Morgans Männer gingen an Land und belagerten sie. Die Verteidiger wehrten sich heftig. Sie waren aber nur zu neunt – ein Offizier und acht Soldaten. In der Nacht verließen sie das Fort, nachdem sie eine langsam abbrennende Lunte in der Waffenkammer angezündet hatten. Morgan und seine Männer schlichen sich in der Dunkelheit langsam vorwärts und waren höchst erstaunt, niemanden mehr vorzufinden. Bei einer Durchsuchung entdeckten sie die Lunte, die „nur noch einen Zoll vom Schießpulver entfernt war."

Morgans Männer zerstörten die Kanonen und segelten dann durch die Untiefen in die Lagune. Maracaibo lag verlassen vor ihnen. Der Garnisonskommandant hatte zwar alle Milizsoldaten zu sich beordert, aber als nur zwölf auftauchten, hatte er die Beine in die Hand genommen. Die Bukaniere plünderten die Stadt und schickten Trupps ins Umland, die ebenfalls auf keine Gegenwehr stießen. Reiche Gefangene wurden wiederum gefoltert, bis sie die Verstecke ihrer Wertsachen verrieten. Nach drei Wochen hatte Morgan genug davon und segelte über die Lagune nach Gibraltar, wo er das Ganze wiederholte. Am 17. April kehrte er mit einem kubanischen Handelsschiff und fünf Pirogen nach Maracaibo zurück und machte seine Flotte bereit, in See zu stechen.

Während Henry Morgan mit den Plünderungen beschäftigt war, hatte die spanische Flotte der Inseln über dem Winde vor der Lagune geankert und blockierte nun Morgans Rückzug. Admiral Alonso de Campos y Espinosa stand gewaltige Feuerkraft zur Verfügung: Sein Geschwader bestand aus der *Nuestra Señora de la Soledad – Marquesa* genannt – mit 14 Kanonen, der *San Luis* mit 26 Kanonen und seinem Flaggschiff *Magdalena* mit 38 Kanonen. An Bord befanden sich zudem 500 kampfbereite Männer. Als er bei seiner Ankunft das Fort am Laguneneingang verlassen vorgefunden hatte, wusste er, dass etwas nicht stimmen konnte. Er bemannte das Fort rasch wieder mit 40 Männern, die mit schweren Musketen bewaffnet waren, und ließ sechs der Kanonen reparieren. Dann forderte er Verstärkung aus dem Binnenland an, ließ seine Schiffe leichter machen, damit sie die Sandbank überqueren konnten, und fuhr in die Lagune hinein.

Admiral Campos hatte Morgan in der Falle und schickte ihm eine Nachricht, in der er seine Kapitulation verlangte. Andernfalls, so schrieb er, „habe ich Anweisungen, Ihre Schiffe zu zerstören und jeden Mann zu töten.“ Er fuhr fort:

> *Meine endgültige Entscheidung lautet wie folgt: Seien Sie dankbar für meine Freundlichkeit. Ich habe tapfere Soldaten bei mir, die es kaum erwarten können, sich für die unrechten Taten, die Sie gegen die spanische Nation in Amerika begangen haben, zu rächen.*

Morgan las seinen Männern Campos' Botschaft auf dem Marktplatz von Maracaibo laut vor. Daraufhin bekundeten die Piraten lautstark, lieber bis zum letzten Mann kämpfen zu wollen, als ihre Beute aufzugeben. Sie hatten ihr Leben bereits einmal dafür riskiert, sie würden es wieder tun.

Da die Spanier es offensichtlich nicht eilig hatten, ließ Morgan sich ebenfalls eine Woche Zeit, eine Verteidigungsstrategie zu entwickeln. Am 25. April 1669 segelte seine Flotte, die nun aus 13 Schiffen bestand, in Sichtweite der spanischen Schiffe und ankerte dort. Zwei Tage später segelte sie plötzlich, angeführt von dem kubanischen Handelsschiff, mit voller Geschwindigkeit in die Blockade hinein. Morgans Piraten hielten direkt auf Campos' Flaggschiff zu. Als sie längsseits der *Magdalena* ankamen, warfen sie Enterhaken hinüber und taten so, als wollten sie das Schiff entern. Es kam jedoch kein Bukanier an Bord. Als die Spanier schließlich an Bord des Kubaners gingen, sahen sie gerade noch, wie die zwölfköpfige Besatzung auf der anderen Seite über Bord sprang. Das Schiff war nun nur noch von einigen Piratenattrappen bemannt. Im gleichen Augenblick ging der Kubaner in Flammen auf, die sofort auf die *Magdalena* übersprangen. Admiral Campos war gezwungen, mit seinen völlig entsetzen Männern ins Wasser zu springen, um nicht bei lebendigem Leib zu verbrennen.

Als sie sahen, wie das Flaggschiff unterging, kappten die Besatzungen der *Marquesa* und der *San Luis* die Ankertaue und flüchteten, verfolgt von Bukanieren, in den Schutz der Kanonen des Forts. Beide Schiffe liefen aber auf Grund und wurden von ihren Mannschaften angezündet, damit sie nicht in die Hände der Piraten fielen. Es gelang diesen aber, die Flammen an Bord der *Marquesa* zu löschen und sie wieder flottzumachen. Trotz all seiner Anstrengungen hatte Admiral Campos also nur erreicht, dass Morgan nun ein weiteres Beuteschiff sein Eigen nennen konnte.

Das mit 70 Soldaten verstärkte Fort hinderte Morgan noch immer am Rückzug.

Das Fort hinderte Morgan jedoch noch immer am Rückzug. Es war inzwischen mit 70 Milizsoldaten aus dem Hinterland und den Überlebenden von Campos' Geschwader besetzt worden. Nachdem er einen weiteren Angriff von Land aus abgewehrt hatte, segelte Morgan zurück nach Maracaibo und schickte eine Nachricht an Campos. Er bot ihm an, die spanischen Gefangenen gegen seinen freien Abzug einzutauschen. Campos lehnte ab.

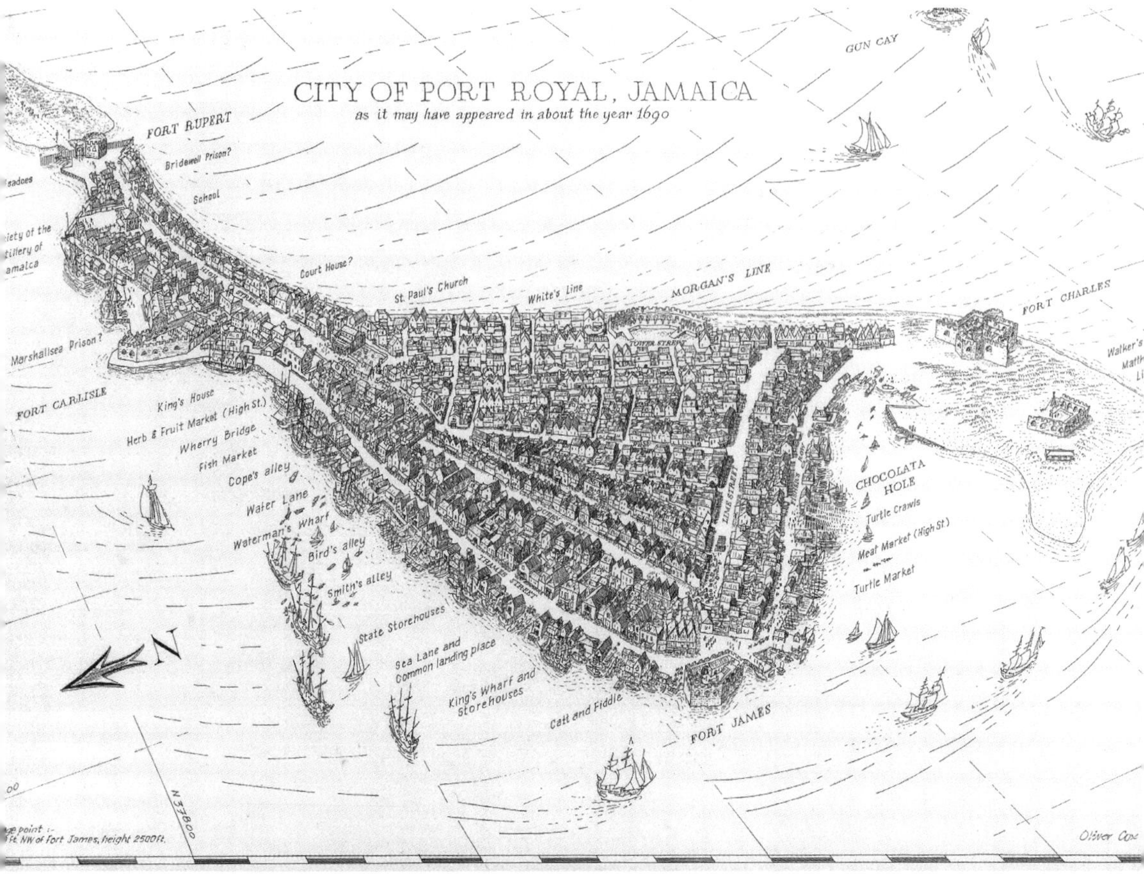

So sah es früher aus: Port Royal vor dem Erdbeben von 1692.

Einige seiner Gefangenen erzählten Morgan, dass das Fort nicht so gut bewaffnet sei, wie er dachte. Nur sechs der elf Kanonen funktionierten noch. Also entwarf Morgan einen Plan. Einige Tage später kehrte seine Flotte zur Sandbank zurück und ankerte außerhalb der Reichweite der Kanonen. Den ganzen Tag über fuhren seine Beiboote hin und her und schienen eine große Anzahl Männer an Land zu setzen. Tatsächlich legten sich die Männer einfach flach auf den Boden der Boote, und es wurde nicht ein einziger von ihnen an Land gebracht. Die Spanier fielen jedoch auf den Trick herein. Sie glaubten, Morgan plane in der Nacht einen weiteren Überfall von Land aus, und richteten ihre Geschütze dementsprechend landeinwärts. Als es dunkel wurde, lichteten Morgans Schiffe einfach die Anker und segelten aus der Lagune heraus.

Morgan kehrte am 27. Mai 1669 triumphal nach Port Royal zurück. Es sah allerdings so aus, als wäre seine Freibeuterkarriere beendet. Außenminister Lord Arlington hatte noch eimal die Anweisungen der Krone betont, alle Angriffe auf die Spanier müssten augenblicklich aufhören. Am 24. Juni erklärte Modyford öffentlich: „Alle Untertanen Ihrer Katholischen Majestät werden ab sofort als Nachbarn und Freunde betrachtet." Die Spanier waren inzwischen aber der unablässigen Angriffe der Piraten von Port Royal müde geworden und wild entschlossen, sich zu rächen. Am 20. April 1669 ermächtigte die spanische Regierung – als Antwort auf Morgans Überfall auf Portobelo – ihre Behörden in der Karibik, eigene Kaperbriefe auszustellen. Der portugiesische Freibeuter Manoel Rivero Pardal erhielt einen Kaperbrief von Pedro de Ulloa, dem Gouverneur von Cartagena, und segelte am 3. Januar 1670 mit 70 Mann an Bord der *San Pedro*, die besser bekannt war als *Fama* („Ruhm" oder umgangssprachlich „Schlächter"), los. Rivero wandte sich nach Port Morant, wo er Sklaven aufnehmen wollte, aber ungünstige Winde trieben ihn an Jamaika vorbei zu den Cayman-Inseln. Hier brannte er die Hälfte der Fischerhütten nieder und zog mit einem Kanu, einer Ketsch und vier gefangenen Kindern weiter nach Kuba. Dann erfuhr er, dass ein englischer Freibeuter vor Manzanillo an der südwestlichen Spitze der Insel ankerte. Es handelte sich um die *Mary and Jane* unter Bernard Claesen Speirdyke, von den Engländern Kapitän Bernard oder Kapitän Bart genannt.

Claesen Speirdyke, ein bekannter Freibeuter, war am 19. Juni 1663 in Port Royal in See gestochen, hatte St. Thomas eingenommen und war im Jahr darauf mit der Beute, die er in der spanischen Stadt Santo Tomás gemacht hatte, zurückgekehrt. Speirdyke war nun jedoch im Rahmen einer Friedensmission auf Kuba. Er brachte einige spanische Gefangene zurück und hatte einen Brief von Gouverneur Modyford dabei, der den Frieden zwischen den beiden Nationen betonte. Da er aber auch „Geschäftsmann" war, nutzte Speirdyke die Gelegenheit, Schmuggelware an die Einheimischen zu verkaufen. Er wollte gerade wieder in See stechen, als er von Rivero, der unter falscher englischer Flagge segelte, aufgehalten und gefragt wurde, wo er denn herkomme.

„Jamaika", antwortete Speirdyke.

„Verteidige dich, du Hund!", schrie Rivero und hisste seine eigene Flagge. „Ich bin die Strafe für eure Ketzerei."

Dann eröffnete die *Fama* das Feuer. Die beiden Schiffe beschossen sich bis zum Einbruch der Dunkelheit. Die *Mary and Jane* versuchte, in der Nacht zu fliehen, aber die *Fama* holte sie ein und enterte sie. Speirdyke dachte aber nicht daran, sich einfach zu ergeben, obwohl seine 18 Männer zahlenmäßig unterlegen waren. Speirdyke – laut Rivero „ein halsstarriger, verrückter Ketzer" – starb zusammen mit vier seiner Männer, bevor die *Mary and Jane* sicher in spanischen Händen war.

Rivero schickte neun Gefangene mit der Nachricht zurück nach Port Royal, dass er vom spanischen König für fünf Jahre die Genehmigung habe, in der ganzen Karibik Rache für den jamaikanischen Überfall auf Portobelo zu nehmen. Er segelte mit seiner Beute zurück nach Cartagena, wo ihm ein triumphaler Empfang bereitet wurde. Bald schlossen sich ihm andere an: Willem Beck, Gouverneur des holländischen Curaçao, schickte Modyford die Abschrift eines Kaperbriefs, den Francisco Galesio am 5. Februar 1670 in Santiago de Cuba erhalten hatte. Der Brief ermächtigte den Seeräuber, „mit aller Härte gegen die Engländer in der Karibik vorzugehen". Im Mai war Rivero wieder auf See. Dieses Mal wurde die *Fama* von der *Gallardina*, einem ehemaligen französischen Korsarenschiff, das zwei Jahre zuvor von den Spaniern erobert worden war, begleitet. Am 11. Juni tauchten sie unter englischer Flagge vor Jamaika auf. Sie trafen auf eine Schaluppe, die William Harris gehörte, der auf der Nordseite der Insel Handel trieb. Sie verfolgten ihn und kamen nah genug heran, dass Harris hören konnte, wie die ja angeblich englische Besatzung ihm zurief, die Engländer seien „Verbrecher und Hunde." Er ließ sein Boot stranden und feuerte auf Riveros Männer, als diese an Land kamen. Es gelang ihnen jedoch, Harris' Boot wieder seetüchtig zu machen und es mit einem eroberten Kanu nach Kuba zu bringen.

In der folgenden Woche setzten die *Fama* und die *Gallardina* 30 Männer in Montego Bay ab, die dort einige Siedlungen anzündeten, bevor sie zurück nach Kuba flohen. Am 3. Juli kam Rivero ein weiteres Mal zurück, im Schlepptau die gekaperte Schaluppe voller neuer Rekruten. Ein Trupp berittener Milizsoldaten beobachtete sie. In der folgenden Nacht landeten sie 50 Meilen entfernt und brannten ein paar Häuser nieder. Das Gleiche geschah noch einmal in der folgenden Nacht. Dieses Mal hinterließen sie jedoch eine Nachricht mit einer direkten Herausforderung an Morgan:

„Ich bin mit zwei Schiffen und 22 Kanonen gekommen, um General Morgan zu suchen. Nachdem er dies gesehen hat, erflehe ich, dass er an die Küste kommt, um mich zu finden, damit er die Tapferkeit der Spanier kennenlernen kann."

Morgan und der jamaikanische Inselrat gingen auf die Nachricht gar nicht ein. Stattdessen beschlossen sie, diese als Ausrede für einen Großangriff auf die Spanier zu nutzen – obwohl der englische Außenminister immer noch Frieden mit Spanien forderte. Gegen die Anweisung der Regierung in London beschloss der Inselrat am 9. Juli 1670 einstimmig, Henry Morgan zum „Admiral und Oberbefehlshaber aller Kriegsschiffe, die zu diesem Hafen gehören" zu machen. Anschließend erhielt er den Befehl, eine Flotte zusammenzustellen und „alle feindlichen Schiffe, die in Reichweite kamen, anzugreifen, zu erobern und zu zerstören." Am 11. August stach Morgan mit elf Schiffen und 600 Männern in See. Sein Flaggschiff war die *Satisfaction*, die jetzt mit 22 Kanonen bestückt war. Sein Ziel waren jedoch nicht die spanischen Schiffe – er hatte eine viel größere Beute im Sinn: Panama-Stadt, das Goldlager der Karibik, das vermeintlich sicher auf der Pazifikseite des Isthmus lag.

Morgans Überfall auf Panama

Morgan segelte nach Tortuga und dann zur Ile de Vache, wo sich ihm weitere 26 Piratenschiffe mit 1.400 Männern anschlossen. Während die gewaltige Flotte zusammengestellt wurde, sandte er Trupps auf der Suche nach Lebensmitteln aus. Am 16. September wurde Collier mit sechs Schiffen zum südamerikanischen Festland geschickt, um Vorräte zu besorgen und Informationen einzuholen. Im Morgengrauen des 24. Oktober erschien seine Flottille vor Ríohacha, Kolumbien. Er setzte einen Landungstrupp aus, der das winzige Fort mit solcher militärischer Präzision angriff, dass die Verteidger annahmen, sie würden von regulären Soldaten beschossen. Unter den Verteidigern befand sich auch die Besatzung der *Gallardina*, die vor der Küste vor Anker lag. Panisch vor Angst, was mit ihnen geschen würde, fielen sie den Engländern in die Hände, wehrten sie sich einen Tag und eine Nacht, bevor sie schließlich aufgaben. Collier ließ sofort einige der Einwohner hinrichten und folterte den Rest, um zu erfahren, wo sie ihre Schätze versteckt hätten. „Kaltblütig taten sie entsetzliche Dinge“, berichtete ein spanischer Augenzeuge. Das Ganze dauerte vier Wochen, dann kehrte Collier mit der *Gallardina*, einem weiteren eroberten Schiff, 38 Gefangenen, Fleisch und Mais zur Ile de Vache zurück.

In der Zwischenzeit waren auch Kapitän John Morris und seine *Dolphin* auf der Suche nach Vorräten, als ein Sturm sie zwang, in eine kleine Bucht an der Ostspitze Kubas zu segeln. Zwei Stunden später, in der Dämmerung, segelte auch Rivero schutzsuchend in die gleiche Bucht. Er war begeistert über das kleinere jamaikanische Schiff, das dort vor Anker lag, und plante, es bis zum Morgen zu blockieren und dann anzugreifen. Morris reagierte aber als Erster. Er kam auf die *Fama* zu und enterte sie. Rivero starb durch einen Schuss in den Hals. Der Rest seiner Mannschaft sprang über Bord; einige wurden von Morris' Männern getötet, andere ertranken. Nur fünf Seeleute konnte lebendig gefangen werden.

Als Morris mit der *Fama* zur Ile de Vache segelte, brach großer Jubel aus. Das Schiff wurde schnell in *Lamb*

Tauchen in den Ruinen von Port Royal.

umgetauft und in Morgans Flotte integriert. Die englischen Freibeuter waren außer sich vor Freude, als sie von Riveros Tod erfuhren. Obwohl damit der Grund für den Angriff auf Panama eigentlich ausgeräumt war, sah Morgan keine Veranlassung, seine Pläne zu ändern. Inzwischen hatte er 40 Schiffe mit über 2.000 englischen, französischen und holländischen Bukanieren unter seinem Kommando. Mit an Bord befand sich auch Exquemelin. Es war die größte Kaperfahrt, die jemals organisiert wurde. Am 18. Dezember 1670 stach die Flotte in See. Obwohl Panama-Stadt das eigentliche Ziel war, hielten sie unterwegs an der Isla Providencia an, die sich wieder in spanischer Hand befand. Die dortige Garnison ergab sich kampflos am Weihnachtstag.

Als Sohn eines Seemanns aus Kopenhagen fuhr Reyning mit zehn Jahren zum ersten Mal zur See.

Morgan schickte drei Schiffe mit 470 Mann unter der Führung von Joseph Bradley, Rok Brasiliano und Erasmus Reyning voraus, um Fort San Lorenzo an der Mündung des Río Chagres einzunehmen. Als Sohn eines Seemanns aus Kopenhagen war Reyning mit zehn Jahren zusammen mit seinem Vater zum ersten Mal zur See gefahren. In der Nordsee kämpfte er sowohl gegen die Franzosen als auch gegen die Engländer. Sein Vater wurde im ersten Englisch-Niederländischen Krieg (1652–1654) getötet. Reyning selbst geriet im zweiten Krieg (1665–1667) in Gefangenschaft und war 18 Monate lang in Irland eingesperrt. Nach einem kurzen Wiedersehen mit Frau und Kind segelte er nach Surinam. Zusammen mit sechs anderen Männern sollte er dort die holländische Kolonie wiedererrichten, die erst von den Franzosen überrannt und später von den Engländern erobert worden war. Als die Franzosen zurückkehrten, brachten sie Reyning als Gefangenen nach Martinique. Danach diente er kurz als Bootsmann des scheidenden Gouverneurs Robert Le Frichot des Friches und begleitete ihn auf seiner Heimreise bis nach Tortuga. Dort desertierte er und schlug sich anfangs als Farmarbeiter auf einer Plantage in Santo Domingo durch. Dann wurde er als Diener an einen Bukanier verkauft, bei dem er schnell seine Freiheit zurückgewann. Er fuhr wieder zur See und lernte auf den Cayman-Inseln Kapitän Casten aus Amsterdam kennen, der sein Schiff kielholen ließ. Casten war im Besitz von Kaperbriefen aus Port Royal, und so heuerte Reyning bei ihm an. Sie segelten nach Aruba, mussten vorher aber kurz nach Port Royal fahren, um ein erbeutetes spanisches Schiff loszuwerden. Dort schloss sich Reyning Brasiliano und de Lecat an, als sie die Brigantine von l'Olonnais kauften.

Am 6. Januar 1671 landete die riesige Piratenflotte in Sichtweite des Forts San Lorenzo. 400 Männer gingen von Bord und näherten sich dem Fort „mit Fahnen und Fanfaren." San Lorenzo wurde von 360 Männern unter Pedro de Elizalde verteidigt, der seinen Männern gesagt hatt: „Selbst wenn die Engländer kämen, dieses Fort könnten sie nicht erobern." Reyning war beim ersten Angriff auf das

Fort am Nachmittag dabei. Seine Leute trafen auf so heftigen Widerstand, dass Brasiliano zuerst vermeldete, alle seien getötet worden. Wie durch ein Wunder überlebte Reyning. Auch die zweite Welle wurde niedergemäht. Als die Sonne sank, führt Bradley seine Männer durch einige Abzugskanäle und konnte sich so dem Fort weit genug nähern, um Granaten und Feuertöpfe über die Mauern zu werfen. Sofort brannten die hölzernen Befestigungen lichterloh. Das Feuer breitete sich die ganze Nacht hindurch aus, zerstörte die Verteidigung und führte zur Explosion der Waffenkammer. In der Dunkelheit desertierten 150 spanische Soldaten. Trotzdem waren noch genug übrig, Bradleys ersten Angriff am nächsten Morgen abzuwehren. Nach und nach gelang es einigen französischen Bukanieren, sich ins Innere durchzuschlagen. Bradley war zwischenzeitlich schwer verwundet worden, aber er konnte ihre Rufe *„Victoire, Victoire!“* hören. Elizalde und der Rest der Verteidiger wehrten sich bis zum letzten Mann. 30 Bukaniere starben, 60 wurden verwundet, inklusive Brasiliano und Bradley, der Schussverletzungen an beiden Beinen erlitten hatte und fünf Tage später am 12. Januar, gerade als Morgan mit der Hauptstreitmacht in Sicht kam, starb.

Morgan war ein begnadeter Taktiker und ein großer Kämpfer, aber er war kein guter Seemann. Als die *Satisfaction* den Rest der Flotte nach San Lorenzo führte, lief sie auf ein Riff und sank – gefolgt von den vier Schiffen, die hinter ihr waren. Zehn Männer ertranken. Die Wracks wurden dazu verwendet, das Fort neu aufzubauen, in dem Morgan anschließend 300 Mann unter Kapitän Richard Norman stationierte. Dann überwachte er den Bau von 36 Kanus, die 1.400 seiner besten Männer den Río Chagres hinaufbringen sollten. Sie nahmen so viel Proviant wie möglich mit und hofften, unterwegs alles Weitere kaufen oder plündern zu können. Die Einwohner ergriffen jedoch vor dieser Armee die Flucht. Sieben Tage lang mussten Morgans Männer ohne Essen durch den Dschungel marschieren. Einige kochten und aßen aus Verzweiflung ihre Ledertaschen und -schuhe. Sie litten unter Durchfall und hohem Fieber und liefen in ihrem geschwächten Zustand in zwei Hinterhalte. 200 Männer starben unterwegs. Schließlich erreichten sie um neun Uhr morgens am 27. Januar eine Hügelkuppe und sahen von dort aus ihr Ziel: Panama-Stadt. Der Anblick eines großen und mehrerer kleiner Schatzschiffe machte den Männern Mut. Erst später sollten sie erfahren, dass das Schiff und seine Begleiter über 5 Millionen Silbermünzen sowie Gold und Juwelen vor ihnen in Sicherheit brachten.

Einige Männer kochten und aßen aus Verzweiflung ihre Ledertaschen und -schuhe.

Gegen Mittag erreichten Morgan und seine Männer eine riesige Ebene, auf der Rinder weideten. Sie hielten an, um einige zu schlachten und zu essen. Dann schlugen sie in Sichtweite der Stadt ihr Lager auf. Im Morgengrauen des 28. Januar sahen sie sich 2.000 spanischen Soldaten, von zwei Kavallerieeinheiten mit je 300 Mann

Die Ruinen von Panama Viejo, das an dem Ort erbaut wurde, wo heute Panama-Stadt steht. Panama Viejo wurde 1671 von Henry Morgan niedergebrannt.

flankiert, gegenüber. Kommandant der Streitmacht war Juan Pérez de Guzmán, der Gouverneur Panamas. Obwohl sie zahlenmäßig unterlegen waren, ließen sich die Piraten nicht abschrecken. Sie marschierten mit „gut sichtbaren roten und grünen Bannern und Fahnen" auf die Spanier zu. Morgan ging davon aus, dass es ein Vorteil sei, die aufgehende Sonne im Rücken zu haben.

Guzmán schickte die Kavallerie los, die sich schnell, aber undiszipliniert näherte. Die erste Salve der Piraten brachte 100 Reiter zu Fall. Nun rückten die Fußsoldaten vor, während Indianer im Rücken der Bukaniere die Rinder dazu brachten, in Panik loszurennen. Immer noch behielten die Piraten die Nerven, und ihre gezielten Schüsse hielten beide Fronten in Schach. Als die spanischen Infanteristen in Schussreichweite kamen, feuerten sie eine Salve ab. Dann warfen sie ihre Musketen davon und liefen weg. 400 oder 500 von ihnen blieben tot auf dem Schlachtfeld zurück. Die Bukaniere verloren nur 15 Mann.

Anstatt Panama-Stadt in Morgans Hände fallen zu lassen, zündeten die

Spanier es an. Sie hatten es so eilig, das Fort in die Luft zu jagen, dass alle 40 Soldaten, die sich noch darin aufhielten, ums Leben kamen. Dann ergriffen sie die Flucht. Die Bevölkerung hatte sich bereits vorher in den Wäldern versteckt. Morgans Männer marschierten kampflos in die Stadt und löschten die Feuer, aber zwei Drittel der Gebäude waren bereits niedergebrannt.

Die Piraten blieben vier Wochen in Panama und sandten in dieser Zeit immer wieder Suchtrupps aus, um geflohene Einwohner einzufangen. Diese wurden grausam gefoltert, hatten aber nicht viel zu bieten, da der Großteil ihres Reichtums auf den Schiffen weggeschafft worden war. Ironischerweise entging Morgan ausgerechnet der größte Schatz, den die Stadt zu bieten hatte und der sich die ganze Zeit unter seinen Augen befand. Ein schlauer Mönch hatte noch rasch den Altar der Kathedrale, der aus massivem Gold bestand, weiß überstrichen.

Die Spanier erklärten sich jedoch bereit, für die Gefangenen Lösegeld zu bezahlen, und so bestand Morgans Ausbeute letztendlich doch noch aus 750.000 Silbermünzen, Dublonen, Gold- und Silberbarren, Edelsteinen, Perlen, Seide und Gewürzen. Das Ganze wurde auf 175 Maultiere geladen und zurück nach San Lorenzo geschafft. Dort wurde die Beute aufgeteilt. Jeder Mann erhielt 200 Silbermünzen, was sich auf etwa 18 Pfund pro Kopf belief – kaum ausreichend, um sie für das, was sie durchgemacht hatten, zu entschädigen. Außerdem gab es Spannungen zwischen den überwiegend katholischen Franzosen und den Engländern. Dann kam es zur offenen Rebellion, als die Bukaniere behaupteten, Morgan habe den Löwenanteil der Beute für sich selbst behalten. Morgan segelte mit Bradleys Schiff *Mayflower* ab, ohne sich zu verabschieden. Der Rest der Piratenarmee teilte sich auf. Reyning setzte seine Piratenkarriere in der Karibik weitere 27 Jahre fort. Als die englischen Behörden schließlich massiv gegen die Piraten vorgingen, setzte er die Engländer aus seiner Besatzung auf dem winzigen Eiland Tris aus, wo sie vom ehemaligen Freibeuterschiff *Lilly* gerettet wurden. Zusammen mit de Lecat begann Reyning, für die Spanier zu arbeiten, und konvertierte sogar zum Katholizismus, um die Ernsthaftigkeit seiner Absichten glaubhaft zu machen. Er starb, als sein Schiff 1697 bei schlechtem Wetter im Golf von Biskaya auf Grund lief.

Anstatt Panama-Stadt in Morgans Hände fallenzulassen, zündeten die Spanier die Stadt an und ergriffen die Flucht.

Als Morgan nach dem Überfall auf Panama im April 1671 nach Port Royal zurückkehrte, war der Jubel groß, und der Inselrat bedankte sich offiziell bei ihm. Karl II. hingegen war nicht begeistert. Er hatte ein neues Abkommen mit Spanien unterzeichnet, und Madrid drohte mit Krieg, falls die Piraten nicht umgehend bestraft würden. Zu diesem Zweck schickte Karl die HMS *Assistance* und *Welcome* in die Karibik. Sie erreichten Port Royal im Juli 1671. An Bord hatten sie auch einen neuen Gouverneur für Jamaika,

Sir Thomas Lynch, der energisch für einen friedlichen Handel mit Spanien eintrat. Morgan und Modyford wurden in Ketten gelegt und zurück nach London gebracht. Man versicherte Modyford, dass weder sein Leben noch sein Vermögen in Gefahr seien, obwohl er im Tower gefangen gehalten wurde. Im ersten Jahr musste er in seiner Zelle bleiben, danach durfte er sich auf dem Gelände frei bewegen. Er wurde niemals vor Gericht gestellt und 1674 endgültig freigelassen. 1675 kehrte er als Oberrichter nach Jamaika zurück, wo er 1679 starb.

Ein rehabilitierter Pirat

Morgan wurde gar nicht inhaftiert, da er „sehr krank“ war. Stattdessen lebte er in London in Saus und Braus. Die Öffentlichkeit vergötterte ihn, und schließlich bewegte er den Herzog von Albemarle dazu, sich beim König für ihn einzusetzen. Im Sommer 1672 brach der dritte Krieg zwischen England und den Niederlanden aus. Auch die Feindseligkeiten mit Spanien wurden wiederaufgenommen, und Morgan wurde beordert, einen Bericht über die Sicherheitslage auf Jamaika zu verfassen.

Morgan wurde gar nicht inhaftiert, da er „sehr krank“ war.

Im Januar 1674 ersetzte John Vaughan, der Earl of Carlisle, Lynch als Gouverneur. Ihm wurde nachgesagt, einer der unzüchtigtsten Gesellen seiner Zeit gewesen zu sein, was im England der damaligen Zeit eine beachtliche Leistung war. Morgan wurde als sein Stellvertreter eingesetzt. Da er für diesen Posten einen passenden Titel brauchte, schlug man ihn kurzerhand zum Ritter.

In Jamaika saß Morgan als Richter im Admiralitätsgericht, das damit betraut war, Piraten zu verurteilen, und behauptete „Ich habe alle englischen und spanischen Piraten, die ich erwischen konnte, zum Tode verurteilt, eingesperrt oder den Spaniern zur Hinrichtung übergeben.“

Kaum jemand glaubte ihm. Obwohl er nun ein angesehener Plantagenbesitzer war, vermutete Vaughan, dass Morgan heimlich private Kaperfahrten mit seinem Freund d'Ogeron, dem Gouverneur von Santo Domingo, arrangierte und zehn Prozent des Gewinns einkassierte.

Der grobschlächtige Morgan kam mit dem jungen aristokratischen Vaughan, der ihn immer wieder vor den Inselrat beorderte, gar nicht zurecht. Morgan wurde aufgrund seiner Popularität jedoch ein ums andere Mal freigesprochen, während Vaughans hochmütige Art den Bukanieren und dem Inselrat allmählich gehörig auf die Nerven ging. Morgan verbrachte trotzdem mehr und mehr Zeit in Port Royals Spelunken und wurde schließlich suspendiert, weil er betrunken war.

Als junger Mann war Sir Hans Sloane, der später das Britische Museum gründen sollte, Arzt in Port Royal gewesen. In seinen karibischen Tagebüchern, die zusammen mit seinen anderen Werken die Basis für die britische Nationalbibliothek bildeten, beschrieb Sloane Morgan als „schlank und von bleicher Hautfarbe, mit leicht gelblichen Augen und einem

Port Royal: reich und verrucht

Zeitgenössischer Stich des großen Erdbebens, das Port Royal am 5. Juni 1692 zerstörte. Viele hielten es für Gottes Vergeltung für die Verruchtheit der Stadt.

hervortretenden Bauch.“ Er war nicht mehr der schneidige Pirat, der er einst gewesen war. „Er trank immer viel und blieb sehr spät auf.“ Das Resultat war Wassersucht. Sloane verschrieb ihm Abführ- und Entwässerungsmittel, aber Morgan behielt seine Trinkgelage bei. Er zog es vor, von einem Obeah, einer Art Voodoo-Priester, behandelt zu werden, der ihm „Urineinläufe verpasste und ihn von Kopf bis Fuß mit Wasser und Lehm einschmierte und so seinen Husten noch verstärkte.“

Am 25. August 1688 starb Henry Morgan. Er hinterließ seine Frau, mit der er über 20 Jahre verheiratet war, eine Zuckerrohrplantage, einige Tausend Hektar Land und etwas über 5.000 Pfund. Vaughan war zu dieser Zeit bereits durch Morgans Gönner, den Herzog von Albemarle, ersetzt worden, der ein Staatsbegräbnis anordnete. Morgans Leiche wurde auf einer Geschützlafette durch die Straßen Port Royals gefahren. Als er auf dem Friedhof von St. Peter beerdigt wurde, feuerte die HMS *Assistance* unter Kapitän Wright 22 Schuss Salut ab. Die HMS *Drake* folgte seinem Beispiel, genau wie jedes Handelsschiff im Hafen.

Sir Henry Morgans Tod kennzeichnete das Ende einer Ära. Nur vier Jahre später, am 7. Juni 1692, wurde Port Royal durch ein verheerendes Erdbeben zerstört. Der Großteil der Stadt, in der zu diesem Zeitpunkt etwa 8.000 Menschen lebten, versank im Meer, das sich nun auch die Gebeine des großen Piraten holte.

Der berühmte Piratenhafen war komplett zerstört worden, und die wenigen Überlebenden des Erdbebens bauten ihre Stadt auf der anderen Seite der Bucht, wo das heutige Kingston steht, wieder auf.

KAPITEL FÜNF

Die Waffen

Ein Opfer in Angst und Schrecken zu versetzen, war für einen bis an die Zähne bewaffneten Piraten ein Leichtes. Aber was trug ein Pirat des 17. Jahrhunderts eigentlich am Gürtel?

Um ein Schiff erobern zu können oder – noch besser – die Besatzung so zu verängstigen, dass sie freiwillig aufgab, musste man damals gut bewaffnet sein. Die meisten Waffen der Seeräuber waren die gleichen, die auch von den übrigen Seefahrern jener Zeit eingesetzt wurden – häufig waren sie ohnehin ja von ihnen gestohlen worden. Piraten liebten es, sich von Kopf bis Fuß mit Waffen zu behängen, um ihren Opfern Todesangst einzujagen.

Die Machete

Die Machete war ein grobes, schweres Schwert mit einer breiten Klinge, die nur auf einer Seite geschärft war. Meist war sie etwa 60 cm lang. Man vermutet, dass sie sich aus den Langmessern entwickelte, welche die ursprünglichen Bukaniere zum Zerlegen des Fleisches verwendet hatten. Obwohl sie eigentlich zum Einsatz an Land gedacht war – und tatsächlich tragen auch heute noch viele Landarbeiter in der Karibik sowie in Süd- und Mittelamerika eine Machete –, wurde sie schnell an den Gebrauch auf See angepasst. Die Klinge ist meist leicht gebogen und auf der längeren Seite schärfer. Sie ähnelt einem Säbel, jedoch ist die Machetenklinge etwas schwerer und kürzer. Eine Machete war das krasse Gegenteil zum elegant gebogenen, verzierten und mit einem Haihautgriff versehenen Ausgehschwert, das bei den Offizieren der Kriegsmarine in Mode war.

Beim Kampf an Bord eines Schiffes war die kurze Klinge kein Nachteil: Mit all der Takelage und den sonstigen Dingen, die auf Deck herumstanden, -lagen oder -hingen, hatte man ohnehin nicht viel Platz, auszuholen. Durch die kurze Klinge war die Machete auch robuster, aber nicht zu schwer. Ein einziger Hieb mit einer schweren Machete zerbrach ein schickes Offiziersschwert mit Leichtigkeit. Die Machete war so erfolgreich, dass sie zunehmend von den Kriegsmarinen auf der ganzen Welt eingesetzt wurde.

Im Kampf führte man die Machete wie einen Säbel zum Aufschlitzen und Schlagen. Man konnte einen Gegner auch einfach dadurch ausschalten, dass man ihm z. B. die Hand abschlug, anstatt ihn zu durchbohren. Durch die gebogene Klinge ließ sich die Machete beim Schlagen leichter führen als ein gerades Schwert, da mehr von der scharfen Klinge Kontakt mit dem Gegner hatte. Auf diese Weise war es leicht, Fleisch zu durchtrennen. Durch die breite, dicke Klinge stellten auch Muskeln und Knochen kein Hindernis dar. Als Stichwaffe war die Machete jedoch weniger geeignet als ein Schwert oder Florett. Es war aber immer einfacher, rasch nach dem Gegner zu schlagen, als zu versuchen, ihn aufzuspießen. Dabei lief man zudem Gefahr, dass die Klinge stecken blieb und man selbst schutzlos war.

Aufgrund ihrer kurzen, schweren Klinge ließ sich die Machete auch gut als Werkzeug verwenden. So konnte man damit dicke Taue kappen, Luken einschlagen, Vieh schlachten und sogar Bäume fällen! Beliebt war sie auch zum Öffnen von Kokosnüssen, zum Funkenschlag beim Feuermachen oder zum Häuten einer Kuh.

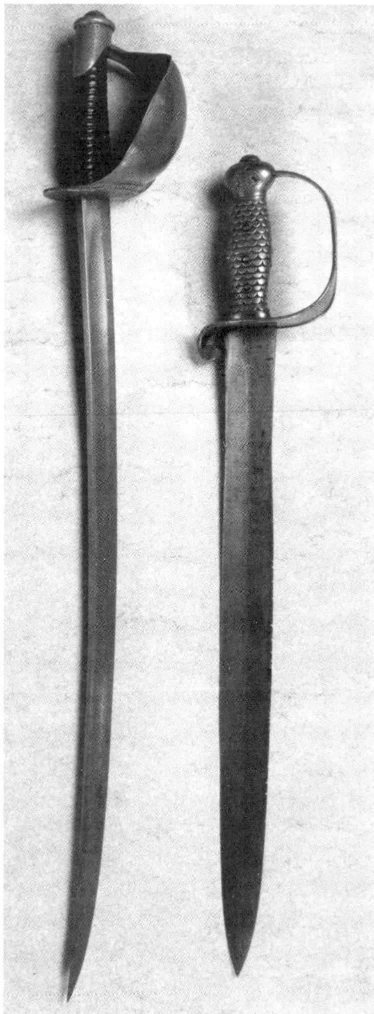

Das Kurzschwert der Piraten (rechts) im direkten Vergleich mit dem eleganteren, aber auch zerbrechlicheren Marinesäbel (links).

Messer

An Bord eines Schiffes gab es natürlich Messer in allen Variationen. Sie wurden zum Schneiden von Seilen und Segeln, aber auch als Besteck verwendet. Ein Messer galt auch als letzte Verteidigungsmöglichkeit, obwohl Piraten meist Dolche, Stilette, Wurfmesser, Parierdolche oder andere Messerarten bei sich trugen, die speziell für den Kampf gedacht waren. Diese hatten scharfe Spitzen und wurden als Stichwaffen verwendet. Zum Aufschlitzen waren sie weniger geeignet, obwohl sie meist zwei Schneiden hatten.

Dolche haben Griffe und Parierstangen wie Schwerter. Diese verhindern, dass die Hand nach vorn auf die Schneide rutscht und die gegnerische Klinge im Kampf in die eigene Hand schneidet. Die Form einiger Dolche ist der Fechtkunst entlehnt, bei der Dolche zum Parieren und zur Überrumpelung des Gegners eingesetzt wurden. Viele Dolche sollten auch lediglich die

Klinge des gegnerischen Schwerts zerbrechen. Man nannte sie Parierdolche oder auch Klingenbrecher.

Bei Schwertkämpfen wurde der Dolch oft dazu benutzt, eine Lücke zu erzeugen oder den Gegner aus dem Gleichgewicht zu bringen. Wenn dieser sich dann in einer ungeschützten Position befand, wurde er mit einem Dolchstoß getötet. Piraten gingen meist genau andersherum vor: Das Schwert wurde mit dem Dolch abgewehrt oder geblockt, denn so blieb die Machete frei für den Gegenangriff.

Seeleute trugen häufig ein großes Messer, Gully genannt, bei sich, das nicht speziell für den Kampf gedacht war, aber natürlich auch dafür verwendet werden konnte. Es ähnelte heutigen Küchenmessern, allerdings ließen sich einige der Piratenmesser zusammenklappen. Diese Messer waren eher zum Schlagen als zum Stechen geeignet. Meist war die Klinge einschneidig, obwohl manchmal auch ein Teil der zweiten Klingenseite geschärft wurde. Gullys dienten z. B. zum Zerschneiden kaputter Takelage, aber auch als Esswerkzeug. Auch bei Meutereien kamen sie häufig zum Einsatz, da jeder Matrose mindestens einen Gully besaß.

Eine weitere Waffe der karibischen Seefahrer war das Boucanmesser, das die ursprünglichen Bukaniere zum Zerlegen der Schweine und Rinder verwendeten, die sie auf den Inseln rund um Santo Domingo und Jamaika erlegt hatten. Diese Messer gab es in allen möglichen Größen und Formen, aber die meisten sahen wie kleine Macheten aus. Boucanmesser waren in erster Linie reine Werkzeuge, wurden aber auch im Kampf eingesetzt.

Der Marlspieker

Eine beliebte Waffe von Meuterern war der Marlspieker. Er hat eine runde Klinge, die in einer scharfen Spitze endet, und einen runden Knauf. Damit sah er einem Eispickel, wie man ihn in Bars findet, recht ähnlich. Der Marlspieker war eher ein Werkzeug als eine Waffe, da er vorwiegend dazu verwendet wurde, Kardeele, die „Adern" der gedrehten und damals noch geteerten Taue, voneinander zu trennen. Außerdem befestigte man damit Seile am hölzernen Schiffsaufbau. Die meisten Kapitäne hielten Waffen aus Angst vor einer Meuterei unter Verschluss, aber Marlspieker mussten die Seeleute für ihre Arbeit immer zur Hand haben.

Die Pike

Mit der Einführung des Bajonetts im 17. Jahrhundert verschwanden die Piken oder Hellebarden aus der Kriegsführung an Land. Sie wurden von den Spaniern jedoch noch lange Zeit in der Neuen Welt verwendet. Auch bei anderen Marinen kamen sie noch bis ins 19. Jahrhundert hinein als Enterwaffen zum Einsatz.

Piken waren eine Art Speer aus einer langen, schweren Holzstange mit einer Metallspitze. Sie konnten auf ein Ziel geworfen werden, meist benutzte man sie aber als Stichwaffe im Nahkampf. Beim Entern eines Schiffes erwiesen sie sich gegen Schwerter und Messer als sehr wirkungsvoll. An Bord wurden sie dann lieber gegen kleinere Waffen eingetauscht, da sie zu sperrig waren. Nach der Einführung der Feuerwaffen gerieten Piken zunehmend aus der Mode.

Die Axt

Mit Enteräxten kletterten die Piraten Bordwände eines Schiffes hinauf oder zertrennten Seile. Diese Äxte eigneten sich auch ausgezeichnet zum Einschlagen von Türen und Luken. Im Nahkampf stellten sie tödliche Waffen dar.

Äxte waren aber auch wichtige Verteidigungswaffen. Beim Entern eines Schiffes wurden zuerst Enterhaken an Seilen auf das gegnerische Schiff hinübergeworfen, um es heranzuziehen. Keine Waffe eignete sich besser als die Axt, um diese Seile zu kappen.

Normalerweise hatte eine Enteraxt einen etwa 60–90 cm langen Holzstiel und einen Kopf aus zwei Pfund Eisen bzw. Stahl. Der Kopf wurde auf einer Seite geschärft und auf der anderen abgeflacht, denn so konnte die Axt auch als Hammer verwendet werden. Zum Werfen war sie aufgrund ihres Gewichts nicht geeignet; einige amerikanische Piraten benutzten aber Tomahawks der Indianer oder spezielle Wurfäxte. Der Begriff „Tomahawk“ stammt aus der Algonkin-Sprache, die von in Nordamerika beheimateten Indianerstämmen gesprochen wurde. Ursprünglich bestand der Axtkopf eines Tomahawks aus Stein, wurde aber von den amerikanischen Händlern, Trappern und Forschern der Kolonialzeit, für die der Tomahawk bald zum Standardwerkzeug gehörte, durch Metall ersetzt.

Tomahawks waren kleiner und leichter als Enteräxte und konnten geworfen oder anstelle des Dolches zum Parieren benutzt werden. Sie waren zwar nicht gut dazu geeignet, Seile zu kappen oder Türen einzuschlagen, hatten aber Vorteile im Nahkampf.

Eine Axt, wie sie von Piraten gern beim Entern eines Schiffes verwendet wurde.

Die Muskete

Unter den „Brüdern der Küste“ war die Muskete ein begehrter Besitz. Die Spanier hielten die Bukaniere für die besten Musketenschützen der Welt.

In den richtigen Händen war die Muskete eine hervorragende Waffe für Schüsse aus dem Hinterhalt. Mit ihr konnte man leicht das Deck eines Beuteschiffes erst einmal „abräumen“, bevor es geentert wurde. In Salven waren die schweren Musketenkugeln so wirksam wie ein Kanonenschuss. Musketen waren auch unentbehrlich, wenn es darum ging, Enterkommandos abzuwehren. Nebenbei wurde die Muskete auch als Jagdwaffe eingesetzt, wenn die Piraten über Land marschierten, und sie eigneten sich gut für Überfälle auf Siedlungen oder beim Kampf gegen spanische Milizsoldaten.

Im 16. und 17. Jahrhundert wurden unzählige Musketen für die europäischen Heere gebaut. Viele davon gelangten über Umwege in die Karibik, wo sie von Piraten gekauft oder gestohlen wurden. Es war jedoch sehr schwierig, die vielen verschiedenen Kugelgrößen der einzelnen Musketen an

Muskete mit Steinschloss aus dem 18. Jahrhundert.

Bord vorrätig zu haben, wenn jeder Pirat seine eigene Muskete mitbrachte. Idealerweise stammten daher alle Musketen an Bord aus der gleichen Quelle, damit sie auch das gleiche Kaliber hatten. Wenn ein Beuteschiff gekapert wurde, bemühte man sich sehr um die Standardisierung des eigenen Waffenarsenals.

Musketen werden durch den Lauf geladen, nicht durch den Verschluss wie ein modernes Gewehr. Man gab das Schwarzpulver, das Zündpflaster und zuletzt die Kugel in den Lauf und stopfte das Ganze mit einem Ladestock fest. Gute Schützen wussten genau, wie viel Pulver ihre Muskete benötigte und wie fest sie gestopft werden konnte. Oft bereiteten sie vor dem Kampf schon ein Dutzend Ladungen vor. Diese nannte man „Apostel" – entweder aufgrund ihrer Anzahl oder wegen des Gebets, das jede Ladung begleitete – und bewahrte sie in einem kleinen Woll- oder Lederbeutel auf. Durch die Einführung des gezogenen Laufs, der im Inneren eine spiralförmige Rille hat, die dem Geschoss Drall gibt, wurden die Musketenschüsse genauer. Ein Nachteil war jedoch, dass Musketen mit gezogenem Lauf längere Ladezeiten hatten.

An Bord eines Schiffes war die Größe der Muskete – ihr Lauf war im Durchschnitt 1,50 m lang – der größte Nachteil. Meist wurde sie abgefeuert, wenn sich das Piratenschiff seiner Beute näherte. Beim Entern wurde sie lieber gegen andere Waffen eingetauscht. Zum Abfeuern einer Muskete brauchte man zudem beide Hände, während man z. B. mit einer Pistole einhändig schießen konnte. Außerdem dauerte es recht lang, eine Muskete nachzuladen, und man konnte auch immer nur eine tragen, während man sich mehrere Pistolen in den Gürtel stecken konnte.

Eine Musketoon war eine Muskete mit verkürztem Lauf. Sie war zwar weniger zielsicher, aber im Nahkampf einfacher zu handhaben. Musketoons erwiesen sich jedoch als nicht sehr zuverlässig. Auch von ihnen konnte man immer nur eine tragen, und im Kapf Mann gegen Mann hatten Machete und Dolch ohnehin Vorteile, da man keine Munition für sie brauchte.

Die Donnerbüchse

Wie die Musketoon war auch die Donnerbüchse eine Waffe für die kurzen Distanzen. Sie hatte ein Kaliber zwischen 38 und 58 mm. Mit Donnerbüchsen konnte man eine sehr große Kugel, mehrere kleine oder eine Handvoll Schrotkugeln abfeuern. Auf einem vollen Schiffsdeck konnte man damit mehrere Männer gleichzeitig töten oder verletzen; ihre Wirkung ähnelte eher derjenigen einer kleinen tragbaren Kanone als der eines Gewehrs.

Die Donnerbüchse sollte auf großem Raum möglichst viel Schaden anrichten, daher wurde der Lauf zum Ende hin breiter. Dadurch wurden die austretenden Kugeln gestreut. Tatsächlich funktioniert hat das Ganze nicht besonders gut, aber zumindest sah die Donnerbüchse sehr gefährlich aus. Sie wurden von etwa 1530 bis mindestens 1840 eingesetzt, als der Postkutschendienst der Royal Mail noch einmal Donnerbüchsen mit Steinschloss bestellte.

Donnerbüchsen waren zwischen 35 und 76 cm lang und im Grunde eher großkalibrige Pistolen, die meisten wiesen aber wenigstens einen kurzen Schaft auf. Sie waren nicht für das Abfeuern von der Schulter ausgelegt. Stattdessen drückte man sie fest an die Hüfte oder klemmte sie zwischen Unterarm und Körper ein, um den enormen Rückstoß abzufangen. Diese Waffe hatte normalerweise kein Visier, man drückte einfach ab.

Auf kurze Distanz war die Donnerbüchse oft tödlich. Auf eine Entfernung von 3–6 m streute sie die Kugeln 30–60 cm weit, auf eine Entfernung von 9–12 m waren es bereits 2–3 m. Auf größere Entfernung erwies sich die Waffe als nutzlos, auf dem engen Schiffsdeck konnte sie dagegen sehr effektiv eingesetzt werden.

Wie bei anderen Feuerwaffen jener Zeit dauerte der umständliche Ladevorgang auch bei der Donnerbüchse zu lang. Im Kampf Mann gegen Mann hätte man höchstwahrscheinlich nicht mehr als einen Schuss abfeuern können, danach hatte man nichts weiter als einen sperrigen Knüppel in der Hand. Außerdem wäre es schwierig gewesen, mit der rechten Hand die Machete zu

Zwei Donnerbüchsen aus dem 18. Jahrhundert. Auf große Entfernung war die Waffe nutzlos, im Nahkampf verbreitete sie jedoch Angst und Schrecken.

schwingen, während man in der linken die Donnerbüchse hielt. Einige Donnerbüchsen waren mit einem Bajonett entlang der Oberseite des Laufs ausgerüstet. Aber auch das erwies sich als nicht sehr sinnvoll, da der Lauf zu kurz war, um eine wirksame Stichwaffe abzugeben.

Häufig begann man das Entern mit einem Schuss aus der Donnerbüchse, nicht zuletzt auch wegen der psychologischen Wirkung. Der gewaltige Knall, das heiße Blei – all das wirkte doch ziemlich einschüchternd. Auch gegen Meuterer wurden Donnerbüchsen gern eingesetzt; im richtigen Kampf gab es

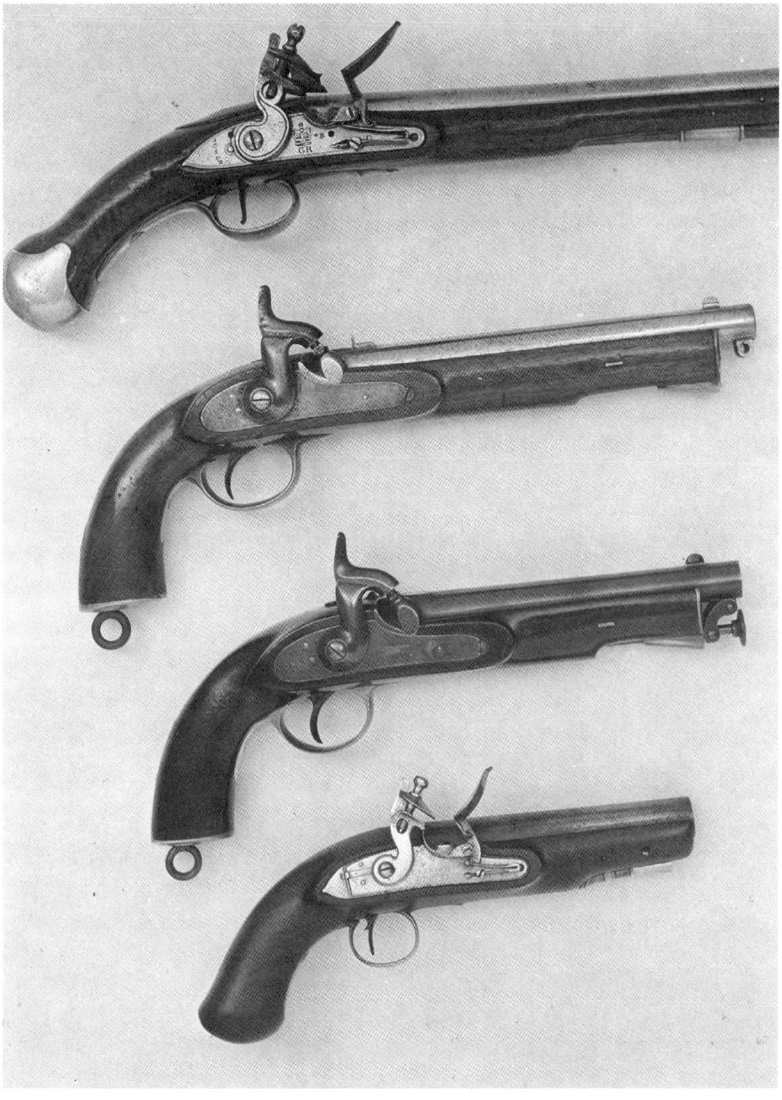

Pistolen aus dem 18. und 19. Jahrhundert (von oben nach unten): Marinepistole mit Steinschloss, gezogene Perkussionspistole, Perkussionspistole und Steinschlosspistole.

aber wohl kaum einen Kapitän, der sie verwendete. Donnerbüchsen wurden nur in kleiner Stückzahl gebaut, da sie sich auf den weitläufigen Schlachtfeldern Europas nicht besonders nützlich gezeigt hatten.

Pistolen

Die Pistole war bei den Piraten die Waffe der Wahl. Es gab sie in allen Größen und Arten, und nicht alle waren gleichwertig. Da gab es etwa Massenprodukte für die Kavallariesoldaten oder die Marine. Zu einer Zeit, als der Pistolenbau noch als Kunst galt, konnte man aber auch teure Einzelstücke anfertigen lassen. Ein Kapitän ließ sich als Zeichen seines Ranges häufig ein Pistolenpaar nach Maß anfertigen.

Obwohl das Hauptaugenmerk natürlich auf der Verarbeitung des Laufs und der Zündvorrichtung lag, legte der Waffenschmied auch viel Wert auf das Aussehen seines Produkts und verzierte den Schaft mit Ornamenten aus Gold und Silber. Auch der Hahn war häufig verziert, hatte die Form eines Löwen oder Einhorns – oder eventuell des Wappentiers des Eigentümers. Vor allem die Pistolen französischer Kavallerieoffiziere waren unter Piraten heißbegehrte Beutestücke.

Kluge Kapitäne benutzen sie oft als Anreize für Enterkommandos: Der erste Mann an Bord des gegnerischen Schiffes durfte sich aus den erbeuteten Waffen eine aussuchen, die seinem Anteil nicht zugerechnet wurde. Sich freiwillig als Erster eines Entertrupps zu melden, kam allerdings einem Himmelfahrtskommando gleich, denn normalerweise schossen die Verteidiger zu Beginn mehrere Salven ab, welche die erste Welle der Angreifer niedermähten. Falls man dies überlebte, stand man zudem allein da, bis die zweite Welle der Angreifer nachgerückt war.

Auch die Pistolen waren Vorderlader, aber durch den kurzen Lauf waren sie relativ einfach zu laden. Viele Pistolenbauer versuchten sich auch an Hinterladern, aber bis zur Erfindung der Patrone galten diese Waffen im besten Fall als unzuverlässig.

Zündmechanismen

In der Blütezeit der Karibikpiraten durchlief der Zündmechanismus von Pistolen und Musketen große Veränderungen. Es begann mit dem Luntenschloss, das vor allem bei größeren, von der Schulter abgefeuerten Waffen zum Einsatz kam. Dabei klemmte die Lunte im Luntenhalter und wurde durch einen Hebelmechanismus, der mit dem Abzug verbunden war, mit dem glimmenden Ende auf das Pulver in der Zündpfanne gedrückt, das so entzündet wurde. Das funktionierte bei Regen nicht sehr zuverlässig und war auf See gar nicht einsetzbar.

Als Nächstes kam das Radschloss, das den Einsatz einer Lunte unnötig machte. Ein kleines Rad mit Feuersteinen war an einer Feder befestigt, die wie die Feder in einer Uhr aufgezogen war. An der Stelle der Lunte befand sich nun ein kleines Metallstück. Wenn man den Abzug zog, wurde die Feder ausgelöst und das Rad dadurch schnell gedreht. Durch die Drehung schlug der Feuerstein Funken, welche in die Zündpfanne fielen und dort das Zündkraut entfachten.

Dann kam das Schnappschloss. Bei diesem befand sich der Feuerstein im Hahn. Wenn der Hahn nach unten schnellte, schlug der Feuerstein auf ein Metallplättchen, die Batterie. Dort entstanden Funken, die in die Zündpfanne fielen.

Danach erfand man das Steinschloss, mit dem die meisten Pistolen im Goldenen Zeitalter der Piraterie in der Karibik ausgerüstet waren. Es funktionierte ähnlich wie das Schnappschloss, hatte aber einige Verbesserungen vorzuweisen.

Bevor er die Steinschlosspistole abfeuerte, spannte der Schutze den Hahn, bis er ein Klicken hörte. Nun war der Hahn zur Hälfte gespannt. Dann gab er Schießpulver in den Lauf, das feiner und weicher war als das übliche Schießpulver. Oft enthielt es mehr Salpeter und war dadurch leichter entflammbar. Das Pulver führte der Schütze in seinem Pulverhorn mit sich. Dann wurde normales Schwarzpulver eingefüllt, das aus Salpeter, Kohle und Schwefel bestand. Es gab verschiedene Herstellungsmethoden, die zu unterschiedlichen Pulverstärken führten, aber verglichen mit unserem heutigen Schwarzpulver war es sehr schwach. Hätte man modernes Schwarzpulver in einer Steinschlosspistole des 17. Jahrhunderts verwendet, wäre diese wahrscheinlich explodiert.

Nun stopfte man Zündpflaster in den Lauf, gefolgt von der Kugel. Mit einem Ladestock wurde die Ladung nun sorgfältig festgestopft. Manchmal war der Ladestock, ohne den die Pistole mehr oder weniger wertlos war, direkt an ihr befestigt, damit man ihn nicht verlieren konnte.

Zum schnelleren Laden wurden Ladungen oft schon vorbereitet und in Papier gewickelt. Zum Laden wurde das Papier dann einfach am Pulverende aufgerissen oder -gebissen.

Zog man den Abzug, entriegelte man einen Mechanismus, mit dem der Hahn auf eine Metallklappe, die Batterie, schlug. Dadurch wurde die Zündpfanne geöffnet, und es entstanden Funken, die das Zündkraut in der Pfanne entflammten. Es brannte ab und zündete dann durch das Zündloch die eigentliche Treibladung.

Der Pistolenlauf war meist 10 bis 25 cm lang. Steinschlosspistolen hatten am unteren Ende des Pistolengriffs eine Metallkappe als Gegengewicht. Sobald die Pistole abgefeuert war, konnte man sie also hervorragend als Knüppel benutzen. Bei wertvollen Pistolen waren in die Metallkappe oft Ornamente eingraviert oder Edelmetalle bzw. Edelsteine eingelegt.

Pistolen mit längeren Läufen, die zusätzliche Anschlagschäfte hatten, hießen Pistolenkarabiner und waren vom Aufbau her reguläre Pistolen. Sie waren bei Wilderern und Wegelagerern sehr beliebt, da man sie leicht verstecken konnte. Einige Pistolenkarabiner hatten auch abschraubbare Läufe.

Bei einer der ersten Hinterladersteinschlosspistolen konnte man den Lauf ebenfalls abschrauben. Die Ladung wurde direkt in die Zündkammer gegeben. Sobald der Schuss geladen war, schraubte man den Lauf wieder an. Diese Art des Ladens war einfacher und sicherer, da man die Ladung nicht mehr den Lauf hinabschieben musste. Man brauchte auch keine Zündpflaster und keinen Ladestock mehr. Ansonsten funktionierte die Pistole wie jede andere Steinschlosspistole. Allerdings konnten die Läufe nun gezogen, also im Inneren mit Rillen versehen werden, was die Schussgenauigkeit erhöhte.

Einige Pistolen hatten das Schloss auf der linken statt auf der rechten Seite. Man nannte sie Linkshänderpistolen, auch wenn dies am eigentlichen Schießen nichts änderte. Jede Pistole konnte mit rechts oder links abgefeuert werden. Befand sich das Schloss auf der linken Seite, war es jedoch einfacher, die Pistole mit links zu ziehen. Die meisten Menschen neigen dazu, das Schwert mit der rechten Hand zu ziehen, was dazu führte, dass die linke zur „Pistolenhand" wurde. Steckt man eine Steinschlosspistole in den Gürtel, so ist es sicherer und bequemer, wenn das Schloss auf der Außenseite ist. Es verhindert z. B., dass das Schloss beim Ziehen an der Kleidung hängen bleibt. Steckt man eine Pistole mit dem Schloss auf der rechten Seite so in den Gürtel, dass man sie bequem mit links ziehen kann, hat man das Schloss die ganze Zeit im Bauch. Auch aus diesem Grund waren Linkshänderpistolen bei den Piraten sehr beliebt.

Die im 17. und 18. Jahrhundert beliebte Taschenpistole war klein und ließ sich gut verstecken. Bei diesen Pistolen saß der Hahn wie bei den modernen Pistolen mittig auf dem Lauf anstatt an einer Seite, wie bei Steinschlosspistolen üblich. Diese Art von Schloss nannte man Kastenschloss, und es war schwieriger und teurer in der Herstellung als das übliche seitliche Steinschloss. Außerdem verhinderte es, dass man über den Lauf zielen konnte. Diese Pistolen wurden daher nur auf sehr kurzer Distanz eingesetzt. Kastenschlosspistolen wurden wie jeder andere Vorderlader geladen, allerdings war der Ladestock nicht an der Pistole befestigt und musste separat versteckt werden.

Steinschlosspistolen waren meist einschüssig, aber es gab auch Versionen mit mehreren Läufen. In den meisten Fällen hatten doppelläufige Pistolen für jeden Lauf ein separates Schloss. Lagen die Läufe übereinander, befanden sich die Schlösser auf einer Seite, lagen die Läufe dagegen nebeneinander, hatte man auf jeder Seite ein Schloss. Wurde nur ein Abzug verwendet, so feuerte ein leichter Zug den ersten Lauf ab und ein stärkerer zweiter Zug den zweiten. In einigen Fällen wurde jeweils nur ein Hahn gespannt, sodass der Abzug normal betätigt werden konnte. Manche Pistolen hatten auch zwei Abzüge. Mehrschüssige Pistolen waren zwar überaus beliebt, aber auch sehr schwer. Außerdem war ihre Herstellung teuer, und sie waren nicht immer zuverlässig.

Die meisten Menschen neigen dazu, das Schwert mit der rechten Hand zu ziehen, was dazu führte, dass die linke zur „Pistolenhand" wurde.

Eine weitere Methode für mehrschüssige Pistolen bestand aus der Verwendung eines Schlosses und zweier oder mehr drehbarer Läufe. Bei diesen Pistolen hatte jeder Lauf ein eigenes Schloss, aber sie wurden über einen Hahn abgefeuert. Die Läufe wurden geladen, der Hahn gespannt und der erste Lauf abgefeuert. Dann drehte man den Lauf weiter. Der Hahn wurde wieder gespannt, und nun war der zweite Lauf schussbereit.

Während die mehrläufige Pistole dafür ausgelegt war, immer nur einen Schuss abzugeben, konnte man mit einer Salvenpistole mehrere Läufe auf einmal abfeuern, was bedeutete, dass alle Läufe mit dem gleichen Schloss verbunden waren. Salvenpistolen hatten oft vier oder fünf Läufe und waren nur auf kurzer Distanz einsetzbar. Zudem waren sie umständlich zu laden und schwer zu pflegen.

Während die Salvenpistolen relativ selten vorkamen, waren Salvengewehre kein ungewöhnlicher Anblick. Sie gelten als Vorläufer der Maschinengewehre, zufriedenstellend arbeiteten sie aber erst, als Hinterladergewehre mit Patronen eingeführt wurden – aber da war die Blütezeit der Piraterie schon längst vorbei.

Bewaffnet und gefährlich

Ein schwerbewaffneter Pirat bot einen beeindruckenden Anblick. Die Machete hing immer an seiner Seite. Über der schmutzigen Samtjacke trug er breite, gekreuzte Ledergurte, an denen die „Apostel" hingen. Mehrere Pistolen baumelten in seidenen Schärpen, und im Gürtel steckten verschiedene Messer. In einer Hand hatte er eine Muskete, die er beim Entern eines Schiffes zur Seite warf.

Um den Kopf trug er ein ein Tuch, das den Schweiß aus den Augen hielt. Darüber saß ein Dreispitz – falls er einen besaß. Sein Gesicht war schwarz vom Pulver der Muskete und der Kanonen. Ganz sicher war er ungewaschen, und falls er längere Zeit auf See war, hatte er garantiert nicht mehr alle Zähne, Augen, Ohren, Hände oder Füße. Jede Ähnlichkeit eines echen Piraten mit Errol Flynn oder Orlando Bloom ist äußerst unwahrscheinlich.

Kanonen

Auch die Schiffsartillerie durchlief im 16., 17. und 18. Jahrhundert eine Entwicklung. Als Kolumbus seine Reise in die Karibik antrat, verwendete man auf See noch die gleichen Geschütze wie an Land. Einer Feldkanone montierte man einfach die Räder ab und vertäute den Rahmen samt des Laufs auf Deck außerhalb der Sichtweite des Gegners.

Ende des 16. Jahrhunderts wurden die ersten Schiffsgeschütze entwickelt. Diese Kanonen montierte man auf kleine zwei- oder vierrädrige Wagen, damit sie transportabel waren. Vorderladergeschütze wurden mithilfe eines Drehzapfens an der Lafette befestigt, damit das Geschütz auch gekippt werden konnte. Obwohl an Bug und Heck des Schiffes Verfolgergeschütze standen, befanden sich die meisten Kanonen an den Seiten. Größere Schiffe hatten bis zu 50 Geschütze an Bord. Bei der wichtigsten Angriffstaktik stellte man sich seitlich zum Gegner und feuerte eine Breitseite ab. Dabei ging es vor allem darum, die eigenen Geschütze abzufeuern, bevor der Gegner die Gelegenheit hatte, das Gleiche zu tun. Seegefechte waren daher immer von Taktik bestimmt.

Im 17. Jahrhundert konnten große Kriegsschiffe bereits bis zu 100 Geschütze auf drei Decks transportieren. Gewaltige 42-Pfünder waren dabei auf

Die drei Batteriedecks eines Kriegsschiffs mit 100 Kanonen , (siehe Kap. 6), der „HMS Victory", strotzten nur so vor Kanonen. Das Gesamtgewicht einer Breitseite betrug gut eine Tonne – das genügte, um alles außer den allergrößten Schiffen mit einem Mal zu versenken.

dem untersten Batteriedeck Standard. Die Pfund-Klassifizierung bezog sich auf das Gewicht des Geschosses (ein Pfund = ca. 454 Gramm). Ein Sechspfünder verschoss also eine solide Bleikugel, die etwa sechs Pfund wog, während ein 32-Pfünder eine 32 Pfund schwere Bleikugel abfeuerte.

Je größer und schwerer das Geschoss, desto größer waren natürlich auch das Geschütz und sein Laufkaliber sowie die benötigte Menge an Schwarzpulver. Ein Zweipfünder hatte z. B. das Kaliber 2,5 Zoll. Das dazugehörige Geschütz wog 600 Pfund und benötigte 3,5 Pfund Schießpulver. Ein Sechspfünder hatte dagegen das Kaliber 3 Zoll, wog zwischen 1.000 und 1.500 Pfund und benötigte sechs Pfund Pulver. Ein 24-Pfünder hatte das Kaliber 4,5 Zoll, wog 3.000 bis 4.000 Pfund und brauchte pro Schuss 14 Pfund Pulver. Ein 30-Pfünder schließlich hatte das Kaliber 5 Zoll, wog 4.000 bis 5.000 Pfund und verbrauchte 18 Pfund Pulver. Je größer die Kugel, desto weniger Pulver wurde im Verhältnis zu deren Gewicht benötigt. Das Ausrechnen der genau richtigen Pulvermenge wurde im 18. Jahrhundert zu einer regelrechten Wissenschaft. Aus einfachen Schiffskanonieren wurden so wahre Experten der Flugbahnberechnung.

Übermäßig bewaffnete Schiffe konnten schnell umkippen und sinken. Das bekannteste Beispiel war das Flaggschiff Heinrichs VIII., die *Mary Rose*.

Am Verschlussende, wo die Explosion stattfand und wo der größte Druck herrschte, war das Geschütz am stärksten. Große Kanonen hatten nur eine relativ kurze Lebensdauer. Nach etwa 500 bis 1.000 Schuss galten sie als nicht mehr sicher.

Mit zunehmender Größe der Geschosse wurden die Geschütze immer schwerer, und es konnte schnell passieren, dass man ein Schiff nur mit den Kanonen überlud. Um die großen Geschütze sicher zu transportieren und einzusetzen, brauchte man sehr starke Decks und eine äußerst stabile Schiffsstruktur, welche die vielen gleichzeitigen und mehrfachen gewaltigen Rückstöße auffangen musste. Schwere Geschütze hoch über der Wasserlinie zu installieren, war zudem höchst gefährlich: Übermäßig bewaffnete Schiffe konnten schnell umkippen und im schlimmsten Fall sinken. Das bekannteste Beispiel war das Flaggschiff des englischen Königs Heinrich VIII., die *Mary Rose*.

Die größten Kanonen hatte eine Reichweite von etwa 2.000 Schritt (1,8 km), obwohl meist aus einer Entfernung von nur 1.000 Schritt (900 m) geschossen wurde. Manchmal gerieten die Schiffe sogar in Pistolenreichweite, also nur 20 bis 40 m auseinander.

Piratenschaluppen hatten meistens nur zwei Kanonen, eine auf jeder Seite des Decks, da Piraten gewöhnlich von Artillerieduellen nicht angetan waren. Schließlich wollten sie das Beuteschiff, das ja vielleicht ihr nächstes Zuhause werden würde, nicht unnötig beschädigen. Kriegsschiffen, die Jagd auf sie machten, versuchten sie, wenn möglich, zu entkommen. Mit dem Können der Schiffskanoniere, deren ungeheure Disziplin in vielen Fällen mit dem großzügigen Einsatz der neunschwänzigen Katze bewirkt wurde, konnten sie es meistens ohnehin nicht aufnehmen, denn weder die neunschwänzige Katze noch das Wort „Disziplin“ sorgten bei einem Seeräuber für große Begeisterung.

Bei Handelsschiffen war das natürlich anders: Für gewöhnlich feuerten die Piraten zuerst einen Warnschuss vor den Bug des Schiffes ab. Falls das nicht wirkte, wurde eine Kettenkugel – zwei Kugeln oder Halbkugeln, die durch eine Kette miteinander verbunden waren – in die Takelage gefeuert, um das Schiff genug zu behindern, damit man es entern konnte.

Im 18. Jahrhundert hatten die meisten Schiffe gusseiserne Vorderladergeschütze zwischen sechs und 32 Pfund an Bord. Die schweren 32-Pfünder standen dabei auf dem untersten Batteriedeck. Die Piraten bevorzugten hingegen Acht- oder Zwölfpfünder, die auch mit einer undisziplinierten Besatzung leicht zu bedienen waren.

Der Rückstoß der riesigen Kanonen war auf den überfüllten Batteriedecks ein großes Problem. Obwohl der schwere, hölzerne Rollschlitten mit den winzigen Rädern, auf den die Geschütze montiert waren, verhindern sollte, dass sie nach dem Schuss nach hinten rollten, rutschten sie doch schnell einmal über die nassen, glatten Eichenplanken. Also wurden die Geschütze mit schweren Brooktauen, die unter dem oder um den Kanonenknauf verliefen, an den Schiffsseiten befestigt. Dieses Tausystem fing den Rückstoß teilweise auf. Zusätzlich waren an der Seite der Geschütze Seile angebracht, und hinter ihnen standen kleine Rampen, um sie zurück zur Stückpforte zu ziehen, nachdem sie neu geladen worden waren.

Artilleriegeschosse

Im 17. Jahrhundert wurden spezielle Artilleriegeschosse für den Einsatz auf See entwickelt. Sie waren dafür bestimmt, die Takelage und die Segel zu zerstören und am besten auch noch die Besatzung zu töten.

Dabei erwies sich die Kettenkugel als überaus wirksam. Zwei oder drei gusseiserne Kugeln wurden durch eine Kette miteinander verbunden und nacheinander in den Geschosslauf geladen. Nachdem sie abgefeuert waren, flogen sie instabil und umeinander rotierend, aber wenn sie etwas trafen, verursachten sie große Schäden. Falls eine Kugel durch das Deck brach, wurde die andere in die entgegengesetzte Richtung geschleudert. Kettenkugeln wickelten sich auch um einen Mast und zertrümmerten ihn oder zerfetzten die Segel und die Takelage.

Stangenkugeln – Kugeln, die durch eine Eisenstange miteinander verbunden waren – wurden auch gern in die Segel oder die Seite des Schiffes geschossen und verursachten dort riesige Löcher.

Oft verband man auch kurze Eisenstangen mit Seilen und schoss sie ab. Dabei wickelte sich das Seil langsam ab, und die Eisenstangen breiteten sich aus. Wenn sie etwa auf eine Menschengruppe trafen, richteten sie verheerende Schäden an. Sie wurden deshalb zielgerichtet zum Töten der gegnerischen Besatzung eingesetzt.

Bei Kanistergeschossen wurden Fässer mit kleinen Eisenkugeln oder Steinen gefüllt. Wenn solch ein Geschoss aufschlug, ergoss sich ein tödlicher Regen über die umliegenden Bereiche. Bei Kartätschen wurden Eisenkugeln von etwa 1 Zoll Durchmesser zwischen zwei Holzscheiben direkt in den Lauf gefüllt. Beim Abfeuern des Geschützes zerplatzten die Holzscheiben, und die Eisenkugeln verteilten sich direkt an der Mündung der Kanone. Auf kurze Entfernung, z. B. beim Abwehren von Enterversuchen, waren diese Geschosse äußerst wirksam.

Die Piraten bevorzugten Acht- oder Zwölfpfünder, die auch mit einer undisziplinierten Besatzung leicht zu bedienen waren.

Das tödlichste und am meisten gefürchtete Geschoss bestand jedoch aus einem einfachen Stoffbeutel, der mit gezackten Eisenstücken gefüllt wurde. Wenn der Schuss abgefeuert wurde, löste sich der Beutel auf, und die Eisenstücke flogen durch die Gegend. Sie verursachten grauenhafte Wunden, und es war kaum möglich, sie aus dem Körper zu entfernen, ohne noch mehr Schaden anzurichten oder den Verwundeten zu töten.

Im 18. Jahrhundert begannen die Kanoniere schließlich damit, die Eisenkugeln zu erhitzen, bis sie rot glühten, bevor sie abgefeuert wurden. Beim Aufschlag setzten sie das gegnerische Schiff dann auch gleich noch in Brand. Das Ganze war jedoch eine riskante Sache, da es passieren konnte, dass sich das Schießpulver durch die Hitze frühzeitig entzündete und die Kanoniere tötete. Um das zu verhindern, übergoss man den Lauf mit Wasser. Dann wurden die Innenseite getrocknet und das Pulver eingefüllt, gefolgt von einem Holzstöpsel, bevor die glühende Kugel hinzukam.

Auch Sprenggeschosse wurden im 18. Jahrhundert eingeführt. Dazu füllte man eine Hohlkugel mit Schwarzpulver. Dann steckte man eine Lunte in einer Holztülle dazu, zündete sie an und feuerte die Kugel ab. Wenn die Zeitberechnung stimmte, explodierte die Kugel genau beim Aufschlag auf dem anderen Schiff.

Später wurden auch Kanonen mit einem Steinschloss versehen, sodass man die Lunte nicht mehr von Hand anzünden musste. Der Schuss wurde ausgelöst, indem man an einem über

Eine Seeschlacht: Der dänische Pirat Peter Thordenskjold im kleinen Schiff (links) nimmt es mit einer erheblich größeren schwedischen Fregatte auf – und gewinnt.

einen Flaschenzug verlaufenden Seil zog. Diese Methode war viel zuverlässiger und sicherer.

Drehbassen

Drehbassen – oder Drehgeschütze – waren kleine Kanonen aus Messing oder Bronze, die meist auf dem Heck standen. Sie wurden vor allem dazu verwendet, Enterer abzuwehren oder das Deck des gegnerischen Schiffes „abzuräumen". Das Geschütz hing mit seinen beiden Schildzapfen in einer geschweiften eisernen Gabel, die mit ihrem Stiel auf dem Deck oder in der Bordwand befestigt war und sich drehen ließ. Man konnte es leicht abbauen und zu einem anderen Teil des Schiffs bringen, da es an den Seiten zwei Tragegriffe hatte. Drehbassen ließen sich auch hervorragend auf Beibooten montieren.

Diese kleinen Kanonen wurden unmittelbar vor dem Kampf mit Pistolenkugeln oder gezackten Eisenstücken geladen, aber erst montiert, wenn der Feind herankam. Dann musste man das leichte Geschütz nur in die Gabel heben und feuern. Indem man die Drehbasse erst im allerletzten Moment montierte, konnte der Feind nicht feststellen, wo sich die schwächste Stelle des Schiffes befand.

Drehgeschütze waren nur auf relativ kurze Distanz wirksam. Aber da sie schnell zu laden sowie leicht aufzustellen und abzufeuern waren, gehörten sie zu den Lieblingswaffen der Piraten.

Manchmal wurden mehrläufige Büchsen oder Salvengewehre, die eine größere Reichweite hatten, auf der Reling befestigt. Ein einzelner Mann konnte damit eine ganze Salve in die gegnerische Takelage feuern oder Störfeuer, ähnlich wie mit einem Maschinengewehr, schießen Es dauerte jedoch sehr lang, sie neu zu laden, und da manche Salvengewehre 25 Läufe nebeneinander hatten, nahmen sie eine Menge Platz weg.

Weitere Waffen

Von den Verteidigern auf Kampfplattformen, die auf halber Höhe an den Masten spanischer Galeonen angebracht waren, wurden häufig Armbrüste oder Bogen eingesetzt, da sie fürchteten, Funken von Feuerwaffen könnten die Segel in Brand setzen. In der Hand von Piraten waren sie auch als Waffen bei Hinterhalten gut geeignet.

Auch eine Art chemischer Kriegsführung war damals schon bekannt, und zwar in Form der sogenannten Stinktöpfe. Diese waren mit übelriechenden Chemikalien, meist Schwefel oder Ähnlichem, gefüllt, die stinkende Rauchwolken abgaben, wenn sie angezündet wurden. Stinktöpfe wurden einfach auf die gegnerischen Schiffe geschleudert, in der Hoffnung, deren Besatzung damit abzulenken.

KAPITEL SECHS

Die Schiffe

Die Piraten ließen nur selten ein Schiff extra für sich bauen, und einige Schiffstypen waren besser für die Piraterie geeignet als andere. In diesem Kapitel sehen wir uns verschiedene Segelschiffe aus der Blütezeit der Piraterie an.

Im Allgemeinen wurden die Piratenschiffe nicht als Piratenschiffe gebaut. Die Seeräuber fuhren auf gekaperten Schiffen, und dementsprechend kam auch eine ganze Reihe verschiedener Typen zum Einsatz. Schiffe wurden damals nach der Anzahl ihrer Masten, nach dem Anschlag ihrer Segel und – im Fall von Kriegsschiffen – nach der Anzahl der Batteriedecks eingeordnet.

Die meisten Piratenschiffe hatten zwei oder drei Masten. Der Großmast ist der zweite Mast eines Dreimasters, der hintere Mast eines Zweimasters und der einzige Mast eines Einmasters. Der Kreuzmast ist der hinterste Mast bei Dreimastsern, und der Fockmast ist der vordere Mast bei Dreimastern.

Ein Schiff kann entweder rahgetakelt oder schratgetakelt werden. Bei rahgetakelten Schiffen hängen die Segel von Rahen, die querschiffs – also im rechten Winkel zum Mast – verlaufen und mit Brassen gedreht werden. Bei einem typischen dreimastigen Rahsegler ist der Mast in drei Teile unterteilt: Untermast, Marsstenge und Bramstenge – jeder mit einer Rah, an der die Segel hängen. Die Rahsegler haben den Vorteil, viel Wind einfangen zu können, wenn dieser von hinten kommt. Windwärts zu segeln, ist mit ihnen dagegen äußerst schwierig.

Bei schratgetakelten Schiffen sind die Segel an Gaffeln oder Stagen befestigt, die von den Masten aus längsschiffs verlaufen. Das verleiht dem Schiff eine bessere Wendigkeit. Einige Schiffe haben Lateinersegel, dreieckige Segel, wie man sie von modernen Segeljachten her kennt. Lateinersegel machen das Schiff noch ein bisschen wendiger, da es auch in andere Richtungen als direkt mit dem Wind segeln kann. Sie fangen jedoch weniger Wind ein als eckige Rahsegel. Ein Lateinersegel hat meist eine Rah, die locker am Mast befestigt ist. Dadurch lässt sich das Segel umstellen, um mehr Wind einzufangen. Rahsegler hatten meist auch ein dreieckiges Vorsegel, das auf dem Bugspriet, einer Spiere, die am Vorderschiff hervorspringt, befestigt ist.

Gaffelsegel hingen längsschiffs von einer Gaffel und wurden auf rahgetakelten Schiffen eingesetzt, um die Manövrierfähigkeit zu verbessern. Fast alle Rahsegler hatten zusätzliche Gaffel an jedem Mast. Dadurch konnten sie im Fall eine Sturms mit speziellen Segeln, den Gaffelsegeln, schrattakeln.

Bei schwerer See oder heftigen Stürmen kam es vor, dass die Rahsegel von den Rahen gerissen wurden. Falls die Segel nicht rissen, drohte der Mast gar durch das zusätzliche Gewicht der nassen Segel und die Gewalt des Windes umzustürzen. Im schlimmsten Fall passierte aber auch das nicht, sondern das Schiff kenterte. Sobald sich ein Sturm näherte, wurden daher die Rahsegel eingeholt und an ihrer Stelle die Gaffelsegel gesetzt.

Gaffelsegel waren kleiner und nur am unteren Ende des Masts befestigt. Das reduzierte zum einen das Risiko zu sinken, zum anderen die Belastung des Masts. Da Gaffelsegel schratgetakelt wurden, verbesserte man so auch die Wendigkeit des Schiffes bei Sturm.

Oft wiesen Schiffe auch eine Mischung aus Rah- und Schrattakelung an verschiedenen Masten auf. War ein Schiff als Vollschiff getakelt, bedeutete das, dass es ein reiner Rahsegler war. Bei einer Briggtakelung war das Schiff am Fock- und Großmast rah- und am Besanmast (dem hintersten Mast) schratgetakelt, obwohl Brigantinen verwirrenderweise meist als Vollschiff getakelt waren. Schonertakelung hieß, dass alle Masten schratgetakelt waren, obwohl manche Schiffe trotzdem ein rahgetakeltes Toppsegel am Großmast hatten.

Auf großen Schiffen war der Deckaufbau oft recht unterschiedlich, aber grundsätzlich unterschied man hier zwei Bauweisen: den Galeerenstil und den Fregattenstil. Schiffe im Galeerenstil hatten ein durchlaufendes Deck mit einer großen Kabine unter dem Achterdeck, in der sich kleine Schießscharten befanden. Schiffe im Fregattenstil wiesen ein erhöhtes Vorderdeck auf, sodass es zwischen Vorderdeck und Achterdeck eine Vertiefung gab. Sowohl das Vorder- als auch das Achterdeck wurden durch massive Balken und eine starke Tür abgetrennt. Wurde das Schiff angegriffen, zogen sich die Verteidiger in diese „Räume" zurück und feuerten durch Schießscharten auf das Enterkommando.

Die Schaluppe

Schaluppen waren einmastige Schratsegler mit einem Großsegel und einem Klüver. Sie sind die Vorfahren unser modernen Segeljachten. Die schnelle, leichte und wendige Schaluppe war das Lieblingsschiff der Piraten. Sie war leicht zu segeln und erforderte nur eine kleine Besatzung. Da sich der Großteil der Takelage am Großmast befand, konnten die Segel von Deck aus bedient werden. So benötigte man nur einen Mann als Ausguck in der Takelage.

Schaluppen gab es in allen Größen, von winzigen Booten für zwei Mann bis zu großen Kriegsschiffen mit zwölf Kanonen. Die meisten hatten ein schratgetakeltes Großsegel und zwei Vorsegel. Sie konnten auch zwei rechteckige Segel setzen, wenn sie vor dem Wind segelten. Durch ihren geringen Tiefgang – selbst ein 100-Tonner lag nur 2,5 m tief im Wasser – konnten sie auch in flachem Wasser manövrieren und kamen so außer Reichweite der größeren Kriegsschiffe. Zudem konnten sie leicht in den Wind segeln und

Skizze eines Segelschiffes mit Schrattakelung (nur dunkle Segel) und Vollschiff-takelung.

langsame Handelsschiffe einholen oder Verfolgern entkommen. Schaluppen waren zudem äußerst seetüchtig: Sie konnten noch auf See bleiben, wenn größere Rahsegler längst aufgrund schlechten Wetters im Hafen bleiben mussten. War die Schaluppe dem Gegner an Feuerkraft meist unterlegen, durfte man sie dennoch nie unterschätzen, da sie wendig genug war, Breitseiten zu entgehen. Grundsätzlich versuchten Piratenschiffe aber immer, Seegefechte zu vermeiden. Sie verließen sich lieber auf das Überraschungsmoment oder auf Täuschungsmanöver. Das wilde Erscheinungsbild der Piraten reichte oft schon aus, damit der Gegner aufgab. Eine Schaluppe mit sechs oder sieben Geschützen konnte es aber ohne Weiteres mit einer Brigantine mit 15 oder 20 Kanonen aufnehmen.

Die meisten Überfälle, die im frühen 18. Jahrhundert auf die südamerikanische Küste in der Karibik verübt wurden, gingen von Schaluppen aus. Die besten wurden auf Jamaika und den Bermudas gebaut. Sie waren zwischen 10 und 20 m lang und trugen auf dem einzigen breiten Deck sechs bis zwölf Kanonen. Obwohl man eigentlich nur eine kleine Besatzung benötigte, waren

größere Piratenschiffe nicht selten mit 150 Mann besetzt. Es ist nicht weiter verwunderlich, dass die englische Kriegsmarine den größten Erfolg bei der Jagd auf Piraten verzeichnete, wenn sie ebenfalls Schaluppen einsetzte.

Der Prahm

Eine Abwandelung der Schaluppe war der Prahm, ein kleines Frachtschiff, das entweder slupgetakelt oder rahgetakelt mit einem Gaffelsegel war. Diese durchaus seetüchtigen Schiffe wurden dazu verwendet, Fracht über kurze Entfernungen zu transportieren, sie kamen aber auch als Fischerboote sowie bei Schmugglern und Piraten zum Einsatz. Alle Schiffe jener Zeit waren in irgendeiner Form bewaffnet. Ein Piratenprahm hatte meistens zwischen sechs und zehn Kanonen – Vier- bis Zehnpfünder –, die auf dem Deck befestigt waren. An Bug und Heck des Schiffes konten zusätzlich Drehbassen angebracht werden.

Der englische Schoner „Sea Breeze" verlässt 1864 den Hafen von Livorno. Zwei schratgetakelte Masten und geringer Tiefgang machten diese Schiffe zu Lieblingen der Piraten.

Diese relativ kleinen Schiffe eigneten sich nicht für lange Reisen oder für Mehrfachangriffe. Mit einem Prahm schlug man nur einmal zu und ergriff bei Misserfolg schnellstens die Flucht. Sollte sie ihr Opfer überwältigt haben, segelte die 20- bis 30-köpfige Besatzung so schnell wie möglich in flachere Gewässer zurück und versteckte ihre Beute. Ein Großteil der Männer konnte unter Deck zwischen der Schmuggelware schlafen, waren aber zu viele an Bord, mussten sie sich das Deck mit den Kanonen teilen.

Der Kromster

Eine weitere Abwandlung der Schaluppe war der Kromster, der wie eine kleine dreimastige Galeone aussah und bei den Piraten ein überaus begehrtes Beuteschiff war.

Da er ursprünglich als Handelsschiff entworfen worden war, hatte der Kromster einen Lateinerbesan. Hin und wieder wurden Kromster auch als Kriegsschiffe zur Eskortierung der größeren Galeonen eingesetzt. Kromster waren zwar nicht so schnell und wendig wie Schaluppen, hatten dafür

Italienische Brigantine mit einer Mischung aus Schrat- und Rahtakelung.

aber etwa die doppelte Feuerkraft. Sie besaßen ein Batteriedeck mit acht bis 16 Kanonen, meistens Vier- bis Zwölfpfünder. Auf dem Oberdeck waren zusätzliche Geschütze postiert.

Kromster hatten für gewöhnlich auch die drei- oder vierfache Besatzung einer Schaluppe, nicht selten über 60 Mann, je nachdem, wie viele Kanonen an Bord waren. Die Lebensbedingungen auf einem Kromster waren zwar äußerst beengt, für die Piraten war aber entscheidend, dass er im Laderaum sehr viel Beute aufnehmen konnte.

Der Schoner

Ein weiteres beliebtes Schiff war der Schoner, der meist zwei schratgetakelte Masten besaß. Sein Rumpf war relativ schmal, und er konnte in einer steifen Brise schon einmal eine Geschwindigkeit von elf Knoten erreichen. Mit einer Verdrängung zwischen 90 und 100 Tonnen hatte ein Schoner nur einen Tiefgang von 1,5 m. Dadurch war er das perfekte Gefährt, um sich in seichten Buchten zu verstecken. Ein typischer Schoner hatte acht Kanonen, vier Drehbassen und 75 Mann Besatzung.

Die Barkentine

Die Barkentine war ein kleiner Dreimaster, der am Vormast rah- und am Groß- bzw. Besanmast schratgetakelt war. Barkentinen kamen häufig in Europa in der Küstenschifffahrt und als Fährschiff, vor allem über den Ärmelkanal, zum Einsatz. In der Karibik waren sie dagegen nie besonders beliebt. Sie waren langsame „Arbeitstiere“ und dienten den Piraten bestenfalls zum Plündern.

Die Brigantine

Auch die zweimastige Brigantine war ein eher „Arbeitstier“, aber bei vielen Piratenkapitänen als Kampfschiff dennoch sehr begehrt. Sie war größer als eine Barkentine und dafür ausgelegt, am Fockmast rahgetakelt zu werden. Am Großmast befand sich dagegen ein Gaffelsegel mit einem quadratischen Toppsegel. Häufig waren Brigantinen aber auch komplett rahgetakelt. Aufgrund dieser Variationsmöglichkeiten erwies sich die Brigantine als äußerst vielseitig: Rahsegel waren von Vorteil, wenn der Wind von hinten kam, während sich die schratgetakelten Gaffelsegel vor allem beim Segeln am Wind bewährten. Eine typische Brigantine war 25 m lang und verdrängte etwa 140 Tonnen. Sie hatte zehn Kanonen und 100 Mann Besatzung.

Die Piraten bauten erbeutete, rahgetakelte dreimastige Handelsschiffe oft zu Brigantinen um, indem sie den Besanmast entfernten und den Großmast nach hinten versetzten, damit er schratgetakelt werden konnte. Dann bauten sie das Vorderdeck, die Lotsenkabine und große Teile des Achterdecks und der Reling ab, damit das Schiff leichter und schneller wurde. In die Bordwände wurden Stückpforten gesägt, und auf dem Deck brachte man Drehbassen an. Zu guter Letzt entfernten oder veränderten die Seeräuber meistens noch die Galionsfigur, damit das Schiff nicht mehr identifiziert werden konnte.

Eine venezianische Galeere wird kalfatert (ca. 1850). Das Kalfatern war eine Methode, das Schiff wasserdicht zu machen. Dabei wird eine Mischung aus heißem Pech und alten Seilen in die Ritzen zwischen den Planken gepresst.

Die Galeere

Die Galeere war ein langes, rahgetakeltes Segelschiff, das zusätzlich auf jeder Seite eine Reihe langer Ruder oder Riemen besaß. Jedes Ruder wurde von zwei oder drei Männern bedient. Sie dienten zwar nur selten als Hauptantrieb des Schiffes, gaben den Seeräubern aber die Möglichkeit, von der windabgewandten Seite anzugreifen oder in den Wind zu entkommen. Wenn sie hart am Wind segelten, dienten die Ruder auf der leewärtigen Seite dazu, den Bug des Schiffes in den Wind zu stellen. Da ein Piratenschiff meist über eine große Mannschaft verfügte, stellte ein nie ein Problem dar, die Ruder zu besetzen.

Kapitän William Kidd war einer der wenigen Piraten, die ein eigenes Schiff in Auftrag gaben: Als er noch offizieller Freibeuter war, ließ er die *Adventure Galley* in den Docks von Deptford an der Themse bauen. Sie war 124 Fuß, verdrängte 260 Tonnen, hatte 46 Riemen und war auf Schnelligkeit und Wendigkeit ausgelegt. Das Schiff hatte 34 Kanonen an Bord und 70 Mann Besatzung. Diese Zahl erhöhte sich noch, nachdem Kidd zum Piraten geworden war.

Sein Schiff war eine seltsame Mischung. Zwar hatte es einen hochmodernen Rumpf, benutzte bei Bedarf aber dennoch die älteste aller Antriebsformen: das Rudern. Unter vollen Segeln – 2.900 m^2 – erreichte es eine Geschwindigkeit von 14 Knoten, bei Windstille mit zwei oder drei Mann pro Ruder waren es nur drei Knoten. Für ein Schiff dieser Größe war Kidds Galeere sehr schwer. Da sie für den Kampf gebaut war, lagen ihre Spanten enger beieinander als bei einem Handelsschiff, denn sie mussten ja einer Kanonenkugel widerstehen können.

Kidd ließ eine große Kapitänskajüte bauen, wo er Versammlungen mit seinen Offizieren abhalten konnte. In der Nähe befand sich eine Kammer für seinen ersten Offizier. Mannschaftsunterkünfte gab es nicht. Nachts legten sich die bis zu 150 Männer hin, wo es ihnen gerade beliebte. Es gab keine Toiletten oder Mastköpfe. Um sich zu erleichtern, mussten die Männer hinaus auf den Bugspriet klettern. Auch eine Kombüse wurde nicht eingebaut. Stattdessen gab es nur einen großen Schmortopf auf einem Herd, der von Ziegelsteinen umgeben war. Dieser konnte jedoch nur bei ruhigem Wetter benutzt werden, da er nicht weit von der Pulverkammer entfernt lag. Die größte Angst aller Seeleute war das Feuer. Holzschiffe mit ihren riesigen Segelflächen waren besonders anfällig, und nur sehr wenige Seeleute konnten schwimmen. Unter Deck waren offene Flammen daher streng verboten. Das Licht für die Pulverkammer kam von einer Laterne, die durch ein dickes Fenster schien, das sich in der blechverkleideten Lichtkammer befand.

Im Frachtraum wurden auch sechs Tonnen Geschosse für die Zwölfpfünder der *Adventure Galley* gelagert. Mittschiffs standen als Ballast riesige Wasserfässer, die jeweils eine Tonne wogen. Diese und die Vorräte wurden von 40 Männern mithilfe eines gewaltigen Gangspills an Bord gehievt. Den 3.000 Pfund schweren Anker mit seinem 6.000 Pfund schweren Tau auf diese Weise einzuholen, dauerte über eine Stunde.

Kanus und Pirogen

Die Europäer kopierten in der Karibik oft die Kanus der Eingeborenen. Diese bestanden aus einem einzelnen, ausgehöhlten Baumstamm und konnten bis zu 30 m lang und 2 m breit sein. Einige hatten einen Kiel, sodass sie auch Segel tragen konnten, normalerweise paddelte man jedoch. Besonders gern wurden sie von Bukanieren benutzt, die von Land aus operierten und damit Schiffe angriffen, die gegen den Wind fuhren. Anschließend entkamen sie in die Korallenriffe oder Mangrovensümpfe, wohin man sie nicht verfolgen konnte. Viele Seeräuber begannen ihre Karriere in einem Kanu und arbeiteten sich dann zu einem Vollschiff hoch. Henry Morgan verwendete z. B. Kanus, als in in Mittelamerika die Flüsse hinauffuhr, um im Binnenland spanische Siedlungen zu plündern.

Die Galeone

Die Galeone stellte für jeden Piraten das beliebteste Beuteschiff dar. Die Spanier nutzten Galeonen als Kriegs-, aber auch als Schatz- bzw. Handelsschiffe. Markantestes Erkennungsmerkmal waren die sich nach oben hin stark verjüngenden Aufbauten. Das Oberdeck war im Verhältnis zur Breite des Schiffes an der Wasserlinie äußerst schmal. So konzentrierte sich das Gewicht der Kanonen auf die Schiffsmitte und verbesserte seine Stabilität. Trotzdem schwankten Galeonen bei schwerem Seegang gewaltig.

Galeonen waren in erster Linie dazu gedacht, in großen Konvois den Atlantik zu überqueren, Waren von Spanien in die spanischen Kolonien zu transportieren und Schätze zurückzubringen. Eine typische Galeone war deshalb schwerbewaffnet: 74 Kanonen – 36 auf jeder Bordseite und zwei achtern –, dazu mehrere Drehgeschütze auf der Reling, um Enterkommandos abzuwehren. Die Besatzung bestand aus etwa 200 Mann, zusätzlich konnte eine Galeone bis zu 40 Passagiere befördern. Durch die hohen Aufbauten auf dem Vorpiek und dem Achterschiff, in denen die Offiziere und Passagiere untergebracht waren, lag sie sehr instabil im Wasser. Im Verhältnis zu ihrem langen Rumpf hatte die Galeone einen sehr kurzen Kiel, was dazu führte, dass sie viel mehr schwankte als andere Schiffe. Wer unter Seekrankheit litt, tat gut daran, sich von einer Galeone fernzuhalten. Trotz aller Nachteile war sie aber viel wendiger und schneller als ihre Vorgänger.

Die meisten Galeonen waren Viermaster, wobei der hinterste Mast Lateinersegel trug, und hatten eine Höchstgeschwindigkeit von etwa acht Knoten. Wenn eine Galeone von Piraten gekapert wurde, entfernten die Schreiner zuerst die Aufbauten und machten sie so schneller, seefester und für Piratenzwecke brauchbarer.

Zum Schutz vor Seeräubern fuhren Schatzschiffe häufig in großen Konvois, wobei das stärkste Schiff normalerweise die meisten Schätze an Bord hatte. Im Ernstfall versuchten sie immer, einem Kampf auszuweichen und den Gegner zu entkommen, aber aufgrund ihrer geringen Geschwindigkeit wurden sie von Schaluppen und Schonern problemlos eingeholt. Mit der gewaltigen Feuerkraft ihrer Breitseiten waren sie den meisten Piraten-

schiffen jedoch durchaus gewachsen. Falls ein Korsarenschiff dennoch nah genug herankam, um eine Galeone zu entern, rissen die mit rasiermesserscharfen, halbmondförmigen Klingen bestückten äußeren Enden ihrer Rahen die gegnerischen Segel meistens in Fetzen.

Normalerweise hatten Galeonen auf halber Höhe am Haupt- und Vormast je eine Kampfplattform. Versuchte der Gegner, das Schiff zu entern, wurde er von oben mit einem Hagel aus Pfeilen und Bolzen begrüßt. Feuerwaffen wurden aus Furcht vor Funkenschlag dort nicht benutzt.

Kriegsschiffe

Die britische Marine schickte diverse Schiffe in die Karibik, um der Piraterie ein Ende zu setzen. Sie waren schwerbewaffnet und für den Kampf, nicht für den Seehandel, gebaut, obwohl sie manchmal auch Schätze transportierten oder als Eskorte für Handelsschiffe dienten. Hin und wieder versteckten sie sich auch in einer Flotte aus Handelsschiffen, um die Piraten in die Falle zu locken. Die meisten Piraten gingen Kriegsschiffen aus dem Weg – Bartholomew Roberts, ein Bukanier aus dem 18. Jahrhundert, kannte solche Bedenken nicht. Wusste er, dass ein Kriegs-

Eine Korvette mit drei anstelle der üblichen zwei Masten. Da sie leicht und schnell waren, führten Korvetten meist nur Zwölfpfünder mit sich – größere Geschütze hätten das Schiff in Stücke gerissen.

Die Eroberung der „Liguria“, einer Piratenfregatte, durch die britische Marine im Jahr 1798.

schiff eine besonders fette Beute an Bord hatte, legte er sich oft absichtlich mit ihm an.

Kriegsschiffe wurden nach der Anzahl ihrer Batteriedecks in drei Klassen unterteilt. Korvetten hatten ein Batteriedeck, Fegatten anderthalb und Linienschiffe zwei oder mehr. Auch die Anzahl der Masten war ein Hinweis auf die Anzahl der Batteriedecks.

Die Korvette

Die Korvette wurde manchmal auch „Kriegsschaluppe“ genannt, hatte aber normalerweise zwei Masten. Eine typische Korvette wies zehn bis 20 Kanonen, meist Sechs- bis Zwölfpfünder, auf einem Batteriedeck auf. Das leichte Schiff konnte schnell zuschlagen, verfügte aber nicht über besonders viel Feuerkraft.

Die Fregatte

Die Fregatte hatte drei Masten und war als Vollschiff getakelt, jedoch deutlich kleiner als ein Linienschiff. Meist hatte sie eine volle Batterie Kanonen auf dem Batteriedeck und zusätzliche Geschütze auf den Aufbauten. Eine typische Fregatte war mit 24 bis 40 Zwölf- bis 24-Pfündern bewaffnet.

Das Linienschiff

Das Linienschiff stellte das Herzstück jeder Kriegsmarine und zugleich das größte Kriegsschiff dar. Es war ein als Vollschiff getakelter Dreimaster. Je nach Zeitalter war es mit 32 bis 144 Kanonen auf drei oder vier Decks ausgestattet. Mitte des 18. Jahrhunderts hatte das typische Linienschiff 74 Kanonen auf drei Batteriedecks. Es gab jedoch auch kleinere Linienschiffe mit zwei Decks. Meist waren ihre Kanonen schwerer als die anderer Kriegsschiffe, 32- bis 42-Pfünder waren üblich.

Instandhaltung

Die Instandhaltung ihrer Schiffe war ein fortwährendes Problem der Piraten. In tropischen Gewässern wuchs Seegras am Rumpf und machte das Schiff langsam und schwer zu manövrieren. Schiffsbohrwürmer, die eigentlich keine Würmer, sondern eine Muschelart sind, waren eine ständige Bedrohung für Holzschiffe. Nur ein Teil ihrers Körpers ist von einer Schale bedeckt, der wurmartige Rest wird bis zu 50 cm lang. Die weiße Schale ist von feilenartigen Erhebungen bedeckt, mit denen das Tier sich in den Schiffsrumpf vorarbeitet. Es sondert ein kalkhaltiges Sekret ab, das sich zu einer Kalkröhre verfestigt, in der es lebt. Ein einziger Schiffsbohrwurm kann im Jahr bis zu 5 Millionen Eier legen, daher ist es nicht verwunderlich, dass die Würmer auf einer langen Reise den Rumpf regelrecht durchlöcherten. Andere Parasiten fraßen die Holzplanken Schicht um Schicht auf. Um das zu verhindern, wurden Schiffe oft mit Doppelplanken gebaut, zwischen die eine Schicht aus Filz und Teer kam.

Schiffe mussten mindestens alle drei Monate kielgeholt werden. Dazu brachte man sie in eine Bucht und räumte das Schiff komplett aus; die Kanonen wurden am Eingang der Bucht für den Fall eines Angriffs provisorisch aufgestellt. Dann zog man das Schiff auf den Strand, kippte es auf die Seite, kratzte den Rumpf ab und stopfte die Löcher. Anschließend schmierte man den gesamten Rumpf mit Pech und Talg ein.

Für gewöhnlich geschah das Kielholen auf unbewohnten Inseln oder an Orten, wo die Eingeborenen den Piraten wohlgesinnt waren. Die meisten Eingeborenenvölker der Karibik zogen ohnehin die Piraten den Siedlern vor, die oft versuchten, sie zu versklaven. Außerdem wussten sie einen Becher Piratenrum durchaus zu schätzen.

Experimente, den Schiffsrumpf mit Blei zu verkleiden, scheiterten, da die chemische Reaktion zwischen dem Blei und den Eisennägeln bzw. -reifen das Metall zerfraß. Piraten, die es sich leisten konnten, ließen sich ihre Barken und Brigantinen aus wurmresistentem Zedernholz bauen, das auf den Bermudas im Überfluss wuchs.

KAPITEL SIEBEN

Das Leben auf einem Piratenschiff

Dr. Samuel Johnson, ein Literat des 18. Jahrhunderts, sagte: „Kein Mann wird freiwillig Seemann, der klug genug ist, sich ins Gefängnis zu befördern; auf einem Schiff zu sein, heißt in einem Gefängnis zu sein, mit der Chance zu ertrinken. Im Gefängnis hat man mehr Platz, besseres Essen und bessere Gesellschaft."

Die Gefängnisinsassen aus dem 18. Jahrhundert hätten ihm wohl nicht zugestimmt, aber das Leben auf See konnte tatsächlich höchst ungemütlich sein. Segelschiffe waren oft klamme, dunkle, freudlose Orte, die nach Bilgewasser und verfaultem Fleisch stanken. Es war unmöglich, die Planken so zu kalfatern, dass sie völlig wasserdicht waren, und so drang ständig Wasser in das Schiff ein, auch bei gutem Wetter. Nahm der Wind zu, ergoss sich Wasser in die Ladeluken und überschwemmte die unteren Decks. Die Pumpen mussten ununterbrochen bemannt sein, und war etwas erst einmal nass, bekam man es kaum noch trocken. Die Männer litten an Erkältungen und Krämpfen, und wenn sie nicht gerade an Deck die Knochenarbeit – Taue und Segel schleppen, Pumpen bedienen usw. – machten, krochen sie ins Vorschiff und teilten sich eine feuchte Decke mit einem Kameraden.

Die Piraten der Karibik hatten mehr Glück als die meisten Seeleute. Obwohl sie immer wieder von Hurrikanen bedroht wurden, war das Wetter normalerweise warm und freundlich, und sie konnten an Deck schlafen. Sonst lagen sie aber dicht an dicht auf dem Zwischendeck, „wie Hunde in einem Zwinger", wie ein Kapitän anmerkte. Um die Kanonen zu bemannen und andere Schiffe zu entern, hatten Piratenschiffe meist drei- oder viermal so viele Männer an Bord wie ein Handelsschiff. Auf einem 140 Fuß langen und 12 m breiten Schiff drängten sich manchmal bis zu 250 Mann!

Vielen englischen Seesoldaten kam das Leben auf einem Piratenschiff trotz allem himmlisch vor, verglichen mit den Bedingungen, unter denen sie an Bord eines Schiffes Ihrer Majestät lebten. Alkohol war dort z. B. nur den Offizieren vorbehalten. Durch die übergroße Besatzung auf einem Piratenschiff hatte man dort hingegen immer genug Zeit, sich zu betrinken. Die meisten einfachen Matrosen sehnten sich danach, auf ein Piratenschiff zu desertieren, um den Auspeitschungen und „Pökelungen" – dabei wurden nach dem Auspeitschen Salz oder Essig in die offenen Wunden gerieben –, die auf einem Schiff der Kriegsmarine an der Tagesordnung waren, zu entgehen. In der britischen Marine konnte ein Mann im Kurzverfahren abgeurteilt und an der nächsten Rahe aufgehängt werden. Sein Körper wurde dann den Seevögeln überlassen. Viele der gewöhnlichen Seeleute waren in den Dienst gezwungen worden und durften nie an Land gehen, es sei denn, man befand sich in einer unwirtlichen Gegend, in der ohnehin niemand desertieren würde. Sowohl die Piraten als auch die Marine hatten meist einen Arzt an Bord, aber dieser hatte normalerweise keine Ausbildung. Verletzte Männer starben daher häufig. Falls sie an Bord eines Piratenschiffes überlebten und nicht mehr arbeiten konnten, wurden sie im nächsten Hafen an Land gesetzt. Auch wenn viele Piraten ihr Leben am Ende eines Stricks beendeten, so hatten sie vorher doch ein paar gute Jahre in Freiheit. Diese Aussicht hatten Marinematrosen nicht.

Krankheiten waren eine ständige Gefahr für alle Seeleute. Es war für

Querschnitt eines Segelschiffes mit drei Decks. Die Besatzung schlief in Hängematten im Unterdeck, unterhalb der Kanonen. Jedem Mann standen bei der britischen Marine 35 cm Platz zu.

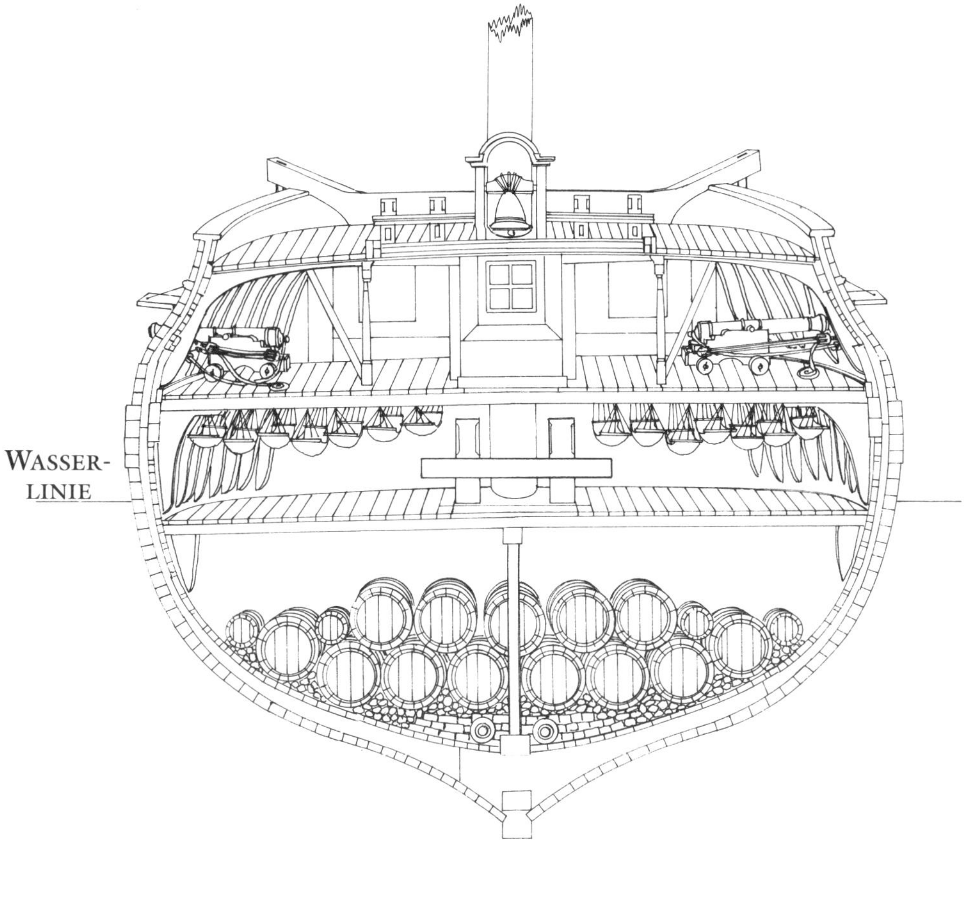

einen Kapitän keineswegs ungewöhnlich, auf einer Fahrt seine halbe Besatzung zu verlieren. Zur Bekämpfung von Seuchen wurden die Decks mit Essig und Salzwasser geschrubbt und, falls vorhanden, mit Brandy oder Cognac desinfiziert. Die Lagerräume räucherte man mit Pfannen, in denen sich brennendes Pech oder Schwefel befanden, aus. Auf jedem Schiff gab es aber Ecken und Winkel, an die man einfach nicht herankam. Im Lauf der Reise sammelten sich Unrat und Abfälle am Boden des Rumpfs, der zur Brutstätte von unzähligen Ratten, Kakerlaken und Käfern wurde.

Da die Nahrung der Piraten praktisch nur aus Fleisch bestand, waren sie sehr anfällig für Skorbut. Ausgelöst wurde dies durch akuten Vitamin-C-Mangel, da es weder frisches Obst noch Gemüse gab. Das Zahnfleisch schwoll an und blutete, Zähne fielen aus, Gelenke wurden steif und schmerzten, es kam zu Blutungen unter der Haut und zu Anämie. Außerdem heilten Wunden schlecht. Seeleute litten auch unter Malaria, Gelbfieber und Ruhr, einer besonders unangenehmen Erkrankung, wenn man für jeden Toilettengang auf den Bugspriet klettern musste. Bartholomew Roberts verlor auf diese Weise über 100 Männer, als er sein Schiff am sumpfigen Ufer eines afrikanischen Flusses kielholen ließ. Auch Geschlechtskrankheiten waren so weit verbreitet, dass Piraten an Bord eines Beuteschiffes oft zuerst zum Medizinschrank gingen und diesen plünderten. Besonders heiß begehrt war ein Quecksilbergemisch, das damals zur Behandlung der Syphilis verwendet wurde.

Das Essen an Bord war meist schrecklich. Fisch und Fleisch waren verfault, das Wasser, das in riesigen Fässern im Lagerraum aufbewahrt wurde, stank, und der Schiffszwieback war auf gewöhnlichen Handels- und Kriegsschiffen von Kornkäfermaden verseucht. Viele Männer konnten es nur im Dunkeln ertragen, zu essen. Für die Besatzung eines Piratenschiffes kam es meist noch viel schlimmer. Bei so vielen Menschen an Bord war es unmöglich, genug Essen und Wasser für alle mitzunehmen. Seeräuber hatten immer Durst und waren oft stark unterernährt, was zu einigen ihre wagemutigsten Überfälle führte.

Wenn sie einen gut ausgerüsteten Händler plünderten oder an Land gingen, stand den Piraten oft der Sinn nach einem herzhaften Gemisch, das sie „Salmagundi“ nannten, vom französischen *salmigondis*, Sammelsurium, abgeleitet: Fisch, Schildkröte, Huhn, Schinken, Schweinefleisch, Gehacktem, Taube, Ente – alles Fleisch, das sie in die Finger bekamen, wurde gewürfelt und in Gewürzwein eingelegt. Dann mischte man es mit eingelegtem Hering, Anchovies, Kohl, Mango, Zwiebeln, Palmherzen, hartgekochten Eiern, Oliven, Trauben und eingelegtem Gemüse. Das Ganze wurde in Essig und Öl getränkt und mit Salz, Pfeffer, Knoblauch und Senfkörnern gewürzt. Heruntergespült wurde die abenteuerliche Mixtur mit Rum oder Bier, vermutlich um den „überwältigenden“ Geschmack zu übertünchen.

Auf Handelsschiffen gab es aber noch andere Dinge zu plündern. Einige Schiffe führten in jener Zeit einen kleinen Vorrat an Leckereien, z. B.

Mandeln, Rosinen, Gewürze, Marmelade, Speckseiten und getrocknete Rinderzungen, mit. „Wenn ein Mann krank ist oder kurz vor dem Tode, ist etwas gebutterter Reis mit Zimt, Ingwer und Zucker sicher besser für ihn als eingesalzener Fisch oder Fleisch", schrieb Kapitän John Smith, Gründer von Jamestown und Liebhaber der Pocahontas, in seinem 1627 erschienenen Buch *A Sea Grammar*. „Und nach einem Sturm, wenn die armen Männer durchnässt und kalt sind, und einige nichts haben, das sie warmhält, wer will dann behaupten, dass etwas Sherry oder Aqua Vitae [Schnaps, meist Whiskey, Rum oder Brandy] ihre Gesundheit nicht besser erhält als Bier oder kaltes Wasser?"

Smith selbst wurde 1614 bei einer Expedition nach Neuengland von Piraten gefangen genommen und konnte drei Monate später fliehen.

Die meiste Zeit gab es für die Besatzung nicht viel zu tun, außer Karten- oder Würfelspiele zu spielen und ihre Waffen abzufeuern, falls sie überschüssige Munition hatten. Alkohol, vor allem Rum und Rumpunsch, waren ein willkommener Trost. Einige wandten sich auch der Bibel zu. Als Bartholomew Roberts 1727 die Fregatte *Onslow* kaperte, versuchte seine Besatzung, deren Schiffskaplan zu überreden, ihr Pastor zu werden. Seine Aufgabe hätte darin bestanden, zu beten und Punsch zu bereiten. Als er die Stelle ablehnte, ließen die Piraten ihn gehen. „Ganz egal, wie grobschlächtig sie waren, sie hatten so großen Respekt vor seinem Amt, dass sie ihn nicht gegen seinen Willen zwangen", schrieb ein Augenzeuge.

Zur Unterhaltung hielten die Seeräuber Schauprozesse ab, spielten also durch, was ihnen passieren würde, falls sie vor das Admiralitätsgericht kämen. In *Umfassende Geschichten der Räubereien und Mordtaten der berüchtigten Piraten* bezog Defoe sich auf Scheinprozesse, die auf einer unbewohnten Insel vor der Küste Kubas abgehalten wurden. „Richter" George Bradley, Segelmeister der *Morning Star*, saß mit einer Plane über den Schultern als Robe auf einem Baum. Auf dem Kopf trug er eine zottelige Mütze anstelle der obligatorischen Perrücke, auf der Nase saß eine große Brille. Die Schiffsoffiziere trugen Handspeichen als Zeichen ihres Ranges, und daneben stand der Henker mit dem Strick. Dann wurde der „Angeklagte" vorgeführt, der „tausend dumme Grimassen schnitt". Der Pirat, der den Staatsanwalt spielte, sagte:

Die meiste Zeit gab es für die Besatzung nicht viel zu tun, außer Karten- oder Würfelspiele zu spielen und ihre Waffen abzufeuern, falls sie überschüssige Munition hatten.

Hier präsentiere ich Eurer Lordschaft und den Herren Geschworenen einen Burschen, der ein arger Tunichtgut ist, ein wirklich arger, arger Tunichtgut. Ich hoffe untertänigst, dass Eure Lordschaft ihn sofort hängen lässt, hat er doch Piraterie auf hoher See begangen. Wir werden beweisen, dass dieser Bursche, dieser Nichtsnutz, der hier vor Euch steht, tausend Stürme überstanden hat und sicher an Land gelangen konnte, als sein Schiff abgetrieben wurde, was ein sicheres Zeichen ist, dass er nicht dazu geboren wurde, zu ertrinken. Ohne

Piraten unterhalten sich mit einem Schauprozess, wie Daniel Defoe in seinem Buch „Umfassende Geschichten der Räubereien und Mordtaten der berüchtigten Piraten“ erzählt.

Angst aufgehängt zu werden, fuhr er fort, Männer, Frauen und Kinder zu schänden und auszurauben, Schiffsfrachten zu plündern und Schiffe mit Mann und Maus zu versenken, als wäre der Teufel selbst in ihn gefahren. Das ist jedoch nicht alles, Eure Lordschaft, denn er hat noch schlimmere Verbrechen als diese begangen. Wir werden beweisen, dass er schuldig ist, nicht getrunken zu haben, und, wie Eure Lordschaft wissen, ist jeder nüchterne Bursche nichts als ein übler Schurke. Eure Lordschaft, ich hätte viel gewähltere Worte als diese finden müssen, aber wie Ihr wisst, ist der Rum alle, und wie soll ein Mann die Wahrheit sprechen, der noch keinen Schluck getrunken hat? Ich hoffe jedenfalls, dass Ihr ihn hängen lassen werdet.

Man konnte nicht gerade behaupten, der Richter sei unparteiisch gewesen. Von seinem Sitz im Mangrovenbaum aus sagte er:

Hören Sie mir zu, Sirrah, Sie lausiger, räudiger, hässlicher Köter. Was haben Sie zu Ihrer Verteidigung vorzubringen, dass wir Sie nicht sofort aufknüpfen und in der Sonne zum Trocknen baumeln lassen sollen?

Dann fragte der Richter den Angeklagten, wie er sich bekenne. Dieser sagte natürlich „nicht schuldig“, woraufhin der Richter drohte, ihn ohne Verhandlung aufzuknüpfen. Zu seiner Verteidigung brachte der Angeklagte vor, er sei ein ehrlicher Mann, der von „einem gewissen George Bradley“ – dem Mann, der nun den Richter spielte –, „einem berüchtigten Piraten und einem der schlimmsten Schufte überhaupt entführt und in den Dienst gezwungen worden“. Bradley verurteilte den Angeklagten aus drei Gründen zum Tode:

Erstens, es ist nicht recht, dass ich hier als Richter sitze, ohne dass einer gehängt wird. Zweitens müssen Sie gehängt werden, weil Sie verdammt nochmal so aussehen, und drittens müssen Sie gehängt werden, weil ich Hunger habe, Sir, und falls das Essen des Richters fertig ist, bevor der Prozess beendet ist, muss der Gefangene selbstverständlich hängen. Da haben Sie das Gesetz, Sie räudiger Hund. Schaff ihn mir aus den Augen, Kerkermeister!

Kurz nachdem sie die kleine Insel im August 1722 verlassen hatten, lief die

Morning Star bei Grand Cayman auf Grund, aber die Besatzung konnte sich retten. Ihr Begleitschiff, die *Fenn,* kam heran, um zu sehen, ob alles in Ordnung war, als sie auf einmal von zwei Kriegsschiffen gestellt wurde. Die Taue wurden gekappt, und sie floh auf See, konnte aber nur entkommen, weil die Männer um ihr Leben ruderten. Ein Landungstrupp wurde an den Strand geschickt und trieb 40 Männer der *Morning Star* zusammen. Bradley und der Rest versteckten sich im Wald. Später ergaben sie sich jedoch einer Schaluppe von den Bermudas.

Gelegentlich gerieten die Spiele der Piraten so außer Kontrolle, dass es zum Aufstand kam. Im Jahr 1717 gab es einen Fall, bei dem sich der Angeklagte so sehr in die Sache hineinsteigerte, dass er schließlich davon überzeugt war, wirklich gehängt zu werden. Er warf eine Granate auf den Richter, zog seine Machete und schlug dem „Ankläger", einem Piraten, der sich „Alexander der Große" nannte, einen Arm ab.

Neben der Gelegenheit zum Trinken und Spielen befreite das Piratenleben auch von vielen Gegebenheiten des normalen Lebens: Es gab keine Unterscheidung gesellschaftlicher Klassen, und niemand hatte Macht über die Männer. Der Kapitän wurde gewählt und hatte nur wenig Gewalt über sie. „Sie erlaubten ihm nur, unter der Bedingung Kapitän zu sein, dass sie auch Kapitän über ihn sein konnten", sagt Defoe.

Über wichtige Entscheidungen wurde abgestimmt. Es war ein Leichtes, den Kapitän abzusetzen, und außer einem höheren Anteil an der Beute hatte er kaum Privilegien. Obwohl es Bartholomew Roberts gestattet war, die große Kajüte, Porzellan und Besteck zu nutzen, konnte jeder Seemann Tag und Nacht die Kabine betreten, und sich bei Roberts' Sachen bedienen.

„Sie wählten einen Kapitän aus ihren Reihen, der kaum mehr als einen Titel hatte, ausgenommen bei einem Angriff, wenn er die Kontrolle über das Geschehen hatte", berichtete Walter Kennedy dem Gericht, als ihm 1721 im Old Bailey wegen Piraterie der Prozess gemacht wurde. Kennedy war Roberts' Steuermann gewesen und hatte das Kommando über sein Schiff, die *Rover*, übernommen, als Roberts vor der Ile du Diable, Surinam, die Verfolgung einer Brigg aufgenommen hatte.

„Die Macht eines Kapitäns ist bei einer Verfolgung oder einem Kampf unantastbar. Er schlägt, sticht oder schießt auf jeden, der nicht auf sein Kommando hört", schrieb Defoe. Als Kapitän suchten die Piraten jemanden aus, „der an Wissen und Kühnheit überlegen war ..." Furchtsame oder unfähige Kapitäne wurden rasch abgesetzt. Piraten waren sich der Schwierigkeiten, in die sie ein schlechter Kapitän bringen konnte, sehr wohl bewusst.

Der Mannschaft der *Rover* war es zuerst unter Kapitän Howell Davis und dann unter Bartholomew Roberts recht gut gegangen. Als Kennedy das Kommando übernahm, wurden sie jedoch vom Rest der Flotte getrennt. Roberts macht den Iren Kennedy dafür verantwortlich und weigerte sich später, Iren in seine Besatzung aufzunehmen. Kennedy segelte nach Barbados und brachte dort ein weiteres Schiff auf. In Virginia konnte er sich gerade noch der Gefangennahme entziehen.

Einige seiner Männer hatten nicht so viel Glück. Sie wurden aufgegriffen und gehängt. Daraufhin machte er sich mit einer Mannschaft aus Freiwilligen zurück auf den Weg in seine Heimat Irland. Sie gerieten jedoch so weit vom Kurs ab, dass sie in einer kleinen Bucht im Nordwesten Schottlands endeten. Sie ankerten, gingen an Land und gaben sich als schiffbrüchige Matrosen aus.

17 von ihnen wurden in Edinburgh verhaftet, nachdem sie dort mit ihrem Gold um sich geworfen hatten. Zwei erklärten sich bereit, gegen ihre Kameraden auszusagen, neun endeten am Strick. Kennedy schlug sich nach London durch, wo er in Deptford ein Bordell eröffnete. Er geriet jedoch mit einem der Mädchen aneinander, die ihn wegen eines Raubüberfalls anzeigte, und er wurde in das Gefängnis von Bridewell gesteckt. Dann fand die Frau einen seiner früheren Schiffskameraden, der ihn als Piraten identifizierte. Nach seinem Prozess wurde er 1721 im Dock von Wapping hingerichtet.

Ein Piratenkapitän musste sich mit dem Wert von Dingen auskennen, damit er die Beute aufteilen konnte. Er musste zudem taktvoll und diplomatisch sein, um jeden Mann zufriedenzustellen. Außerdem musste er Recht sprechen, denn Fairness war sehr wichtig. Ein Kapitän wurde einmal wegen übertriebener Grausamkeit seinen Gefangenen gegenüber abgesetzt.

Die Gesetze der Piraten

An Bord eines Piratenschiffes gab es erstaunlicherweise strenge Verhaltensregeln. So mussten Piraten z. B. beim Kapitän um Erlaubnis bitten, gegeneinander kämpfen zu dürfen. Diesen Regeln mussten alle Männer zustimmen.

Auf die gemeinsam aufgestellten Paragraphen wurde auf die Bibel oder auf eine Axt geschworen. Bartholomew Roberts' Regeln waren die ausführlichsten (siehe gegenüber). Die Regelwerke waren sehr unterschiedlich. In Kapitän George Lowthers Charta hieß es z. B., dass der erste Mann, der eine Beute sichtete, die besten Pistolen oder Feuerwaffen an Bord erhielt. Im Zweifelsfall sollte man zudem Gnade walten lassen. In einigen Regelwerken bestand die Strafe für einen Mord darin, dass der Mörder am Leichnam festgebunden und beide über Bord geworfen wurden. Diese Bestrafung wurde übrigens von der britischen Marine übernommen. Nach Kapitän John Phillips' Regeln wurde das Vergehen, mit offenem Licht in den Frachtraum zu gehen, das Rauchen einer Pfeife ohne Deckel oder das Schlagen eines Kameraden mit „vierzig weniger einem Schlag auf den nackten Rücken" geahndet. Eine übliche Bestrafung für kleinere Vergehen war ein Peitschenhieb von jedem Besatzungsmitglied.

Gelegentlich wurde ein Missetäter „kielgeholt". Er wurde zur Hauptrahe hochgezogen, wo er an den Handgelenken baumelte. Dann befestigte man ein beschwertes Seil an seinen Füßen. Dieses wurde unter dem Schiffsrumpf durchgezogen und auf der anderen Seite wieder über die Hauptrahe gelegt. Anschließend band man dem Beschuldigten ein ölgetränktes Tuch vor Mund und Nase, damit er nicht ertrank, warf ihn ins Wasser und zog ihn

Das Leben auf einem Piratenschiff

Bartholomew Roberts' Piratensatzung, die das Leben auf dem Schiff regelte.

1. Jeder Mann hat bei Abstimmungen eine Stimme. Jeder hat Anspruch auf den gleichen Anteil an frischen Vorräten und Alkohol, wenn Beute gemacht wurde. Diesen Anteil kann er nach Belieben verbrauchen, es sei denn, ein Notfall macht eine Rationierung notwendig.

2. Jeder Mann muss abwarten, bis er an der Reihe ist, und hat neben seinem Anteil an der Beute Anspruch auf einen Satz Kleidung. Wird er jedoch dabei erwischt, seine Kameraden zu betrügen, und sei es nur um ein Pfund, so wird er ausgesetzt. Falls er einen anderen Mann beraubt, werden ihm die Nase und die Ohren abgeschnitten, und er wird an einem unwirtlichen Ort ausgesetzt.

3. Niemand darf an Bord Karten oder Würfel um Geld spielen.

4. Lichter und Kerzen werden um acht Uhr abends gelöscht. Wer danach weitertrinken will, darf das an Deck ohne Licht tun.

5. Jeder Mann ist dazu verpflichtet, seine Waffen jederzeit sauber und einsatzbereit zu halten.

6. Es dürfen kein Junge und keine Frau an Bord gebracht werden. Wird ein Mann dabei ertappt, sich einem von beiden unsittlich zu nähern oder zu versuchen, eine des anderen Geschlechts heimlich mit auf See zu schmuggeln, so wird er hingerichtet.

7. Wer im Kampf seinen Posten verlässt, wird mit dem Tode bestraft oder ausgesetzt.

8. Niemand darf an Bord des Schiffes einen anderen schlagen. Streit wird an Land in Form eines Duells beigelegt. Auf das Kommando des Steuermanns hin drehen sich die beiden, die vorher Rücken an Rücken standen, um und feuern. Falls ein Mann nicht feuert, soll ihm die Pistole aus der Hand geschlagen werden. Schießen beide daneben, sollen sie mit ihren Macheten weiterkämpfen. Wer zuerst eine blutende Wunde verursacht, wird zum Sieger erklärt.

9. Kein Mann soll sich von dieser Lebensweise abwenden, bevor nicht jeder £ 1.000 bekommen hat. Wer im Dienst verkrüppelt wird oder Gliedmaßen verliert, erhält 800 Silbermünzen aus dem Bestand und für leichtere Verletzungen anteilig weniger.

10. Der Kapitän und der Steuermann erhalten jeweils zwei Anteile der Beute. Der Segelmeister, der Oberkanonier und der Bootsmann erhalten jeweils anderthalb Anteile. Alle anderen Offiziere erhalten eineinviertel Anteile, der Rest der Besatzung jeweils einen Anteil.

11. Die Musiker dürfen nur am Sabbat ruhen, an allen anderen Tage nur als besondere Gefälligkeit.

unter dem Rumpf hindurch. Dabei wurde er über die Muscheln am Rumpf geschleift, die ihm den Oberkörper zerfetzten. Auf der anderen Seite wurde er dann halbertrunken wieder an Bord geholt. Dies wiederholte man dreimal. Barbareien dieser Art waren normalerweise aber eher der Kriegsmarine vorbehalten.

Das Aussetzen war jedoch eine ganz andere Angelegenheit. Nur wenige überlebten es, wenn man sie am Strand einer unbewohnte Insel, fernab jeglicher Zivilisation, zurückließ. Dazu gehörten Kapitän William Greenaway und sieben seiner Männer, die 1718 ausgesetzt wurden, nachdem die Mannschaft ihrer Schaluppe gemeutert hatte. Als sich Greenaway und seine Männer weigerten, sich den Meuterern anzuschließen, wurden sie pudelnackt auf einer unbewohnten Insel der Bahamas ohne Vorräte ausgesetzt. Die Insel bestand aus nichts weiter als scharfkantigen Korallen und dichtem Unterholz, daher war es um ihre Überlebensaussichten schlecht bestellt. Die Piraten bekamen jedoch anscheinend Mitleid mit ihren früheren Kameraden, kamen mit einer Schaluppe zurück und brachten sie mit einem Ruderboot an Bord. Dann jedoch zerschnitten sie die Segel und die Takelage. Nun waren die ausgesetzten Männer noch schlechter dran als vorher: Sie befanden sich jetzt eine Meile vor der Küste ohne Essen oder Wasser an Bord eines völlig unbrauchbaren Schiffes.

Wahrscheinlich wären sie dort gestorben, hätten sie an Bord nicht eine kaputte Axt gefunden. Kapitän Greenaway, der als Einziger schwimmen konnte, schwamm mit der Axtklinge um den Hals an Land. Er fällte Bäume, baute ein Floß und brachte seinen Männern Beeren und Früchte auf das Schiff. Anschließend machten sie sich daran, die Takelage und die Segel zu reparieren. Eine Woche später waren sie gerade fertig geworden, als die Piraten erneut zurückkehrten. Die Ausgesetzten paddelten mit dem Floß an Land und versteckten sich im Unterholz, während die Piraten den Mast ihrer Schaluppe kappten und sie im tiefen Wasser versenkten. Die nächsten acht Tage lebten sie von Beeren, Muscheln und Stachelrochen, die sie mit angespitzten Stöcken erlegten.

Die Piraten kehrten noch mehrmals zurück, aber die Ausgesetzten versteckten sich immer und antworteten nicht auf Zurufe. Schließlich boten die Piraten ihnen einen sicheren Abzug an, und so kamen sie aus ihren Verstecken. Das war jedoch nur ein Trick gewesen. Greenaway und zwei Männer wurden gezwungen, für die Piraten zu arbeiten, die anderen fünf wurden auf der Insel zurückgelassen.

Die folgenden 14 Tage schlugen sich die übrig gebliebenen Männer durch, so gut es ging. Dann kamen die Piraten, vermutlich auf Greenaways Drängen hin, noch einmal zurück und ließen am Strand ein großes Fass Mehl, einen Scheffel Salz, Töpfe und Pfannen, eine Axt, ein Dutzend Messer, zwei Flaschen Schießpulver und drei Hunde einer Rasse, die in der Karibik zur Schweinejagd eingesetzt wurde, zurück. Die Männer bauten sich eine Hütte und lebten von gegrilltem Schweinefleisch, bis die Piraten erneut zurückkamen. Diesmal wurden ihre Hütte niedergebrannt und ihr Fleischvorrat aufgegessen. Dann versprachen ihnen die Seeräuber, nicht mehr zurückzukommen, und ließen ihnen eine Flasche Rum da. Kurz darauf nahmen Spanier die Piraten gefangen. Als Greenaway seine Geschichte erzählte, sandten die Spanier ein Boot aus, und die fünf Männer wurden gerettet.

N:r 46. 18 november 1917. Pris 15 öre.

ALLERS·FAMILJ·JOURNAL

Den skotske matrosen Alexander Selkirk ("Robinson") berättar för den engelske författaren Daniel Defoe om sina underbara öden och äfventyr.

Robinson berättar sin historia för Daniel Defoe.

I början af 18:e århundradet var Daniel Foe en af Englands mest omtalade män. Han var son till en slaktare i London vid namn Foe. skulle ha varit präst, men uppgaf det, blef i stället affärsman, men sysselsatte sig så mycket med politik och litteratur att han glömde bort affärerna och gjorde konkurs. Han började skrifva pjäser om nationalekonomiska frågor, föreslog införandet af sparbanker och sj
kassor, visade sig som en vidsynt man, n
uppgaf snart den ena idén för den andra.
tid var han regeringens hemlige politiske ag
och började senare författa stridsskrifter för
religiös sekt, dissenterna, emot de högkyrkli
Allt detta inbragte honom blott föga att lifn
sin familj med, men däremot inbragte det
nom ett uppträdande vid den offentliga ska
pålen, där han blef förevisad af bödeln. H
måste så småningom sänka nivån så djupt
han skref alla slags broschyrer och skrifter
de politiska partierna, ofta mot sin egen öfv
tygelse. Men så kom det en dag från hans ha
en bok, som väckte ett oerhördt uppseen
Det var »Robinson Crusoe från York, hans
och sällsamma äfventyr». (Forts. å nästa sida

Alexander Selkirk berichtet Defoe von seinen Erlebnissen, welche später die Grundlage für „Robinson Crusoe" bilden sollten. Zeichnung eines Unbekannten aus „Allers Family-Journal", 18. November 1917.

Daniel Defoe hinterließ uns mit seinem *Robinson Crusoe* den wohl berühmtesten Bericht eines Ausgesetzten. Es ist eine freie Version der Geschichte Alexander Selkirks. Selkirk fuhr mit dem englischen Bukanier William Dampier. Nach einer Karriere als Pirat in der Karibik, in Mittelamerika und an der amerikanischen Ostküste umsegelte Dampier die Welt und schrieb ein Tagebuch, in dem er die Meeresströmungen akribisch festhielt. Im Pazifik rettete er einen Miskitoindianer, der drei Jahre zuvor auf dem Juan-Fernándes-Archipel, 800 km vor der chilenischen Küste, ausgesetzt worden war. Während des Spanischen Erbfolgekrieges – und des parallel stattfindenden zweiten Krieges zwischen den Franzosen und Engländern um die Vorherrschaft auf dem amerikanischen Kontinent – erhielt Dampier einen Kaperbrief. 1703 ging er mit zwei Schiffen, der *St. George* und der *Cinque Ports,* auf Entdeckungsreise. Im darauf folgenden Jahr umrundete er Kap Horn. Nachdem es ihnen nicht gelungen war, eine Galeone zu erobern, trennten sich die beiden Schiffe. Selkirk war Segelmeister der *Cinque Ports* unter Kapitän Stradling. Sie fuhren zum Juan-Fernándes-Archipel, um das Schiff kielzuholen und Vorräte aufzunehmen. Auf der Insel kam es zum Streit zwischen Selkirk und Stradling. Als Stradling im Oktober 1704 den Befehl gab, wieder in See zu stechen, protestierte Selkirk, dass das Schiff nicht seetüchtig sei, und verlangte, auf der Insel zurückgelassen zu werden. Stradling nahm ihn beim Wort und segelte ohne ihn davon. Selkirk hatte nur „seine Kleidung, sein Bettzeug, eine Steinschlosspistole mit Pulver und Kugeln, Tabak, eine Axt, ein Messer, einen Kessel, eine Bibel, ein paar praktische Dinge und seine mathematischen Instrumente und Bücher" bei sich.

Die Insel war jedoch lange nicht so einsam, wie Defoe sie beschrieb, da Piraten dort öfter Station machten, um Holz und Wasser aufzunehmen. Auf der Insel gab es Ziegen, die Selkirk erlegte und aß. Feuer machte er, indem er zwei Hölzer aneinanderrieb. Als seine Kleidung auseinanderfiel, fertigte er sich einen Mantel und einen Hut aus Ziegenleder an, das er mit einem Nagel anstatt einer Nadel zusammennähte. Er zähmte Wildkatzen, die ihm Gesellschaft leisteten und die Ratten töteten, die ihm nachts in die Füße bissen. Selkirk baute zwei Hütten aus Ästen, die er mit Gras bedeckte. Die Einsamkeit bekämpfte er, indem er in der Bibel las und Psalmen sang. Später sagte er, dass er „in der Einsamkeit ein besserer Christ war als je zuvor".

Dampier, der sich noch einmal an spanischen Schatzschiffen versuchen wollte, hatte inzwischen als Navigator bei Freibeuterkapitän Woodes Rogers angeheuert. Am 2. Februar 1709 landete sie auf Juan Fernándes, wo sie von einem Mann in „Ziegenhäuten begrüßt wurden, der wilder aussah als die vorherigen Besitzer der Häute." Dampier erkannte Selkirk und empfahl ihn Rogers als exzellenten Seemann. Der machte ihn prompt zum Steuermann seines Schiffes, der *Duke and Duchess.* Am 12. Februar stachen sie in See und machten sich, nachdem sie noch ein Schiff von den Philippinen gekapert hatten, über das Kap der Guten Hoffnung auf den Weg nach Hause. Am

14. Oktober 1711 kam Selkirk nach über acht Jahren wieder in England an. Zum ersten Mal wurde seine Geschichte 1712 in Rogers' Buch *Cruising around the World* veröffentlicht und faszinierte die Menschen auf Anhieb. 1719, ein Jahr nach dem Erscheinen der zweiten Auflage von Rogers' Buch, kam Daniel Defoes Roman *Robinson Crusoe* heraus.

Dampier starb im März 1715, vier Jahre nach der Rückkehr nach London, Woodes Rogers wurde 1717 zum Gouverneur der Bahamas ernannt. Seine Aufgabe war es, die Piraterie auszumerzen. Wer um Gnade bat, erhielt etwas Land auf Providence Island (dem heutigen New Providence, Bahamas) und genug Holz für ein Haus. Jeder, der wieder zu seinen alten Gewohnheiten zurückkehrte, wurde gnadenlos gejagt und gehängt. Unglücklicherweise ging Rogers bei dem Versuch, die Wirtschaft der Insel anzukurbeln, bankrott und verbrachte mehrere Jahre im Schuldgefängnis in England. Letztendlich kehrte er auf die Bahamas zurück, wo er 1729 starb.

Eine der langlebigsten Legenden über die Piraten ist, dass sie fehlgeleitete Mannschaftsmitglieder und ungewollte Gefangene bestraften, indem sie

Robinson Crusoe mit seinen Haustieren. Farbiger Stich nach Aquarellskizzen von Anelay und Huttula in einer Ausgabe des „Robinson Crusoe" aus dem Jahr 1864.

diese „über die Planke gehen“ ließen. Das kam jedoch nur sehr selten vor. Es stimmt aber schon, dass die Seeräuber des 17. und 18. Jahrhunderts ungewollte Gefangene oft den Haien zum Fraß vorwarfen. In der Antike, als Piraten römische Schiffe im Mittelmeer überfielen, veranstalteten sie oft grausame Spielchen mit ihren Gefangenen. Gab sich ein Römer zu erkennen, fielen die Piraten auf die Knie, baten um Vergebung und sagten dem Gefangenen, er sei frei. Dummerweise führte der einzige Weg nach Hause über die Bordwand ins Wasser.

Trotz seines Rufs, brutal und gefühllos zu sein, ging der 29-jährige Stede Bonnet nicht schweigend zum Galgen, sondern wurde heulend und um sein Leben bettelnd hingeschleift.

Die Vorstellung, dass Piraten ihre Opfer über die Planke schickten, scheint aus dem Jahr 1769 zu stammen, als George Wood, ein einfacher Seemann, wegen Meuterei gehängt wurde. Auf seinem Weg zum Galgen im Gefängnis von Newgate erzählte er dem Kaplan, dass er zusammen mit anderen Meuterern einige loyale Besatzungsmitglieder über eine Planke geschickt habe, die über die Bordwand hinausragte. Verbreitet wurde diese Idee jedoch erst durch das Werk eines amerikanischen Schriftstellers, Künstlers, Zeichners und Piratenfans aus dem 19. Jahrhundert: Howard Pyle.

Der einzige Pirat, der diese Hinrichtungsmethode vermutlich wirklich angewandt hat, war Major Stede Bonnet – selbst nach Piratenstandard ein Sadist. Er wurde 1689 als Kind eines englischen Plantagenbesitzers auf Barbados geboren und hatte während des Spanischen Erbfolgekrieges in der Armee gedient. Obwohl er vom Meer keine Ahnung hatte, beschloss er, Seeräuber zu werden – laut einigen Zeitgenossen ging er aber nur zur See, weil seine Frau ihm auf die Nerven ging. Bonnet kaufte eine Schaluppe, nannte sie *Revenge*, stattete sie aus und heuerte eine Mannschaft an. Sobald sie auf hoher See waren, gab er seinen Plan bekannt, Pirat zu werden, und stellte seine Leute vor die Wahl, sich ihm anzuschließen oder „Gouverneur der ersten unbewohnten Insel, die wir finden, zu werden“.

Edward Teach – besser bekannt als Blackbeard – machte sich über Bonnets dürftige nautische Kenntnisse lustig. Einmal, als sie sich vor den Carolinas trafen, holte er Bonnet an Bord, machte ihn hoffnungslos betrunken und überredete die Besatzung der *Revenge*, an seiner Stelle Leutnant Turner zum Kapitän zu wählen. Als Blackbeard das Spiel zu langweilig wurde, gab er Bonnet die *Revenge* zurück, befahl ihm, nach Bath Town, Maine, zu segeln und Gouverneur Eden um einen Straferlass zu bitten. Er selbst werde Bonnet in den Hafen folgen. Natürlich hatte Blackbeard nicht vor, sich zur Ruhe zu setzen, genauso wenig wie Bonnet, der bald wieder auf See war, diesmal unter dem Namen Kapitän Thomas. Die *Revenge* hatte er in *Royal James* umgetauft. Am 27. September 1718 ging er am Cape Fear River in North Carolina mit zwei Beuteschiffen, die er kielholen musste, vor Anker. Oberst Rhett, der gerade auf der Jagd nach dem Piraten Charles

Vane war, erfuhr, dass sich Piraten auf dem Fluss aufhielten. Bonnet und seine Männer wurden gefangen genommen und nach Charleston, South Carolina, gebracht, wo man sie vor Gericht stellte und schuldig sprach. Trotz seines Rufs, brutal und gefühllos zu sein, ging der 29-jährige Bonnet nicht schweigend zum Galgen. Nach einem leidenschaftlichen Appell an den Gouverneur, Gnade walten zu lassen, der besonders die Damen beeindruckte, wurde er am 12. November 1718 heulend und um sein Leben bettelnd zum Galgen geschleift und aufgehängt.

Obwohl Vane Oberst Rhett entgangen war, erging es ihm nicht viel besser. Auch er war ein Pirat mit einem Ruf besonderer Grausamkeit. Er war dafür bekannt, Männer, die ihn ärgerten, kielholen zu lassen. Vane hatte keinen Respekt vor dem Piratenkodex und betrog seine Besatzungsmitglieder gern um ihren Anteil. Er versuchte, ein Schiff unter dem Kommando von Kapitän Holford zu kapern, scheiterte aber. Später scheiterte sein Schiff vor Baracho im Golf von Honduras, und Vane wurde an den Strand gespült. Dummerweise wurde das erste vorbeikommende Schiff von Kapitän Holford kommandiert, der Vane erkannte, und ihn ließ, wo er war. Ein zweites Schiff nahm ihn schließlich mit und holte Holford ein, der Vane gefangen nahm und nach Jamaika brachte, wo er am 29. März 1720 gehängt wurde.

Neben ihren Schauprozessen hielten die Piraten aber auch echte eigene Verhandlungen ab. Defoe zeichnete den Prozess Harry Glasbys, „eines zurückhaltenden, nüchternen Mannes“ auf, der aufgrund seiner Fähigkeit als Segelmeister von Bartholomew Roberts in die Piraterie gezwungen worden war. Nachdem er auf Hispaniola mit zwei anderen versucht hatte, zu desertieren – ein schweres Verbrechen in den Augen der Piraten –, wurde er wieder eingefangen und erhielt eine erstaunlich faire Verhandlung.

„Bei diesem Prozess wurde die Form gewahrt, was mehr ist, als man von manchen Gerichten sagen kann, die für ihre Tätigkeit eine viel größere Berechtigung haben“, schreibt Defoe. „Weder wurde der Rat bezahlt, noch die Zeugen bestochen, eine Gewohnheit, die den Piraten nicht geläufig war. Es gab keine voreingenommenen Geschworenen, keine Folter und kein Verdrehen des Gesetzes. Die Tatsachen wurden nicht hinter unverständlichen Begriffen verborgen.“

Der Prozess fand auf dem Zwischendeck statt, wo den Anwesenden eine große Schüssel Rumpunsch sowie Pfeifen und Tabak zur Verfügung gestellt wurden. Man führte Glasby und seine beiden Mitgefangenen vor und verlas die Anklage.

„Sie waren selbst an ihrer Situation schuld“, schreibt Defoe, „und die Tatsachen sprachen eindeutig gegen sie. Kurz bevor das Urteil gesprochen wurde, schlug einer der Richter vor, zuerst noch eine Pfeife zu rauchen.“

Währenddessen baten die Gefangenen um ihr Leben. Das Gericht zeigte aber keine Gnade, bis einer der Richter, Valentine Ashplant, aufstand, die Pfeife aus dem Mund nahm und erklärte, dass er etwas zur Verteidigung vorzubrin gen habe. Er fasste sich kurz.

„Bei Gott, Glasby wird nicht sterben“, sagte er. „Ich soll verflucht sein, wenn doch." „Nach dieser gelehrten Rede setzte er sich wieder hin und widmete sich seiner Pfeife", schreibt Defoe.

Der Beschluss wurde von den anderen Richtern lautstark angefochten, aber Valentine war fest entschlossen und hielt zur Besänftigung eine weitere kleine Rede.

„Verdammt nochmal, Gentlemen, ich bin so gut wie jeder andere hier", sagte er. „Der Teufel soll meine Seele holen, falls ich jemals einen Mann verraten habe oder es jemals tun sollte, bei Gott. Glasby ist ein ehrlicher Bursche, trotz seines Fehltritts, und ich liebe ihn. Der Teufel soll mich holen, wenn es nicht wahr ist. Ich hoffe, dass er leben und für seine Sünden büßen wird. Sollte er sterben müssen, werde ich an seiner Seite sterben."

Dann zog Ashplant ein Paar Pistolen und richtete sie auf die anderen Richter. Als sie sahen, „wie gut er sein Argument stützen konnte, entschieden sie, dass es angemessen sei, Glasby freizulassen."

Die anderen beiden hat nicht so viel Glück. Ihr Betteln brachte ihnen nur das Privileg ein, sich die Mitglieder ihres Erschießungskommandos selbst aussuchen zu dürfen.

Glasby versuchte, erneut wegzulaufen, als das Schiff im Hafen lag. Er verirrte sich jedoch und musste zurückkehren. Als Roberts am 10. Februar 1720 getötet und sein Schiff, die *Royal Fortune,* von der HMS *Swallow* vor der Küste Westafrikas aufgebracht wurde, verhaftete man Glasby und stellte ihn in Kap Coast Castle wieder

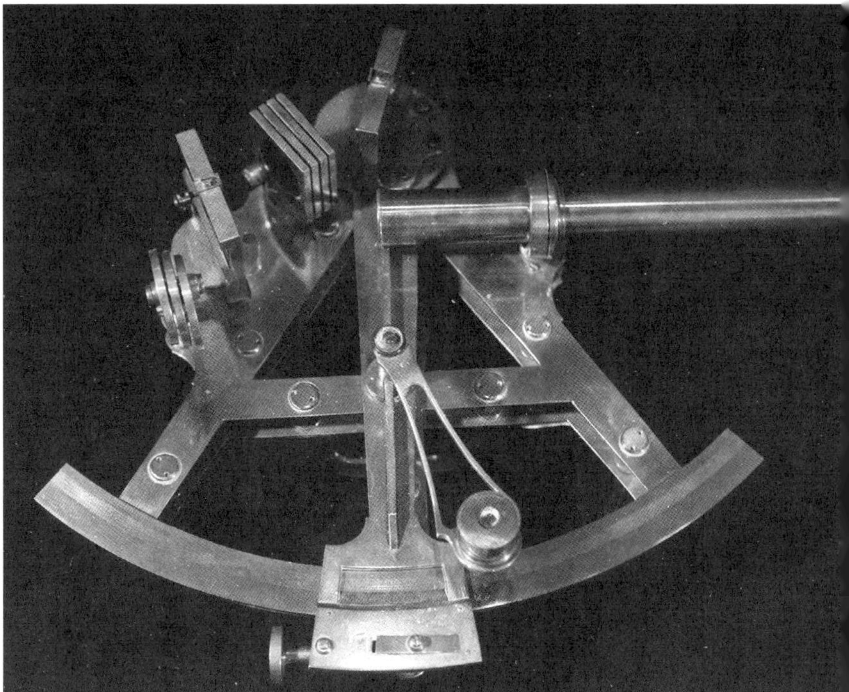

Sextant aus dem 18. Jahrhundert, der bei der Navigation dazu verwendet wurde, die Position des Schiffes über die Winkel zu bestimmen, in denen Himmelskörper über dem Horizont standen

vor Gericht, diesmal vor das Admiralitätsgericht. Das Gericht erfuhr, dass er 1720 an Bord der *Samuel* gefangen genommen worden war. Während seiner Zeit bei den Piraten überredete er diese, einem gekaperten Beuteschiff nach der Plünderung genug Vorräte und Instrumente zu lassen, damit die Mannschaft es zum nächsten Hafen schaffen konnte. Er wurde nie dabei beobachtet, eine Pistole zu laden oder abzufeuern, und als die *Swallow* nach Roberts' Tod die *Royal Fortune* einholte, überzeugte er die Piraten davon, sie nicht in die Luft zu jagen. Glasby wurde freigesprochen und arbeitete zukünftig als Verteidiger.

Wer war an Bord eines Piratenschiffes?

Segelmeister wie Glasby waren immer gefragt, da es mit den nautischen Fähigkeiten vieler Piratenkapitäne nicht weit her war. Sie mussten sich sehr auf das Können dieser Männer verlassen. Der Segelmeister war für das Setzen der Segel verantwortlich. Außerdem legte er den Kurs fest, sobald sich der Kapitän für ein Ziel entschieden hatte.

Kaperten Piraten ein neues Schiff, war es sehr wichtig, auch den Segelmeister zu fangen, da jedes Schiff seine eigenen Merkmale hatte. Man behandelte ihn immer gut, und falls er sich den Seeräubern anschloss, erhielt er eindreiviertel Anteile an der Beute.

Auch Navigatoren waren begehrt. Da die Navigation im 18. Jahrhundert noch nicht die exakte Wissenschaft war, die wir heute kennen, war der Navigator auch als der „Künstler" bekannt. Die Methoden zur Feststellung der genauen Position waren für die meisten Seeleute ein Buch mit sieben Siegeln, und ein Navigator schien Talent dafür zu besitzen. Tatsächlich war er einen Großteil seiner Zeit damit beschäftigt, zu raten. Erst als in den 1760er-Jahren der Schiffschronometer eingeführt wurde, konnte man Längengrade genau berechnen. Der Breitengrad ließ sich mithilfe der Sterne bestimmen. Um an ein Ziel zu gelangen, segelte man daher zum korrekten Breitengrad und folgte diesem nach Osten oder Westen. Die Passatwinde waren zwar damals schon bekannt, aber die Meeresströmungen waren noch nicht kartiert worden.

Ein guter Navigator konnte ein Schiff bis auf ein paar Meilen windwärts an das Ziel heranbringen, damit es mit dem Wind in den Hafen treiben konnte.

Es gab nur wenige gute Navigatoren. Eine ganze Piratenflotte hatte oft nur einen einzigen Navigator dabei. Falls er etwas taugte, konnte er ein Schiff bis auf ein paar Seemeilen windwärts an sein Ziel heranbringen, damit es mit dem Wind in den Hafen treiben konnte. Ein paar Meilen vor dem Wind anzukommen, konnte dagegen in einer Katastrophe enden. 1720 stach Bartholomew Roberts – eigentlich ein guter Seemann – in See, um von der Karibik aus über den Atlantik zu den Kapverdischen Inseln vor der westafrikanischen Küste zu segeln. Seine Schiffe kamen sogar bis in Sichtweite des Ziels, gegen den Passat konnten sie aber die letzten paar Meilen nicht mehr zurücklegen. Sie mussten die ganze Strecke bis nach

Südamerika zurückfahren, um es noch einmal zu versuchen. Als sie schließlich Surinam sichteten, hatten sie seit zwei Tagen kein Wasser mehr und waren mehr tot als lebendig.

Auf einem Kriegsschiff der britischen Marine war der Steuermann für das Steuern des Schiffes zuständig. Auf einem Piratenschiff fungierte er gleichzeitig noch als erster Offizier, obwohl es meist noch einen nominellen Leutnant gab, der das Kommando übernahm, wenn der Kapitän ausfiel. Defoe beschrieb die Rolle des Steuermanns als den „Verwalter des gesamten Schiffes, fast wie ein Großmufti beim Sultan, denn der Kapitän kann nichts tun, dem der Steuermann nicht zustimmt. Der Steuermann ist eine bescheidene Kopie des römischen Tribuns, denn er kümmert sich um die Interessen des gesamten Schiffes und spricht für sie."

Der Steuermann war der „starke Mann" an Bord. Es war seine Aufgabe, dafür zu sorgen, dass die Anweisungen des Kapitäns befolgt wurden. Er war auch der Friedensrichter, disziplinierte die Mannschaft und überwachte die Gefangenen. Kleinere Vergehen wie Streitereien oder ungepflegte Waffen wurden von ihm bestraft, größere Verbrechen mussten vor einem Gericht verhandelt werden. Der Steuermann war der Einzige, der Auspeitschungen vornahm. Da diese bei den Kriegsmarinen übliche Bestrafung von den Piraten grundsätzlich abgelehnt wurde, musste per Mehrheitsentscheid der Besatzung darüber befunden werden. Eine weitere Aufgabe bestand darin, an Land Duelle zwischen zerstrittenen Schiffskameraden zu beaufsichtigen. Und schließlich war er auch noch für den Handel an Land oder mit anderen Schiffen zuständig.

Nach einer Plünderung fiel es dem Steuermann anheim, die Beute aufzuteilen. Dabei erhielt er, genau wie der Kapitän, zwei Anteile. Bei schwierigen oder gefährlichen Unternehmungen hatte er das Kommando über die Beiboote des Schiffes. Wie der Kapitän war auch der Steuermann vom guten Willen der Mannschaft abhängig, denn er wurde in sein Amt gewählt – und konnte genauso schnell wieder abgesetzt werden.

Der Bootsmann war für die Instandhaltung, die Takelage, die Fracht und den alltägliche Betrieb des Schiffes verantwortlich. Er war höchstwahrscheinlich der erfahrenste Seemann an Bord. Der Bootsmann musste sich um den Flaschenzug kümmern – eine anspruchsvolle Aufgabe in Zeiten, als das Gewicht von Dingen, die angehoben werden mussten, nur geschätzt wurde und das Leben der Männer von diesen Schätzungen abhing. Zudem musste er dafür sorgen, dass die Segel und das Tauwerk des Schiffes in Ordnung waren. Er gab die Kommandos für die Arbeiten an den Segeln und der Takelage und überwachte sie. Der Bootsmann war auch für die Instandhaltung und Besetzung der Beiboote zuständig. Landungstrupps, die an Land nach Essen, Wasser und Holz suchten, unterstanden seinem Befehl. Damals hieß es oft: Ein unerfahrener Kapitän konnte sich durchmogeln, wenn er einen guten Steuermann und Navigator hatte, und eine Landratte konnte sich als Steuermann durchmogeln, wenn sie einen guten Bootsmann hatte.

Ein weiterer wichtiger Mann an Bord eines Schiffes war der Schreiner. Er war für die Stabilität des Schiffsrumpfs und den einwandfreien Zustand der Masten verantwortlich. Der Schreiner musste sich ganz genau mit dem Aufbau des Schiffes auskennen und in der Lage sein, es auch im Gefecht oder beschädigt über Wasser zu halten. Als Anführer der Truppe zur Schadensbekämpfung musste er an jeden Ort im Schiff eilen, an dem es ein Leck gab, und dieses zumindest notdürftig ausbessern, bis das Schiff an den Strand gebracht und ordentlich repariert werden konnte. Mit den primitiven Handpumpen dauerte es einige Tage, um eine größere Menge Wasser aus dem Schiff zu entfernen, daher musste ein Leck so schnell wie möglich gestopft werden, oder das Schiff lief Gefahr, zu sinken.

Zum Stopfen eines Lecks benutzte der Schreiner alles, was ihm in die Hände fiel. Dadurch geriet er oft mit dem Steuermann oder dem Bootsmann aneinander, die z. B. im Kampf abgebrochene Masten oder Spiere lieber über Bord werfen wollten, um das Schiff manövrierbarer zu machen. Es konnte jedoch durchaus sein, dass diese später als Baumaterial für Reparaturen gebraucht wurden und nirgendwo anders aufgetrieben werden konnten. Da Piraten keinen Zugang zu Trockendocks hatten, wurde vom Schreiner erwartet, ganze Sektionen des Schiffes zu ersetzen, während dieses gekippt an irgendeinem Strand lag. Kaperten die Seeräuber ein Schiff, so entschied der Schreiner, ob sie es behalten sollten, oder ob sie es nach der Plünderung fortsegeln ließen.

Die zweite Aufgabe des Schreiners war es, mit seinem Satz scharfer Sägen Amputationen vorzunehmen. Dabei wurde er vom Bootsmann unterstützt, dessen größte Axt erhitzt wurde, bis sie glühte, um damit Wunden und Stümpfe auszubrennen. Auch der Segelmacher assistierte. Er nähte die Wunden – oder er nähte die Leichen in Baumwollsäcke für eine Seebestattung ein, falls die Amputation schiefging.

Stolperten die Piraten zufällig über jemanden mit medizinischem Wissen, zwangen sie ihn, als Schiffsarzt für sie zu arbeiten. Manchmal wurde diese Funktion aber auch nur mit einem halbwegs gebildeten und mit gesundem Menschenverstand ausgestatteten Mann besetzt. Wahrscheinlich richtete dieser auch nicht mehr Schaden an als die „richtigen" Ärzte jener Zeit.

Die zweite Aufgabe des Schreiners war es, mit seinem Satz scharfer Sägen Amputationen vorzunehmen.

Jedes Schiff benötigte auch einen erfahrenen Küfer. Damals waren die einzigen wasserdichten Gefäße, die mehr fassten als Tonkrüge, Fässer. Die Küfer mussten eine lange Lehrzeit bei einem Meister ihres Fachs absolvieren. Trockene Lebensmittel mussten in Fässern versiegelt werden, damit sie nicht feucht wurden und verdarben. Fisch und Fleisch wurden in Salzlake gepökelt oder eingesalzen, und frisches Wasser musste gelagert werden. Die Wasserfässer mussten regelmäßig inspiziert werden, denn falls auf See das Trinkwasser ausging, kam das einer Katastrophe gleich. Beim ersten Anzeichen

Piratenflagge: Calico Jack Rackhams Variante des beliebten Themas mit Macheten anstelle der gekreuzten Knochen.

eines Lecks wurde das Wasser in ein anderes Fass umgefüllt, während der Küfer das alte reparierte.

Ihre Kanoniere entführten die Piraten meist von Kriegsschiffen, denn nur wenige Handelsschiffer hatten die nötige Erfahrung. Viele Kanoniere hatten ihre Karriere im Alter von zehn oder elf Jahren, frisch aus dem Armen- oder Waisenhaus, als Pulverträger begonnen und sich durch jede Position der Kanonenmannschaft nach oben gearbeitet, bevor sie Oberkanonier waren. Zu diesem Zeitpunkt waren sie wahrscheinlich rabenschwarz vom Pulver, nahezu taub und hatten den einen oder anderen Körperteil verloren. Auf Batteriedecks waren Unfälle an der Tagesordnung. Kanoniere wedelten mit brennenden Lunten herum, während die Pulverträger mit Eimern voller Schwarzpulver über das Deck liefen. Am gefährlichsten war jedoch der Rückstoß einer schweren Kanone, der oft die Halteseile zerfetzte. Die „loose cannon" zerquetschte dann jeden, der ihr in die Quere kam.

Um diesen Bedingungen und der eisernen Disziplin der Marinen zu entkommen, desertierten viele der Männer begeistert und schlossen sich den Korsaren an. Der Oberkanonier eines Piratenschiffes war für die Lagerung der Waffen und die Sicherheit der Waffenkammer verantwortlich und erhielt anderthalb Anteile an der Beute.

Sehr wichtige Besatzungsmitglieder waren auch die Musiker. Sie gaben für die Männer, welche die Segel setzten oder die Ankerwinde bedienten, den Rhythmus vor. Außerdem sorgten sie für Unterhaltung. Einige Piraten waren dafür bekannt, besser singen als kämpfen zu können. Die Musiker erhielten anderthalb Anteile an der Beute. Entführte Musiker wurden meist erst dann freigelassen, wenn man bessere gefunden hatte. Als John Smith, ein Pirat von den Orkney-Inseln, auf einem Fluss vor Anker ging, um seine Freundin zu besuchen, überfiel seine Mannschaft einen kleinen Bauernhof, ließ die beiden Töchter des Hauses zurück und nahm stattdessen einen Dudelsackspieler mit.

In den Kampf

Piratenschiffe lauerten am liebsten zwischen den kleinen Inseln der Karibik oder in den verzweigten Flussmündungen der Carolinas auf Beute. Dort konnten sie den Gegner ausmachen, bevor sie selbst gesehen wurden. Auf dem offenen Meer beobachtete ein Ausguck unablässig den Horizont. Von einem 30 m hohen Großmast aus konnte man gut 30 km weit in jede Richtung sehen. Wurde ein Schiff gesichtet, verfolgte man es aus sicherer Entfernung und begutachtete es durch ein Fernrohr, um festzustellen, was für ein Schiff es war und vor allem, welcher Nationalität es angehörte. Damals war schwer zu sagen, ob man ein schwerbewaffnetes Kriegsschiff oder ein kaum bewaffnetes Handelsschiff vor Augen hatte, da viele Kauffahrer falsche Stückpforten an den Seiten hatten. Häufig folgten die Seeräuber ihrer Beute daher tagelang, bevor sie zuschlugen. Meist mutmaßte der Kapitän, woher das Schiff kam, welche Fracht es hatte und wie sehr es sich wehren würde. Stellte es sich als Kriegsschiff heraus, ließen die Seeräuber normalerweise von der Verfolgung ab. Die Piraten feuerten nur ungern auf ihre Beute, da ein gesunkenes Schiff ihnen nichts mehr nützte. Meistens gaben sie deshalb nur einen Warnschuss ab und hissten den Jolly Roger, die Totenkopfflagge.

Piratenflaggen

Man vermutet, dass der Name „Jolly Roger“ vom französischen *joli rouge*, „schönes Rot“, stammt – einer ironischen Beschreibung der blutverschmierten Fetzen, unter denen die ersten Freibeuter gesegelt waren. Die Flagge sollte das mögliche Opfer in Angst und Schrecken versetzen. Der Totenschädel mit den gekreuzten Knochen erschien in der Karibik erstmals im Jahr 1700, als der französische Pirat Emanuel Wynne seine Flagge hisste. Er fügte eine Sanduhr hinzu, um anzuzeigen, dass die Zeit seiner Opfer ablief. Viele Piraten übernahmen das Totenkopfsymbol für ihre Flagge und veränderten es nach Belieben. Jack Rackham – besser bekannt als Calico Jack – verwendete den Totenkopf und gekreuzte Macheten, während auf Thomas Tews Flagge ein Arm mit einer Machete in einer bedrohlichen Pose zu sehen war.

Der Totenschädel mit den gekreuzten Knochen erschien in der Karibik erstmals im Jahr 1700, als der französische Pirat Emanuel Wynne seine Flagge hisste.

Auch ganze Skelette waren sehr beliebt. Bartholomew Roberts’ Flagge zeigte eine Abbildung von ihm selbst,

Eine frühe Piratenflagge, die Emanuel Wynne gehörte. Die Sanduhr sollte den Opfern signalisieren, dass ihre Zeit ablief.

die mit einem Skelett auf den Tod anstößt. Er besaß noch eine andere Flagge, welche den blutigen Rachefeldzug symbolisierte, den er gegen Barbados und Martinique führte. Die Flagge zeigte ihn selbst, wie er auf zwei Totenschädeln steht. Auf einem Schädel steht ABH („A Barbadian's Head"), auf dem anderen AMH („A Martinican's Head"). Roberts blieb seinem Wort treu und hängte im Jahr 1720 den Gouverneur von Martinique an einer Rah auf.

Viele Piraten hissten auch einfach eine übergroße schwarze Flagge. Meist reichte das als Warnung vollkommen aus. Piratenschiffe hatte große Mannschaften, die sehr viel tranken, besonders vor einem anstehenden Kampf, weil Verwundungen leichter zu ertragen waren, wenn man betrunken war. Der Anblick von hundert grölenden Saufbolden reichte aus, die Kapitäne der meisten Handelsschiffe in Panik zu versetzen, vor allem, weil sie wussten, dass ihre Mannschaften kaum Lust haben würden, sich zu wehren und sich lieber den Piraten anschließen wollten.

In der Zwischenzeit ließen die Piraten Dampf ab. Sie tanzten und sprangen grölend herum und schwenkten ihre Macheten. Entdeckten sie den Kapitän des Beuteschiffes, wurde er zum bevorzugten Ziel ihrer Verbalattacken. Piratenkapitän John Russel rief George Roberts, dem Kapitän der Schaluppe *Dolphin*, im Jahr 1722 vor den Kapverdischen Inseln zu: „Du Hund! Du Hurensohn! Du feiger Hund! Ich werde dich totschlagen, du Hund!"

Das waren keine leeren Drohungen. 1719 ergab sich Kapitän Skinner vor der afrikanischen Küste dem Piraten Edward England. Kaum waren die Piraten an Bord, sagte Skinners früherer Bootsmann, der sich unter ihnen befand: „Kapitän Skinner, sind Sie es? Genau der Mann, den ich zu sehen wünschte. Ich stehe in Ihrer Schuld, und ich gedenke, ihnen das bis auf den letzten Penny zurückzuzahlen."

Dann ließ er Skinner an der Ankerwinde festbinden, wo er mit zerbrochenen Flaschen beworfen wurde. Anschließend schubsten die Piraten ihn auf dem Deck herum, bis es ihnen zu langweilig wurde. Dann bekamen sie „Mitleid" mit ihm, sagten ihm, er sei ein guter Herr gewesen und verdiene einen einfachen Tod, und schossen ihm in den Kopf.

Normalerweise ließ man die Kapitäne gekaperter Schiffe nach der Plünderung frei. Behielten die Piraten das Schiff, konnten sie als Navigator an Bord bleiben. Um ihre Opfer leichter zum Aufgeben zu bewegen, pflegten viele Piraten ihren schrecklichen Ruf geradezu. Kapitän William Snelgrave, ein englischer Seemann, der 1719 drei Wochen als Gefangener von Seeräubern verbrachte, wurde Zeuge dessen, was mit einem französischen Kapitän geschah, der nicht sofort seine Flagge einholte, nachdem die Piraten einen Warnschuss abgegeben hatten.

„Sie legten ihm eine Schlinge um den Hals und zogen ihn mehrmals zur Rah hoch, bis er fast tot war", sagte er.

Gern ließen die Piraten ihre Opfer auch auf Deck herumrennen, während sie mit spitzen Waffen nach ihnen stachen. Abstinenzler wurden gezwungen, ein Quart (etwa einen Liter) Rum zu trinken, oder sie fingen sich eine Kugel im Kopf ein. Viele Opfer bewarfen die Piraten mit zerbrochenen Flaschen, bevor sie erschossen wurden.

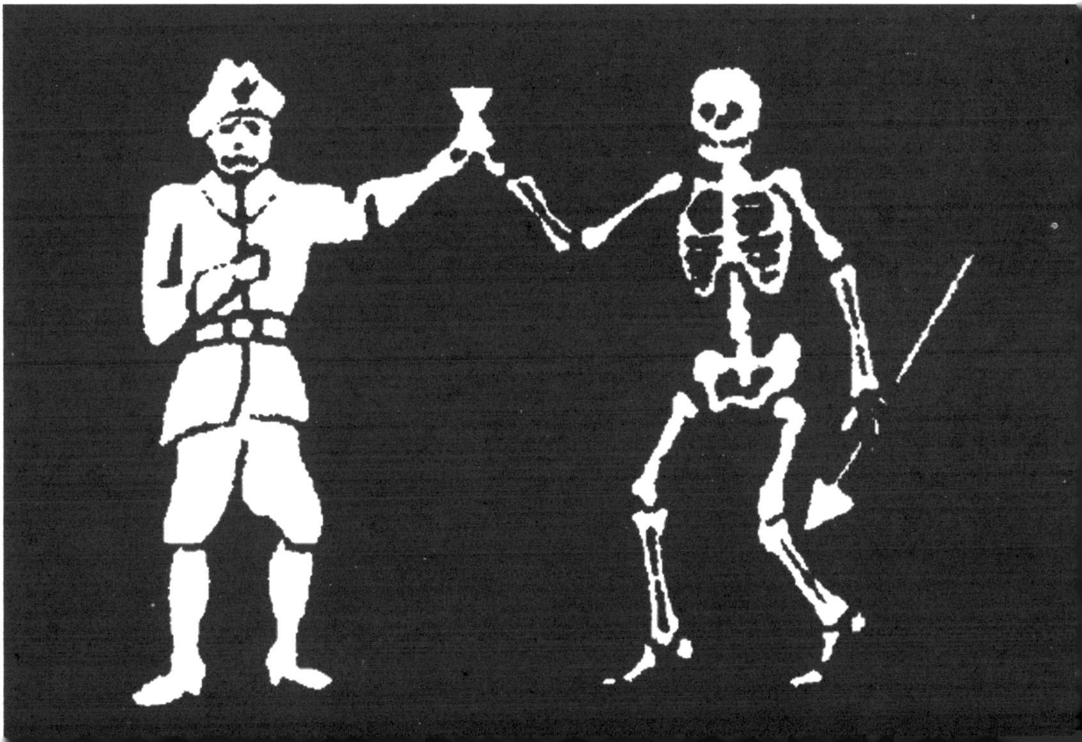

Bartholomew Roberts, der berüchtigte walisische Pirat, stößt in seiner Version des Jolly Rogers mit dem Tod an.

Katholische Mönche wurden mit einer neunschwänzigen Katze ausgepeitscht. Ein anderes Mal stopften die Seeräuber ihren Opfern Hanf, der zum Kalfatern des Schiffes verwendet wurde, in den Mund und zündeten ihn an. 1695 fiel Kapitän Sawbridge dem Piraten Dirk Chivers in die Hände. Aufgrund der ständigen Widerworte des Kapitäns ließ er ihm die Lippen zusammennähen. Dann setzte man ihn an Land aus, wo er bald darauf verstarb.

Weigerte sich ein Schiff, aufzugeben, griffen die Piraten von hinten an, um einer Breitseite zu entgehen. Außerdem konnten sie so das Ruder zerstören, falls das Opfer zu fliehen versuchte. Dann räumten sie das Deck mit einer Musketensalve ab und enterten das Schiff.

Das französische Korsarenschiff *Trompeuse* versuchte, die kleine englische Fregatte *Bauden* zu kapern, aber deren Kapitän John Cribb war fest entschlossen, zu kämpfen.

Widerstand war meistens zwecklos. 1686 versuchte das französische Korsarenschiff *Trompeuse* die kleine englische Fregatte *Bauden* zu kapern. Der Franzose war mit 30 Kanonen und 250 Mann ausgestattet, die *Bauden* hatte nur 16 Kanonen und 68 Mann, von denen 38 auch noch Landratten waren. Trotzdem war ihr Kapitän John Cribb fest entschlossen, zu kämpfen.

Um sechs Uhr morgens entdeckte er ein Segel 15 km westlich. Er ließ das Deck räumen und die Kanonen laden. Auf dem Vorder- und Poopdeck wurden Pulverkisten aufgestellt, die Rahen wurden mit Ketten befestigt, damit sie nicht losgeschnitten werden konnten. Sie brachten vier Sechspfünder auf das Achterdeck. Um es dem Enterkommando schwer zu machen, schmierten die Männer die Decks mit Butter ein, bestreuten sie mit Erbsen und legten Nagelbretter aus.

Mittags kam das Piratenschiff unter französischer Flagge von steuerbord auf die *Bauden* zu. Ein Pirat kletterte auf den Bugspriet und befahl Kapitän Cribb, an Bord zu kommen. Dieser lehnte ab: Wenn die Piraten etwas zu sagen hätten, könnten sie das an Bord der *Bauden* tun. Der Pirat antwortete, genau das hätten sie vor. Sie feuerten eine Salve mit ihren Handfeuerwaffen ab. Die Männer der *Bauden* antworteten mit einer eigenen Salve. Dann zog sich eine Hälfte auf das Vordeck zurück, die andere auf das Hinterdeck. Vom Vordeck aus schossen sie mit einer Kanone auf den Bug der Piraten. Die wichen aus und rammten ihren Bugspriet in den Großmast der *Bauden*. Dann wurden die Kanonen im Zwischendeck abgefeuert. Das drückte das Heck des Piratenschiffes nach außen, sodass sich ihr Bugspriet in der Takelage der *Bauden* verhakte. Die Piraten kletterten über den Bugspriet und banden diesen an der *Bauden* fest, damit sie nicht entkommen konnte.

Nun kletterten die Piraten in die Takelage und versuchten, die Rahen loszuschneiden. Dort waren sie natürlich extrem verwundbar. Das nutzten Cribbs Männer aus und schossen einen nach dem anderen ab. Die Piraten konzentrierten ihren Angriff auf das Vorschiff, wo sich Cribbs aufhielt. Ihre Kanoniere jagten drei Kanonenkugeln in die *Bauden*. Eine traf eine Pulverkiste, die explodierte. Die Seeräuber jubelten und stürmten das Poopdeck mit einer Streitaxt, um die Flagge herunterzuholen. Cribbs' Männer schossen aus ihrem sicheren Versteck auf sie, und so mussten sich die Piraten zurückziehen. Der Kampf dauerte inzwischen bereits zwei Stunden.

Obwohl Cribbs schwer verwundet worden war, ging er an Deck, um seine Männer anzufeuern. Dort durchschlug eine zweite Kugel seine Brust. Eine halbe Stunde später war er tot. Auch der Piratenkapitän war tot, und sein Schiff war schwer leck geschlagen. Die Schiffe waren aber noch miteinander verbunden, und so beschossen sich die beiden Mannschaften zwei weitere Stunden. Schließlich räumte die Besatzung der *Bauden* das Deck der Piraten mit einem Schuss aus ihrem Neunpfünder, der mit Schrotkugeln geladen war, sowie einem doppelten Kettenschuss ab. Jetzt ging es ums Ganze. Um nicht zu sinken, schnitten die Piraten ihr Schiff los. Als sie abzogen, brach auf der *Bauden* Jubel aus.

Es war nicht zu übersehen, dass das Korsarenschiff schwer beschädigt war. Mindestens 60 Piraten hatten ihr Leben gelassen, und der Kettenschuss hatte garantiert viele weitere verstümmelt. Die Takelage der *Bauden* hing in Fetzen, und sie hatte schwere Schäden auf der Backbordseite erlitten. Acht Männer, inklusive des Kapitäns und des ersten Offiziers, waren tot. 16 weitere, darunter der Bootsmann, der Steuermann und der Kanonier, waren verwundet. Einer von ihnen, Richard Salwey, schrieb später diesen Bericht:

„Ich habe neben Prellungen eine Schusswunde erlitten. Eine kleine Kugel drang unter meinen Rippen ein und gelangte bis zur Blase, wo sie heute noch steckt. Ich habe zum Glück keine Schmerzen, außer bei einem Wetterumschwung."

Eine Leistung wie die der *Bauden* kam selten vor. Aber auch wenn sich die Opfer wehrten, hieß das nicht, dass der gefangene Kapitän umgebracht wurde. Im August 1720 sorgte Kapitän James Macrae von der *Cassandra* für 90–100 Tote und Verwundete bei den Seeräubern, als er von Edward England mit der *Fancy* und John Taylor mit der *Victory* angegriffen wurde. Im Verlauf des Gefechts ließ Macrae sein Schiff auf Grund laufen und entkam in den Dschungel – mit einer Kugel im Kopf. Die Piraten hatten nun sein Schiff und Waren im Wert von 75.000 Pfund, setzten aber noch ein Kopfgeld von 2.000 Pfund auf ihn aus.

Unsinnigerweise kehrte Macrae zehn Tage später zu seinem Schiff zurück. Taylor wollte ihn töten, aber einer seiner Männer trat vor und sagte: „Zeigt mir einen Mann, der bereit ist, Macrae zu töten, und ich werde dem Kapitän beistehen. Ich bin niemals mit einem ehrlicheren Mann gesegelt."

Der Mann hatte ein Holzbein, einen dicken Schnauzbart und einen Gürtel voller Pistolen – und gilt als Vorlage für den Long John Silver aus Stevensons Roman *Die Schatzinsel.*

Edward England gab Macrae daraufhin die schwerbeschädigte *Fancy* und die Hälfte seiner Ladung zurück. Nach 48 Tagen erreichte Macrae Indien, wo er später Gouverneur von Madras wurde. Englands Freundlichkeit rächte sich, denn seine Männer waren wegen der zurückgegebenen

„Die Schatzinsel" von Robert Louis Stevenson, 1886. Stevensons klassischer Abenteuerroman wurde zuerst als die Serie „The Sea Cook" oder „Treasure Island in Young Folks" und erst 1883 als Buch veröffentlicht. Dieser Einband einer Ausgabe von 1886 zeigt eine Karte Hispaniolas mit Anweisungen zur Schatzsuche.

Beute wütend und setzten ihn auf Mauritius aus. England baute sich ein Floß und ließ sich bis nach Madagaskar treiben, wo er einige Jahre später starb.

Taylor hingegen sollte die größte Beute des gesamten Goldenen Zeitalters der Piraterie machen. Am 26. April 1721 entdeckte er zusammen mit dem französischen Piraten La Buze auf der *Victory* im Hafen von Saint-Denis auf der Insel Bourbon (heute Réunion) das portugiesische Schiff *Virgen de Cabo*. Sie wurde dort repariert, nachdem sie ihren Mast in einem Sturm verloren hatte.

Der Eigentümer der *Cabo*, Dom Luis Carlos Ignaico Xavier de Meneses, der fünfte Graf von Ericeira und ehemalige Vizekönig von Goa, war auf dem Weg zurück nach Hause. Als die Portugiesen die englische Flagge der Neuankömmlinge sahen, feuerte die die *Cabo* einen Salut ab und ging davon aus, dass die Engländer diesen erwidern würden, sobald sie geankert hätten. Stattdessen nahmen sie die Portugiesen in die Zange, holten die Flagge ein und hissten den Jolly Roger. Anstelle des Saluts gab es eine Breitseite.

Die *Cabo* hatte zwar 130 Männer an Bord, jedoch nur 21 Kanonen und 34 Musketen. Sie sahen sich 200 bis an die Zähne bewaffneten Piraten gegenüber. Taylors Männer warfen Granaten auf das Deck der *Cabo* und enterten sie. Sofort wechselten 13 Männer der *Cabo* die Seiten. Die restlichen Portugiesen wehrten sich kaum – mit Ausnahme des Grafen, der in seinem roten Mantel ein prächtiges Bild abgab. Er kämpfte unermüdlich mit dem Stumpf seines bereits zerbrochenen Schwertes,

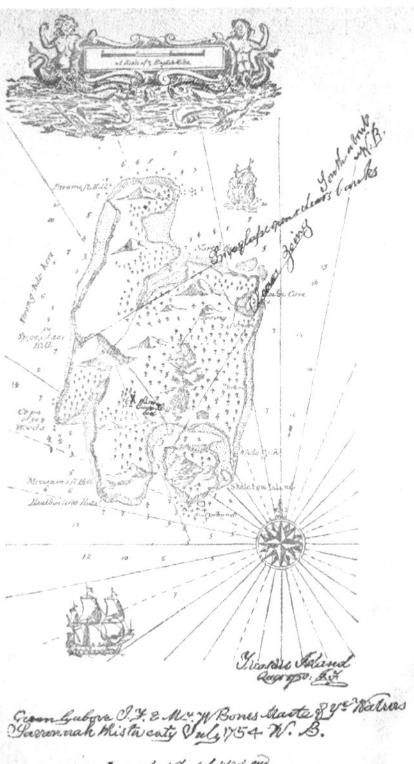

bis Taylor das Signal zum Abbruch des Gefechts gab.

Aufgrund seiner Tapferkeit wurde der Graf mit großem Respekt behandelt. Die Piraten sagten ihm, er könne das zerbrochene Schwert, dessen Griff über und über mit Gold und Diamanten besetzt war, und seine persönlichen Sachen behalten, aber er lehnte ab, da er genau wie seine Mannschaft behandelt werden wollte.

Der Gouverneur von Bourbon zahlte 400 Pfund Lösegeld, und der Graf wurde zu den Klängen eines 21-schüssigen Saluts an Land gerudert. Die Piraten riefen ihm noch *„Vive le roi!“* (Es lebe der König!) hinterher. Bei dem Überfall verlor er nicht nur alle Schätze, die er in Goa gesammelt hatte, sondern auch Diamanten im Wert von über einer halben Million Pfund, die dem König gehörten. Zur Strafe wurde er für zehn Jahre vom Hof verbannt.

Die *Cabo* hatte auch noch Seide, Porzellan, Gewürze und andere Waren geladen. Die gesamte Ausbeute lag bei über 1 Million Pfund! Bei der Aufteilung erhielt jeder Mann 4.000 Pfund und 42 kleine Diamanten. Ein Mann beschwerte sich bitterlich, dass er „nur“ einen großen statt der kleinen Diamanten bekommen hatte, also zerschlug er ihn mit einem Hammer. Später prahlte er damit, dass er auf diese Weise deutlich mehr als 42 kleine Diamanten erhalten habe.

Einige der Piraten nahmen ihr Geld und ließen sich auf Madagaskar nieder, während andere die Begnadigung der französischen Regierung annahmen und auf Réunion blieben. Taylor segelte mit 140 Mann in die Karibik, wo er sich beim Gouverneur von Jamaika um einen Straferlass bemühte. Das Gesuch wurde abgelehnt. Stattdessen ließen die Spanier Gnade walten, und so segelte er später für die spanische Küstenwache vor Portobelo. Er wurde für seine Verbrechen nie vor Gericht gestellt. Der Legende nach starb er auf Kuba an Altersschwäche.

Zur Rechenschaft ziehen

Nur sehr wenige Piraten, die all die vielen Krankheiten, Kämpfe, Schiffbrüche und Ähnliches überlebt hatten, setzten sich später zur Ruhe. Ihr Kapitän bescheinigte ihnen, dass sie zum Dienst gezwungen worden seien, niemals am Piratenleben aktiv teilgenommen und auch keinen Anteil der Beute bekommen hätten. Dieser Trick klappte natürlich meistens nicht. Die meisten beendeten ihr Leben doch früher oder später am Strick, wobei englische Piraten aufgehängt und spanische erdrosselt wurde.

Die britischen Behörden sorgten immer dafür, das der Galgen vom Meer aus gut zu sehen war, sodass die Besatzungen der Piratenschiffe die baumelnden Leichen sehen konnten. Die Hinrichtung schuldig gesprochener Piraten war Aufgabe der Admiralität, obwohl die Kolonialgouverneure Seeräuber oft in ihrem Auftrag fingen, aburteilten und exekutierten. Das Land unterhalb der Hochwassermarke fiel unter die Rechtsprechung der Admiralität, deshalb wurden die Galgen auch dort aufgestellt.

Die Hinrichtungen fanden öffentlich statt, und bei einem berühmten Piraten versammelte sich immer eine große Menschenmenge. Die Zuschauer hatten oft gemischte Gefühle. Einige begrüßten die Tatsache, dass die See und somit auch der Seehandel nun wieder ein bisschen sicherer geworden waren, andere bewunderten die Männer, die ihr Leben so gelebt hatten, wie sie es wollten.

Nach der Hinrichtung blieb die Leiche meistens hängen, bis das Seil verrottet war. Auf Londons Hinrichtungsdock gab es aber so viele Hinrichtungen, dass die Leichen entsorgt wurden, nachdem die Flut dreimal über sie hinweggespült war. Die Körper einiger besonders berühmter Piraten wurden mit Teer konserviert, damit sie als Warnung für andere dienen konnten. In Boston schnitt man einen gehängten Piraten vom Galgen und stellte seinen Leichnam auf der Hafeninsel Nix Maze zur Schau.

Für viele Piraten war das Ende am Galgen ein angemessener Preis für die Jahre der Freiheit auf See. Die meisten von ihnen sahen dem Tod furchtlos ins Auge. Der Pirat Denis Macarty entging dank einer Begnadigung durch Woodes Rogers auf Providence auf den Bahamas 1718 bereits einmal dem Galgen. Er konnte es aber nicht lassen und tat sich mit dem berühmten Seeräuber Calico Jack Rackham zusammen. Er wurde mit Rackham 1720 vor Jamaika gefangen genommen und wegen Piraterie verurteilt. Kurz vor seiner Hinrichtung sagte er: „Meine Freunde sagten, ich würde eines Tages mit meinen Schuhen an den Füßen sterben. Um sie Lügen zu strafen, schleudere ich sie weg.“ Und das tat er dann auch.

Für viele Piraten war das Ende am Galgen ein angemessener Preis für die Jahre der Freiheit auf See. Die meisten sahen dem Tod furchtlos ins Auge.

Rackham hatte sich feige unter Deck versteckt, bevor man ihn verhaftete. Vor seiner Hinrichtung bekam er Besuch von der Piratin Anne Bonny, die tapfer weitergekämpft hatte. Sie sagte verächtlich: „Hättest du gekämpft wie ein Mann, würdest du nun nicht hängen wie ein Hund. Reiß dich zusammen!“ Anne selbst entging dem Galgen nur, weil sie schwanger war.

Nicht alle Piraten waren gegen die Todesstrafe. Mary Read, eine Piratin und Bekannte Calico Jacks, drückte es so aus:

Wenn es nach den Piraten ginge, gäbe es keine andere Strafe als den Tod. Die Angst davor ließe einige der niederträchstigen Halunken ehrlich bleiben. Viele von denjenigen, die jetzt Witwen und Waisen betrügen und arme Gegenden unterdrücken, würden dann Seeräuber werden, und der Ozean wäre voller Halunken, genau wie das Land.

Auch sie entging dem Galgen, weil sie schwanger war.

Als Kapitän Richard Thomas am Galgen seine Sünden bereuen sollte, antwortete er:

Ja, ich bereue, dass ich nicht mehr Unfug angestellt habe und dass wir unseren Fängern nicht die Kehlen durchgeschnitten haben, und ich bereue wirklich außerordentlich, dass ihr nicht auch gehängt werdet.

Bartholomew Roberts entging dem Galgen und starb 1722 im Alter von 40 Jahren bei einem Feuergefecht vor Westafrika – kein schlechtes Alter für das 18. Jahrhundert! Über seine niedere Herkunft und seine daraus folgende Einstellung zur Piraterie und zum Galgen sagte er einfach:

Ehrliche Arbeit ist meist beschwerlich, und der Verdienst ist gering. Hier ist man satt und zufrieden, hat seinen Spaß, Freiheit und Macht. Wer würde nicht diesen Weg gehen, wenn die einzige Gefahr darin besteht, beim Hängen ein dummes Gesicht zu machen? Ein kurzes, aber vergnügtes Leben, das ist mein Motto.

Hinrichtung eines Piraten am Dock von Wapping, London.

KAPITEL ACHT

Kapitän Kidd und der Lockruf des Orients

Nach dem Tod Henry Morgans übernahm Kapitän Kidd dessen „Titel" als berüchtigtster Pirat der Welt. William Kidd wurde um 1645 in Greenock, Schottland, geboren. Man vermutet, dass er das Kind eines presbyterianischen Predigers war und sehr früh zu See fuhr. Genaues ist aber vor 1689 nicht bekannt.

Im Jahr zuvor war der englische König Jakob II. abgesetzt und durch seine Tochter Maria sowie deren holländischen Ehemann Wilhelm III. von Oranien ersetzt worden. Das brachte England in Konflikt mit Frankreich und resultierte im Pfälzischen Erbfolgekrieg.

Als der Krieg ausbrach, befand sich Kidd auf einem Schiff vor St. Christopher (St. Kitts), einer der Inseln über dem Winde, deren Unabhängigkeit angefochten wurde. Die englischen und holländischen Besatzungsmitglieder überwaltigten ihre französischen Kameraden und brachten das Schiff nach Nevis, das sich im Besitz Englands befand. Das Schiff wurde in *Blessed William* umgetauft und Kidd zum Kapitän ernannt. Weitere englische Freiwillige kamen an Bord, sodass die Besatzung bald aus 80–90 Männern bestand.

Zu dieser Zeit hatte Thomas Hewetson das Kommando über die örtlichen Freibeuter. Er hatte England 1688 mit der Absicht verlassen, eine Kolonie in Chile zu gründen, war aber in der Magellanstraße gescheitert. Mit seinem Flaggschiff *Lion* und zwei weiteren Schiffen segelt er dann in die Karibik, um sein Glück als Bukanier zu machen. Im Juli 1689 ankerte er vor Barbados, als eines der Schiffe explodierte. Die meisten Männer desertierten, und Hewetson war schon drauf und dran, als Begleitschutz eines Handelsschiffes wieder nach Hause zu fahren, als er von dem Krieg erfuhr. Mit 350 Männern nahm er einen Kaperbrief des Gouverneurs von Bermuda, Sir Robert Robinson, an. Er wurde „Oberkommandierender aller Schiffe der Inseln über dem Winde", wo Kidd und seine *Blessed William* ihre Basis hatten.

Nachdem der Graf von Blénac, ein adliger Bukanier, der später der französische Gouverneur auf den Antillen werden sollte, die englische Kolonie auf St. Christopher angegriffen hatte, segelte Hewetson nach Marie Galante vor der Küste Guadalupes, um es „dem Erdboden gleichzumachen und Beute für sich und seine Abenteurer zu sichern." Am 30. Dezember 1689 erreichten sie ihr Ziel und verbrachten die nächsten fünf Tage damit, die Insel zu plündern. Anschließend brachten sie ihre Beute zurück nach Nevis. Dort erfuhren sie, dass einer Expedition unter Thomas Thornhill der Rückweg abgeschnitten worden war, nachdem sie auf St. Martin die französische Kolonie überfallen hatte. Als die Freibeuter dort ankamen, sahen sie, dass die englischen Truppen, die sich noch an Land befanden, von fünf französischen Kriegsschiffen unter dem Kommando von Jean-Baptiste Ducasse belagert wurden.

Ducasse war ein erfahrener hugenottischer Freibeuter. Als junger Mann war er mit der Compagnie du Sénégal, die Sklaven über den Atlantik transportierte, zur See gefahren. Im September 1678, während des französisch-holländischen Krieges, hatte er eine holländische Sklavenstation in Afrika erobert. Später wurde er Leutnant in der französischen Kriegsmarine. Ducasse führte eine Kampagne gegen Piraten und holländische Sklavenhändler an, bevor er 1688 die holländische Kolonie in Surinam überfiel. Er spielte eine wichtige Rolle bei dem französischen Angriff auf die englische Kolonie von St. Kitts und „legte den südlichen Teil der Insel in Schutt und Asche".

Auf St. Martin war Ducasse mit seinen 700 Männern gerade noch rechtzeitig angekommen, um die Kolonie vor Thornhills Invasionstrupp zu retten. Nun saßen die englischen Truppen an Land in der Falle. Als Hewetson ankam, lieferten sich die beiden Gegner eine erbitterte Schlacht. Schließlich war Ducasse gezwungen, sich zurückzuziehen. Hewetson evakuierte Thornhills Männer und brachte sie zurück nach Nevis. Er rühmte Kidd als „großen Mann", der hervorragend gekämpft habe. Kidds Männer waren jedoch nicht begeistert, wie Marinesoldaten behandelt worden zu sein, da dies ihre Plünderungsmöglichkeiten sehr eingeschränkt hatte. Viele desertierten. Als Kidd am 2. Februar 1690 an Land ging, stahlen Meuterer, angeführt von William Mason, sein Schiff und machten sich mit Beute im Wert von 2.000 Pfund aus dem Staub.

Hewetson nahm einen weiteren Kaperbrief an, dieses Mal vom Gouverneur von Barbados, und segelte nach Spanien. In der Zwischenzeit übergab der Gouverneur der Inseln über dem Winde, Christopher Codrington, Kidd ein vor kurzem von den Franzosen gekapertes Schiff, das auf den Namen *Antigua* getauft worden war. Kidd heuerte eine neue Mannschaft an und machte sich an die Verfolgung der *Blessed William*, die nach New York gefahren war. Dort kam er im März 1691 an, aber Mason und seine Männer waren schon wieder weg. Sie waren in den Indischen Ozean aufgebrochen, nachdem sie kurzfristig als Freibeuter für Jacob Leisler, einen deutschen Händler, der nach dem Fall Jakobs II. in New York die Macht ergriffen hatte, gearbeitet hatten. Kidd schloss sich den englischen Truppen an, die sich darauf vorbereiteten, die Kolonie zurückzuerobern. Mit der *Antigua* transportierte er Waffen und Munition. Als sich New York wieder in britischer Hand befand, erhielt Kidd 150 Pfund Belohung und einen Anteil an der französischen *Saint Pierre*, die von Mason erobert worden war.

Am 16. Mai 1691 heiratete Kidd die bereits zweimal verwitwete Sarah Bradley Cox Oort, nur Tage, nachdem ihr Ehemann John Oort gestorben war und ihr ein beträchtliches Vermögen hinterlassen hatte. Elf Tage später machte er sich auf die Jagd nach einem französischen Freibeuter, der vor Block Island gesichtet worden war. Danach schien er seinen Appetit auf die Seefahrt erst einmal verloren zu haben. Er ließ sich nieder und lebte einige Jahre mit seiner neuen Frau in Ruhe und Frieden. Sie bekamen zwei Kinder und handelten mit Ländereien.

1694 saß Kidd der Jury vor, die seinen Landsmann, den schottischstämmigen Robert Livingston, anklagte, der dabei erwischt worden war, wie er mit seinem Schiff *Orange* auf Santo Domingo mit den Franzosen gehandelt hatte. Dies schien, zusammen mit den Abenteuern des Thomas Tew, Kidds Interesse an der See neu geweckt zu haben.

Thomas Tew und die Amity

Der in Rhode Island geborene Thomas Tew zog in den 1680er-Jahren nach Jamaika, wo er seinen Lebensunterhalt als Seeräuber bestritt. Im Dezember 1692 kaufte er einen Kaperbrief von Isaac Richier, dem stellvertretenden Gouverneur der Bermudas, um „legal" eine französischen Sklavenstation bei Gorée am Gambia River in Westafrika überfallen zu können. Dann kaufte er sich einen Anteil an dem 70-Tonner *Amity*, der acht Kanonen an Bord hatte. Mit einer 60-köpfigen Besatzung stach er im Januar 1693 in See. Begleitet wurde er von einer Schaluppe unter Kapitän George Dew. Während eines Sturmes brach Dews Mast, und er musste umdrehen. Tew segelte allein weiter. Nun machte Tew seiner Mannschaft einen Vorschlag: Anstelle des Überfalls auf die Franzosen könnten sie versuchen, in den Indischen Ozean zu fahren, wo es reiche Beute zu holen gab und die Chancen, gefangen zu werden, gering waren. „Danach", so sagte er später, „könnten sie den Rest ihrer Tage bequem leben. Ein gewagter Angriff, und sie würden nicht nur ungefährdet nach Hause zurückkehren, sondern sich dabei auch noch einen Namen machen." Die Männer waren begeistert und standen allesamt hinter ihm.

Sie setzten Kurs auf das Kap der Guten Hoffnung und segelten in den Indischen Ozean. Nach einigen Wochen stießen sie auf ein Handelsschiff des indischen Großmoguls auf dem Weg ins Rote Meer. Nach einer Salve als Warnung eroberte Tew das Schiff, ohne einen einzigen Mann zu verlieren, und segelte nach St. Mary's, einem Inselchen vor Madagaskar. Die Insel war das Versteck des jamaikanischen Bukaniers Adam Baldridge, der 1686 dorthin geflohen war, weil er auf Jamaika wegen Mordes gesucht wurde. Er hatte einen gut zu verteidigenden Hafen angelegt und galt in dieser Kolonie der Gesetzlosen, in der zu ihrer Blütezeit über 1.500 Menschen lebten, als „König der Piraten“.

Tew teilte die Beute auf und ließ sein Schiff kielholen. Sein Steuermann und 23 seiner Männer ließen sich mit ihrem Anteil auf Madagaskar nieder, wo sich Seeräuber gern „zur Ruhe setzten“.

Tew und die *Amity* taten sich mit dem französischen Piraten Misson zusammen, der auf dem Kriegsschiff *Victoire* zu Freibeuterexpeditionen ins Mittelmeer und in die Karibik aufgebrochen war. Die *Victoire* wurde von der HMS *Winchelsea* vor Antigua angegriffen. Im Lauf der Schlacht explodierte die *Winchelsea* urplötzlich. Die meisten Offiziere der *Victoire* waren bereits tot, und so übernahm Misson zusammen mit Vater Caraccioli, einem Priester, den er in Rom kennengelernt hatte, das Kommando. Caraccioli war so etwas wie ein früher Sozialist und hatte großen Einfluss auf Misson, der die Mannschaft dazu einlud, ihn auf einer „sozialistischen“ Piratenexpedition zu begleiten. Nachdem er die Inseln über dem Winde verlassen hatte, verkaufte er seine Beute in Boca Chica und Portobelo und setzte dann Kurs auf Westafrika. Dort kaperte er einen Sklavenhändler und lud die Sklaven ein, sich der Besatzung anzuschließen.

In der Table Bay am Kap der Guten Hoffnung eroberten sie ein englisches Schiff, dessen Mannschaft sich begeistert dem sozialistischen Experiment anschloss. Im Kampf mit einem portugiesischen Schiff vor Sanibar verlor Caraccioli ein Bein. Laut Daniel Defoe errichteten Misson und Caraccioli dann ein Piratenrefugium auf Madagaskar, das sie Libertilia nannten. Sie ließen ihre Gefangenen frei, zahlten ihnen Schadensersatz und gaben ihnen ein Schiff, falls sie weiterziehen wollten. Im Arabischen Meer brachte Misson ein Schiff mit 1.600 Pilgern auf, die auf dem Weg nach Dschidda waren. Nachdem er 100 Mädchen ausgesucht hatte, um die weibliche Bevölkerung Libertilias zu verstärken, ließ er den Rest weiterfahren.

Dann trafen sich Tew und Misson bei St. Mary's und segelten nach Libertilia, wo sich Tew an der Regierung der Piratenkolonie beteiligte. Außerdem versorgte er die Kolonie mit Vorräten. Nachdem er im Südatlantik ein Sklavenschiff überwältigt hatte, ließ er die Sklaven in Libertilia frei, um die Einwohnerzahl zu erhöhen. Nach Kämpfen mit Portugiesen und Madegassen, bei denen Caraccioli getötet

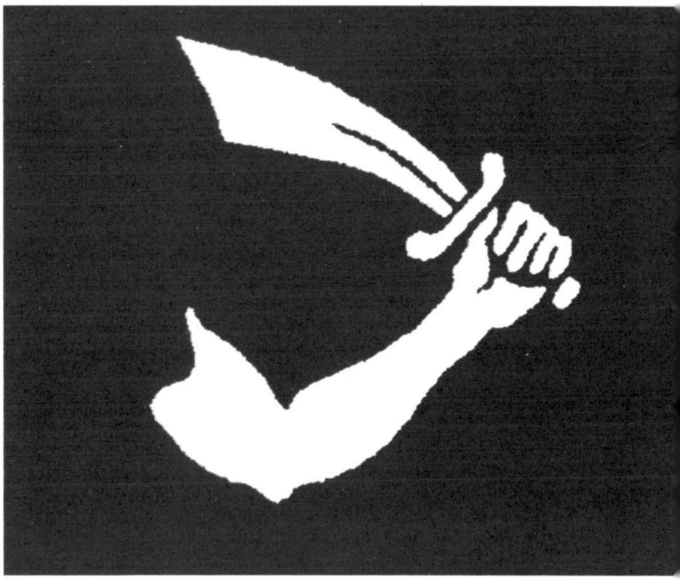

Die Piratenflagge Thomas Tews, dessen Abenteuer eventuell Kidds Interesse an der Piraterie wiedererweckt haben.

wurde, beschlossen Misson und Tew, Libertilia zu verlassen. Sie verluden ihre Beute auf zwei Schaluppen und machten sich auf den Weg nach Nordamerika. Bei starkem Wind kenterte Missons Schaluppe jedoch vor der südafrikanischen Küste und versank mit Mann und Maus.

Die *Amity* setzte Kurs auf Tews Heimat Rhode Island, wo die Einheimischen von seiner Ladung aus Gold, Silber, Juwelen, Elfenbein, Seide und Gewürzen, die 100.000 Pfund wert war, ungemein beeindruckt waren. Er wurde von allen wie ein Held empfangen – außer von Gouverneur John Easton, einem überzeugten Quäker. Tew bot ihm 500 Pfund für einen Kaperbrief, aber Easton lehnte ab. Also zog Tew weiter nach New York, wo er bei Gouverneur Benjamin Fletcher mehr Glück hatte. Tews Frau und die beiden Töchter verbrachten festliche Abende in der Villa des Gouverneurs, gekleidet in Seide und Juwelen aus seiner Beute. Der Gouverneur schenkte ihm eine goldene Uhr, während Tew ihm 300 Pfund für einen Kaperbrief „spendete.“

Tews Abenteuer wurden so bekannt, dass junge Männer aus ganz New England Haus und Hof zurückließen, um sich ihm anzuschließen.

Zurück in Newport machte Tew die *Amity* für eine neue Fahrt startklar. Er nutzte die Gelegenheit, schickte Geld an seine Gönner in Bermuda – das 14-Fache ihrer ursprünglichen Investition – und erklärte ihnen, dass er aufgrund eines Mastbruchs nicht zurückkommen könne.

In der Zwischenzeit waren Tews Abenteuer so bekannt geworden, dass junge Männer aus ganz New England Haus und Hof verließen, um sich ihm anzuschließen. Einige fuhren sogar als blinde Passagiere mit. Im November 1694 ging es wieder los. Er segelte um das Kap der Guten Hoffnung und weiter ins Rote Meer. Aber erst im September 1695 traf er wieder auf ein Schiff des Großmoguls. Dieses Mal ging es nicht so glatt. Im Verlauf des Kampfes riss eine Kugel Tew den Bauch auf. Er hielt seine Gedärme mit der Hand im Körper zurück, aber als er immer schwächer wurde und sie schließlich fallen ließ, „entsetzte das seine Männer so sehr, dass sie sich ohne weiteren Widerstand gefangennehmen ließen.“

Tews Karriere hatte ein nicht unübliches Ende gefunden, aber mit William Mayes aus Rhode Island stand schon ein Nachfolger bereit. Im Dezember 1694 hatte Mayes von Rhode Islands stellvertretendem Gouverneur John Greene jr., einem überaus korrupten Mann, einen Kaperbrief erhalten. Mayes hatte gute Beziehungen, da er mit Sarah, der Tochter Samuel Gortons, des früheren Präsidenten der Kolonie, verheiratet war. Die Handelskammer in London wies darauf hin, dass Green gar keine Befugnis habe, einen solchen Brief zu erstellen, und dass er sich Mayes' guten Benehmens nicht versichert habe. Als Greene daraufhin behauptete, solche Regeln seien ihm unbekannt, drückte die Handelskammer ihr Erstaunen darüber aus, dass jemand so Naives den Posten als Vizegouverneur überhaupt erhalten hatte.

Das Zollamt in Newport wurde darüber informiert, dass Mayes mit seiner *Pearl* zu einer „Handelsmission“ nach Madagaskar aufgebrochen sei. Die Handelskammer meldete, dass es keinen Handel mit der Insel gebe und er im besten Fall mit den Piraten der Insel handeln werde. Es sei jedoch viel wahrscheinlicher, dass er sich selbst ein wenig in der Piraterie versuchen wolle. Bei seiner Verteidigung hieß es später, dass Mayes zwar tatsächlich mit Madagaskar gehandelt habe, dann jedoch von Henry Every ausgeraubt worden sei.

Der 1659 in Plymouth, England, geborene Every segelte als Seekadett, Bootsmann und Segelmeister in der englischen Marine, bis er entlassen wurde. 1693 heuerte er auf einer schwerbewaffneten privaten Fregatte in Gravesend an. Sie trug den Namen *Charles II,* nach dem spanischen König, und war Teil einer Expedition zur Bergung spanischer Wracks und zum Überfallen französischer Besitzungen in der Karibik. Spanien war zu diesem Zeitpunkt noch immer mit England gegen Frankreich verbündet. Kommandant der Mission war John Strong. Anfang 1694 machten sie im spanischen Hafen von La Coruña Halt, wo Strong starb. Sein Nachfolger war Charles Gibson, Every wurde Bootsmann.

Strongs Tod warf die Expedition zurück, und die *Charles II* lag drei Monate in La Coruña vor Anker, während die englische Besatzung allmählich ruhelos wurde. Eines Nachts führte Every eine Meuterei an, und sie segelten das Schiff still und heimlich aus dem Hafen. Am nächsten Morgen setzte er Kapitän Gibson und 16 seiner treuen Männer in einem Boot aus und brach zum Indischen Ozean auf.

Die Handelskammer weigerte sich jedoch, zu glauben, dass Every Mayes beraubt hatte. Stattdessen waren sie der Ansicht, Every habe Mayes dazu überredet, bei einem Angriff auf die *Ganj-i-sawai,* ein Schiff des Moguls vor Bombay, mitzumachen, bei dem er etwa 200.000 Pfund erbeutet haben soll. Danach flohen sie über den Atlantik. Every segelte zu den Bahams, wo er gegen Zahlung eines Bestechungsgelds an Gouverneur Nicholas Trott an Land gehen durfte. Er verkaufte die *Charles II*, die in *Fancy* umbenannt worden war, an Trott, der sie abtakelte und anschließend an eine leewärtige Küste treiben ließ, wo die Brandung alle Beweise zerstören würde. Every und seine Piraten verschwanden von der Bildfläche. Nur einer von ihnen tauchte nach einiger Zeit wieder auf. Seemann Joseph Morris blieb angeblich auf den Bahamas und verlor schließlich den Verstand, nachdem er „all seine Juwelen bei einer Wette verloren hatte“.

Mayes kam 1699 vollbeladen in New York an. Vermutlich erlaubten es ihm seine guten Verbindungen, sich ins Privatleben zurückzuziehen. 1702 übernahm er angeblich die Schänke seine Vaters, das „White Horse“, in Newport, Rhode Island.

Es gab jedoch einen Mann, der es sich in den Kopf gesetzt hatte, den Unternehmungen der Piraten ein Ende zu setzen: Kapitän Kidds alter Freund Robert Livingston. Kidd war 1695 nach London gesegelt, in der Hoffnung, eine Freibeuterkonzession zu erhalten. Das klappte zwar nicht, dafür traf er sich mit Livingston, der einen Plan hatte, um der Piraterie im Roten Meer ein Ende zu setzen – und gleichzeitig Gewinn dabei zu machen. Die Idee war, einen mit besonderen Privilegien ausgestatteten Freibeuter im Indischen Ozean auf Piratenjagd zu schicken. Finanziert werden sollte das Ganze durch die Beschlagnahmung der Piratenschätze. Und wer wäre besser geeignet, diese Mission zu leiten, als Kapitän Kidd, der angesehene New Yorker Kaufmann und ehemalige Freibeuter, der bereits der Krone gedient hatte?

Ein mit besonderen Privilegien ausgestatteter Freibeuter sollte im Indischen Ozean auf Piratenjagd gehen.

Sie schlugen dem Grafen von Bellomont, der gerade zum Gouverneur von New York und Neuengland berufen worden war, ihren Plan vor. Er nutzte seinen Einfluss in der Regierung, um ihnen zwei Kaperbriefe zu besorgen. Mit dem einen durfte Kidd Schiffe und Waren des Feindes Frankreich erbeuten, der andere gab ihm die Genehmigung, Piraten gefangen zu nehmen und ihre Beute zu beschlagnahmen. Unter den im Brief aufgeführten Piraten befanden sich auch Tew und Mayes.

Kidd sollte eine speziell zu diesem Zweck gebaute Fregatte, den 287-Tonner *Adventure Galley* mit 34 Kanonen an Bord, erhalten. Finanziert würde das Ganze von einer Reihe einflussreicher Gönner, darunter einige enge Freunde des Königs. Sie trugen vier Fünftel der Expeditionskosten, Livingston und Kidd mussten den fünften Teil beisteuern.

Der Vertrag, der von Bellomont, Kidd und Livingston unterzeichnet wurde, gab vor, dass die Gönner 60 % des Gewinns erhalten sollten, Kidd und Livingston 15 %. Die Mannschaft würde sich 25 % teilen müssen, im Gegensatz zu den üblichen 60 %.

Normalerweise schöpfte die Krone 10 % jeder Beute ab. Man arrangierte jedoch, dass Kidd mit seiner Beute in Neuengland landen würde, wo Bellomont seinen Posten als Gouverneur antreten sollte. Dort müssten sie der Krone keinen „Zoll" zahlen. Falls Kidd und Livingston mit leeren Händen nach Hause kämen, müssten sie die gesamten Expeditionskosten tragen. Auch die Besatzung wurde unter dem Motto „Keine Beute, keine Bezahlung" angeheuert.

Für Kidd war das Geschäft nicht besonders vorteilhaft. Er musste seine *Antigua* und ein Drittel seiner Kapitalbeteiligungen verkaufen, damit er seine Beteiligung aufbringen konnte. Er wusste, dass es im Indischen Ozean nur wenige französische Schiffe gab und dass Piraten sich nicht so leicht fangen ließen. Kidd schrieb später: „Lord Bellomont versicherte mir ein ums andere Mal, dass die hohen Herren alle Beschwerden abweisen würden."

Tatsächlich gehörten seine Gönner zu den mächtigsten Männern des Landes: der spätere Justizminister Sir John Sommers; der Außenminister, der Herzog von Shrewsbury; der Marineminister Lord Orford und der Master General of the Ordinance, der Graf von Romney. Sie luden Kidd zu sich ein und erklärten ihm, ein Ablehnen der Kaperbriefe wäre mit Landesverrat gleichzusetzen. Als Kidd sich bei einem seiner Gönner beschwerte, legte Bellomont sogar noch eins drauf. Kidd schreibt:

Ich nahm an, in dem Glauben, durch die Kaperbriefe des Königs und den Schutz so vieler mächtiger Männer auf der sicheren Seite zu sein. Außerdem befürchtete ich, dass Lord Bellomont mir als Gouverneur von New York das Leben schwermachen konnte, wenn ich mich weiter weigerte. Bevor ich in See stach, ging ich zweimal zu Lord Romney und Admiral Russell. Beide hatten es eilig, mich auf See zu sehen, und versprachen mir, mir beizustehen.

Als zusätzliche Vorsichtsmaßnahme nahm Kidd dieses Mal nicht das übliche Gesindel an Bord, das zu Hause nichts zu verlieren hatte. Er heuerte 70 Männer an, von denen die meisten verheiratet waren und in England Familie hatten. Er plante, zuerst nach New York zu segeln und anschließend weitere 80 Familienväter in Neuengland anzuheuern.

Am 1. März 1696 stach Kidd in Deptford in See. Die Reise erwies sich von Anfang an als Katastrophe. Zwischen Kidd und der Marine war das Verhältnis mehr als gespannt. Zur damaligen Zeit galt es als unerhört, dass ein privates Schiff auf Piratenjagd ging. Das war schließlich die Aufgabe der Marine. Als Kidd Greenwich verließ, versäumte er es, wie es üblich gewesen wäre, einer Jacht der Marine zu salutieren. Die Mannschaft der Jacht war beleidigt und feuerte einen Schuss ab, um ihn an seine Pflicht zu erinnern. Daraufhin drehten sich Kidds Männer auf den Rahen um und zeigten der Marine ihre Kehrseiten. Der erboste Kapitän der Jacht zwangsverpflichtete prompt Kidds handverlesene Mannschaft und ersetzte sie durch ungeschickte Landratten aus seiner eigenen Besatzung.

Auf dem Weg über den Atlantik kaperte Kidd ein französisches Fischerboot. Damit konnte er in New York neue Vorräte bezahlen. Die 80 Männer, die er noch benötigte, ließen sich

Kapitän Kidd versteckt seine Schätze auf Gardiner's Island vor der Atlantikküste – wie es sich Howard Pyle im Magazin „Harper's Monthly" vorstellte.

jedoch nicht so ohne Weiteres auftreiben. Um sie anzulocken, musste Kidd den Mannschaftsanteil auf die üblichen 60 % erhöhen – worüber er seine Gönner nicht informierte. Einer der Männer, die bei Kidd anheuerten, war sein Schwager Samuel Bradley. Ein anderer war extra aus Philadelphia angereist. Grundsätzlich waren es aber nicht die ehrbaren Familienväter, die Kidd sich erhofft hatte.

„Aus der ganzen Gegend kamen Männer zu ihm“, schrieb Fletcher, der immer noch amtierender Gouverneur von New York war, da Bellomont noch nicht eingetroffen war. „Verzeifelte Männer mit den unterschiedlichsten Schicksalen, die sich große Reichtümer erhofften. Viele hier befürchteten, dass er nicht in der Lage sein würde, so einen ungesitteten Haufen so kontrollieren, falls er sein angestrebtes Ziel nicht erreichte.“

Mitte Oktober erreichte Kidd Madeira und machte auf den Kapverden Station. Am 12. Dezember 1696 traf er 160 km nordwestlich von Kapstadt völlig unerwartet auf ein Marinegeschwader unter dem Kommando von Kommodore Thomas Warren. Kidd verlangte von Warren einige Segel, um diejenigen zu ersetzen, die er in einem Sturm auf dem Atlantik verloren hatte. Er bestand darauf, dass ihm sein königlicher Kaperbrief ein Anrecht auf Hilfe garantiere. Als Warren ablehnte, drohte Kidd, dem erstbesten Handelsschiff die Segel abzunehmen. Das Verhältnis zwischen Kidd und Warren verschlechterte sich rapide, und Kidd war davon überzeugt, dass Warren plante, 30 seiner Männer zum Dienst zu verpflichten. In der Nacht, während einer Flaute, ließ Kidd die *Adventure Galley* leise von Warrens Geschwader wegrudern.

Ohne in Kapstadt anzuhalten, segelte Kidd weiter in den Indischen Ozean. Als Warren in Kapstadt ankam, meldete er, das Kidd vorhatte, sich der Piraterie zuzuwenden. Bei Johanna Island (Anjouan) auf den Komoren traf Kidd auf ein Schiff der Britischen Ostindienkompanie, das unter der Flagge der Royal Navy fuhr. Er befahl dem Kapitän, die Flagge sofort einzuholen, da nur er das Recht habe, unter dieser Flagge zu segeln. Der Kapitän hatte so viel Angst vor Kidd, dass er die ganze Zeit im Hafen seine Kanonen auf die *Adventure Galley* gerichtet hatte. Kidd fuhr schließlich weiter zur Insel Moheli, wo er sein Schiff kielholen ließ. In dieser Zeit starben 50 Männer an Krankheiten.

Mittlerweile war Kidd seit über einem Jahr auf See. Außer dem Fischerboot, das sie ganz am Anfang der Reise aufgebracht hatten, war kein weiterer Franzose in Reichweite geraten, von Piraten ganz zu schweigen. Weder Kidd noch seine Mannschaft hatten bisher auch nur einen Penny verdient. Langsam gingen ihre Vorräte zu Ende, und die Raubeine, die er in New York angeheuert hatte, sprachen sich nun offen für die Piraterie aus.

Am 27. April 1697 änderte Kidd den Kurs nach Norden. Im Juli gingen sie vor Perim, einer kleinen Insel am Südeingang des Roten Meeres, vor Anker. Es war ein Lieblingsplatz vieler Piraten, um auf die Konvois aus Mokka, dem jemenitischen Kaffeehafen, zu warten. Er sandte Aufklärungsboote aus, die ihm berichteten, 15 Schiffe machten sich bereit, in See zu stechen. Obwohl es streng genommen Piraterie war, arabische Schiffe zu überfallen, kümmerte er sich nicht darum. Kidd hatte mächtige und einflussreiche Gönner, die ihm aus der Patsche helfen würden – und die sicher kein Verständnis dafür hätten, wenn er mit leeren Händen nach Hause käme.

Der Konvoi verließ Mokka am Abend des 14. August. Keines der Schiffe segelte unter französischer Flagge. Einige Schiffe hatten holländische Flaggen, andere sogar englische. Schlimmer noch, der Konvoi wurde von einem Schiff der Britischen Ostindienkompanie, der *Sceptre* unter Edward Barlow, eskortiert, das 36 Kanonen an Bord hatte.

Am nächsten Morgen informierten Barlows Männer ihn, dass sich ein Schiff zu viel im Konvoi befand. Barlow entdeckte Kidd. „Er segelte ohne Erkennungszeichen“, schrieb Barlow in sein Logbuch, „sondern hatte nur eine große rote Flagge ohne Kreuz darauf gehisst.“ Barlow sah das als Aufforderung an, sich zu ergeben. Er schrieb: „Wäre unser Schiff nicht zur Stelle gewesen, hätte er die vordersten Schiffe überfallen und ausgeplündert.“

Die *Adventure Galley* näherte sich einem arabischen Handelsschiff. Barlow wartete, bis er fast längsseits war, hisste seine englische Flagge und feuerte zwei Warnschüsse ab. Daraufhin feuerte die *Adventure Galley* eine Breitseite auf das arabische Schiff, die dessen Rumpf, die Segel und die Takelage traf. Die *Sceptre* kam heran, aber die *Adventure Galley* zog unter Segel und Ruder von dannen und konnte dem englischen Schiff so entkommen.

Im August entdeckte Kidd vor Goa ein weiteres arabisches Schiff und kaperte es. Seine Mannschaft nahm einen Ballen Pfeffer und einen Sack Kaffee mit, die er ihr für ihre Messe überließ. Das Schiff hatte einen englischen Kapitän, den Kidd als Lotsen mitnahm. Außerdem behielt er den portugiesischen Bootsmann als Übersetzer.

Dann feuerte die *Adventure Galley* eine Breitseite in das arabische Schiff, die dessen Rumpf, die Segel und die Takelage traf.

Im Eiltempo verbreitete sich in den Häfen des Indischen Ozeans die Kunde, dass Kidd sich der Piraterie zugewandt hatte. Als die *Adventure Galley* in Karwar an der Malabarküste vor Anker ging, kamen zwei Offiziere der Britischen Ostindienkompanie an Bord und verlangten die Freilassung Kapitän Parkers und des Portugiesen. Kidd leugnete, etwas über die Männer zu wissen – die man in den Frachtraum gesperrt hatte. Nachdem die Offiziere wieder gegangen waren, verließ noch ein Mann, dem nicht gefiel, wie sich die Dinge entwickelten, das Schiff. Später machte er die Eingabe bei einer Station der Ostindienkompanie in Bombay (Mumbai), dass Kidd „zum Piraten geworden“ war.

Im Bericht der Ostindienkompanie stand, dass Kidd ein „sehr urwüchsiger Mann“ sei, der seine Männer recht brutal behandelte und öfter drohte, ihnen mit dem Griff seiner Pistole den Schädel einzuschlagen. Sie dagegen seien sehr beeindruckt von ihm, wahrscheinlich aufgrund seines königlichen Kaperbriefes.

Kapitän Kidd greift den meuternden Kanonier William Moore mit einem Eimer an. Moore starb an seinen Verletzungen. Für dieses Verbrechen wurde Kidd gehängt.

„Sie sind ein sehr unkonzentrierter Haufen", hieß es weiter, „sie streiten und kämpfen ständig untereinander, daher ist zu vermuten, dass sie sich bald gegenseitig umbringen oder verhungern werden, da sie nur Vorräte für einen Monat an Bord haben."

In Kalikut (Kozhikode) verweigerte die Ostindienkompanie Kidd Holz und Wasser, obwohl dieser darauf bestand, „vom König von England ausgesandt" worden zu sein. Bald darauf entdeckte Kidd ein Handelsschiff, das in nördlicher Richtung die Küste entlangsegelte. Als sie näher kamen, sahen sie jedoch die englische Flagge am Heck des Schiffs. William Moore, der Oberkanonier der *Adventure Galley*, schlug vor, sie trotzdem zu plündern. Kidd lehnte das ab.

„Ich wage es nicht, so etwas zu tun", sagte er.

Aber Moore war hartnäckig.

„Wir sind doch bereits Bettler", erwiderte er.

Sie hielten das Schiff an. Wie sich herausstellte, handelte es sich um die *Loyal Captain*, die von Madras aus auf dem Weg nach Surat war. Nachdem er sich davon überzeugt hatte, dass ihre Papiere in Ordnung waren, ließ Kidd sie ziehen. Dies brachte die wütende Besatzung an den Rand der Meuterei. Einige zogen ihre Waffen, aber Kidd ließ sich nicht beeindrucken. Er sagte, dass sie nicht gekommen seien, um englische oder andere gesetzestreue Schiffe zu kapern. Viele Männer wollten nun desertieren.

„Wenn ihr dieses Schiff verlasst, werdet ihr es nie wieder betreten", erklärte er ihnen, „und ich werde euch notfalls mit Gewalt nach Bombay bringen und vor Gericht stellen lassen."

Moore, der Kanonier, gab sich damit nicht zufrieden: „Ich hätte Euch in die richtige Position bringen können, das Schiff zu kapern. Ich bin nicht der schlechteste."

Das machte Kidd so wütend, dass sich der Schiffsjunge Hugh Parrot vor lauter Angst unter Deck versteckte. Moore und die anderen ließen sich aber nicht einschüchtern. „Ihr habt uns ruiniert", sagte Moore, „und wir sind verzweifelt."

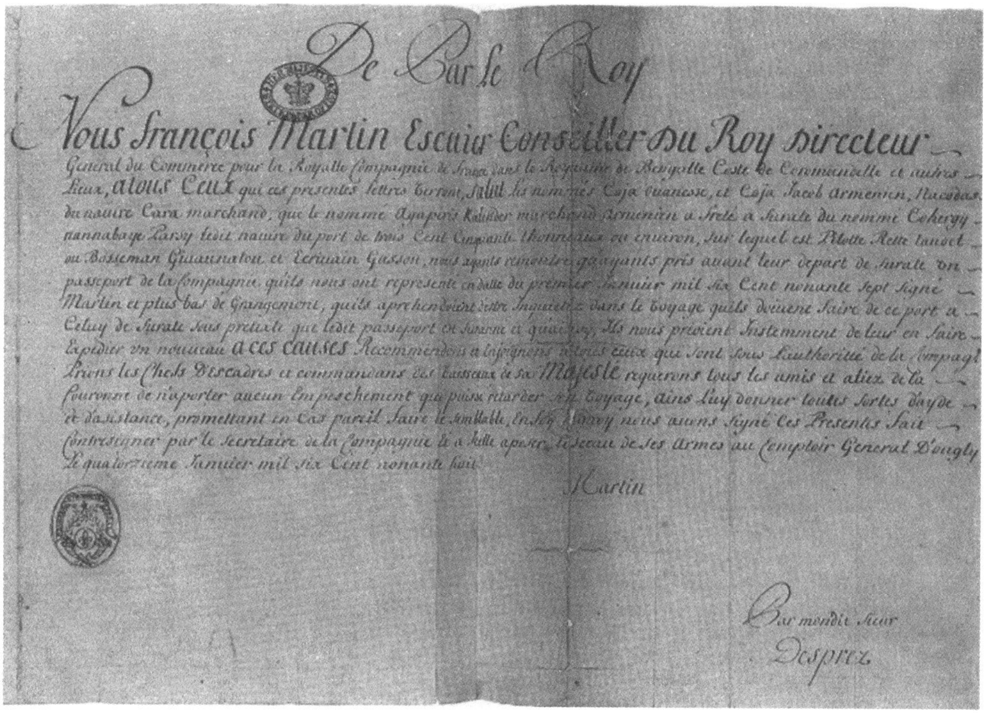
De Par le Roy
Vous François Martin Escuier Conseiller du Roy directeur
General du Commerce pour la Royalle Compagnie de France dans le Royaume de Bengalle Coste de Coromandelle et autres
Lieux, a tous ceux qui ces presentes lettres verront, Salut les nommés Coja Quanesse, et Coja Jacob Armenien, Nacodas
du navire Cara marchand, que le nommé Agapiry Kalender marchand Armenien a frété a Surate du nommé Cohergy
nannabaye Parsy ledit navire du port de trois Cent Cinquante tonneaux ou environ, sur lequel est Pilotte Rette lanset
ou Bosseman Guannatou et Ecrivain Gasson, nous ayants remontré qu'ayants pris avant leur depart de Surate un
passeport de la Compagnie quils nous ont representé en datte du premier Janvier mil six Cent nonante sept signé
Martin et plus bas de Grangement, quils aprehendoient estre inquietez dans le voyage quils doivent faire de ce port a
Celuy de Surate sous pretexte que ledit passeport est suranné et quinzy, Ils nous prient Instemment de leur en faire
Expedier un nouveau a ces causes Recommendons a infrignons a tous ceux qui sont sous Lautheritté de la Compagnie
Prions les Chefs D'escadres et commandans des vaisseaux de Sa Majesté requerons tous les amis et aliez de la
Couronne de n'aporter aucun Empeschement qui puisse retarder son voyage, ains luy donner toutes sortes d'ayde
et d'assistance, promettant en Cas pareil faire le semblable, En foy de quoy nous avons signé ces Presentes fait
Contresigner par le Secretaire de la Compagnie et a ielle aposer le sceau de ses armes au Comptoir General D'ougly
Le quatorzieme Janvier mil six Cent nonante huit
Martin
Par mondit Sieur
Desprez

„Ich habe Euch ruiniert?“, fragte Kidd. „Ich habe nichts dergleichen getan. Ihr seid ein unverschämter Bursche, mir dies vorzuwerfen.“

Laut Seemann Palmer hatte Kidd aber nicht „unverschämter Bursche“, sondern „räudiger Hund“ gesagt.

„Wenn ich ein räudiger Hund bin“, antwortete Moore, „dann habt Ihr mich dazu gemacht.“

Kidd war außer sich vor Wut.

„Ich habe Euch ruiniert, Hund?“, schrie er, hob einen Eimer aus Eisen auf und warf ihn Moore an der Kopf. Er traf ihn genau über dem rechten Ohr und verletzte ihn schwer.

Als die Kameraden den verletzten Kanonier nach unten trugen, rief Kidd ihnen hinterher: „Verdammt soll er sein, der Schuft!“

Am nächsten Tag starb Moore an einem Schädelbruch.

Ende November entdeckten sie zwölf Seemeilen vor Kalikut ein Segel und hielten darauf zu. Kidd hisste eine französische Flagge, das andere Schiff, die *Maiden*, tat das Gleiche. Als Kidd an Bord ging, erklärte der holländische Kapitän jedoch, dass es sich um ein maurisches Schiff handle. Zwei seiner Offiziere und er waren Holländer, der Rest der Mannschaft bestand aus Arabern. Kidd entdeckte jedoch, dass die *Maiden* einen französischen Passierschein besaß, was aus ihr seiner Meinung nach eine durchaus legitime Beute machte.

„Mein Gott, habe ich Euch endlich gefangen?“, sagte er. „Ihr seid eine willkommene Beute für England.“

Ein französischer Passierschein, den Kidd in der „Quedah Merchant“ gefunden hatte, sollte bei seinem Prozess zu seiner Verteidigung beitragen. Dieses Dokument und ein ähnlicher Schein von der „Maiden“ verschwanden vor der Verhandlung auf mysteriöse Weise.

Tatsächlich hatte das Schiff indische Eigentümer. Der französische Passierschein hatte nichts zu bedeuten, da es völlig normal war, dass Schiffe Passierscheine von Kriegsmarinen dabeihatten, die in den jeweiligen Gewässern operierten. Neben dem französischen Schein besaß der Kapitän auch noch weitere. Aber Kidd brauchte dringend Beute. Die arabische Mannschaft der *Maiden* wurde in einem Langboot ausgesetzt. Mit Duldung der holländischen Offiziere verkaufte Kidd die Fracht an Land und teilte den Ertrag unter seinen Leuten auf. Zum ersten Mal seit zwei Jahren hatten sie Geld bekommen. Laut dem Vertrag, den Kidd unterzeichnet hatte, hätte das Geld jedoch zurückgehalten werden müssen, bis es ihnen vom Admiralitätsgericht zugesprochen wurde – und vor allem, bis die Gönner ihren Anteil erhalten hatten.

Am 28. Dezember 1697 brachte die *Adventure Galley* mit der *Maiden* im Schlepptau, die jetzt *November* hieß, vor der Malabarküste eine arabische Ketsch auf. Sie „eroberten“ einen Sack Kaffee und Süßigkeiten. Zwei Wochen später beschlagnahmten sie Butter, Bienenwachs, Reis, Eisen, Opium und Schwarzpulver von einem portugiesischen Schiff. Am 30. Januar 1698 sichtete der Ausguck den 400-Tonner *Quedah Merchant*, ein armenisches Schiff mit dem englischen Kapitän Wright, das auf dem Weg von Bengalen nach Surat war. Es hatte eine reichhaltige Ladung aus Seide, Musselin, Zucker, Waffen, Eisen, Salpeter und Goldmünzen. Kidd ließ alle Segel der *Adventure Galley* setzen und hatte die *Merchant* innerhalb von vier Stunden eingeholt. Er feuerte einen Warnschuss über den Bug der *Merchant* und hisste wieder die französische Flagge. Dann befahl er ihrem Kapitän, an Bord zu kommen. Wright schickte stattdessen seinen französischen Kanonier. Das überzeugte Kidd davon, ein französisches Schiff erwischt zu haben. Also ließ er die englische Flagge hissen und erklärte die *Quedah Merchant* offiziell zur Beute.

Auch die *Merchant* besaß einen französischen Passierschein, der sie jedoch nicht zum französischen Schiff machte. Ihre armenischen Eigentümer befanden sich an Bord und boten Kidd an, 3.000 Pfund Lösegeld zu bezahlen. Stattdessen verkaufte Kidd einen Teil der Fracht an Land für 10.000 Pfund, die er unter seiner Besatzung aufteilte. Dann stachen die *Adventure Galley*, die *November* und die *Quedah Merchant* nach Madagaskar in See.

Erst Tage später wurde klar, wer tatsächlich Kapitän der *Quedah Merchant* war. Kidd war entsetzt, als er feststellte, dass Wright das Kommando hatte. Er berief eine Versammlung ein und wandte sich vom Achterdeck an seine Mannschaft. „Die Kaperung dieses Schiffes wird in England für viel Aufregung sorgen“, warnte er und schlug vor, es Kapitän Wright zurückzugeben. Die Besatzung wollte davon aber nichts hören.

Am 1. April 1698 segelte Kidd mit seiner kleinen Flotte in den Hafen von St. Mary's vor Madagaskar. Zum ersten Mal auf der gesamten Reise hatte er nun ein anderes Piratenschiff vor Augen. Es war die Fregatte *Mocha*, ein Schiff der Britischen Ostindienkompanie, das von dem Meuterer Robert

Culliford erobert worden war. Kidd, der immer noch seine Pflicht tun wollte, befahl seinen Männern, die *Mocha* zu entern, aber sie lachten ihn nur aus. Sie würden lieber zehn Schüsse auf ihn abgegeben als einen auf Culliford und seine Männer.

Bis auf 13 Männer desertierte seine gesamte Mannschaft zu Culliford. Darunter befanden sich auch Joseph Palmer und Robert Bradinham, die später bei Kidds Prozess aussagen würden. Sie teilten den Rest der Beute von der *Quedah Merchant* auf, wobei sie Kidd großzügigerweise einen Freibeuteranteil zusprachen: 40 Prozent der Beute. Sie plünderten und verbrannten die *November*, dann plünderten sie Kidds verbliebene zwei Schiffe und vernichteten sein Logbuch.

Als sich Kidd weigerte, ihren Wechsel zur offenen Piraterie anzuerkennen, drohten sie, ihn zu ermorden, und er verbarrikadierte sich in seiner Kabine. Zwei Wochen lang hielt Kidd es als Gefangener in der brütend heißen Kabine aus, dann gab er auf und schwor Culliford einen Treueeid: „Bevor ich Euch etwas antue, soll meine Seele in der Hölle brennen."

Man ließ ihn am Leben, genau wie seinen Schwager, der seit der Epidemie, die 15 Monate zuvor 50 Männer das Leben gekostet hatte, kränkelte. Mitte Juni stach Culliford mit dem Großteil von Kidds Besatzung und seinen Kanonen in See. Kidd beschloss, nach Amerika zurückzukehren. Er wollte seine Familie wiedersehen und war der Ansicht, noch genug Juwelen, Silber und Gold in der Hinterhand zu haben, um seine Gönner abzufinden. Dummerweise saß die *Adventure Galley* auf einer Sandbank fest und war zudem halb mit Wasser vollgelaufen. Kidd ließ sie verbrennen, um an ihr Eisen heranzukommen. Dann rüstete er die *Quedah Merchant* für die Heimreise aus. Es war jedoch sehr schwierig, in St. Mary's eine neue Mannschaft zu rekrutieren, und so konnte er erst am 15. November 1698 in See stechen.

Drei Tage nach Kidds Abfahrt von St. Mary's schickte das Hauptquartier der Ostindienkompanie in Surat einen Brief an den Lordrichter in London, in dem sie Kidd der Piraterie bezichtigten. Anstatt ihn zu verteidigen, sahen seine Gönner in ihm nun eine Bürde. Im Parlament ging die Tory-Opposition auf die Whigs los, die Kidd finanziert hatten. Niemand bezweifelte, dass das ganze Unternehmen ein Fehlschlag war. Kidd hatte die Piraterie im Indischen Ozean nicht bekämpft – im Gegenteil, er hatte noch dazu beigetragen! Alle Berichte, die über Kidd in London eintrafen, waren vernichtend. Daraufhin sandte die Regierung ein Geschwader aus, um Kidd zu ergreifen. Die Admiralität schickte ein Rundschreiben an alle Kolonialgouverneure, Kidd zu verhaften, damit „er und seine Begleiter mit der ganzen Härte des Gesetzes bestraft werden können". Um Kidd zu isolieren, bot die Admiralität dann noch allen anderen Piraten östlich des Kaps, mit Ausnahme von Kapitän Every, einen Straferlass an.

Zwei Wochen lang hielt Kidd es als Gefangener in der brütend heißen Kabine aus, dann gab er auf und schwor Culliford einen Treueeid.

Kidd überquerte inzwischen den Atlantik und machte im April 1699 auf Anguilla Halt. Er schickte ein Boot an Land, wo er erfuhr, dass seine Männer und er zu Piraten erklärt worden waren und auf der ganzen Welt gesucht wurden. Seine Crew wollte die *Quedah Merchant* am liebsten auf ein Riff laufen lassen und verschwinden, aber Kidd vermutete, dass sie zu bekannt waren, um fliehen zu können. Außerdem glaubte er noch immer, dass seine Gönner die Dinge geraderücken würden. Er machte sich auf den Weg nach New York, denn er war sich sicher, dort auf den Schutz von Lord Bellomont zählen zu können.

Je weiter sie nach Norden kamen, desto offensichtlicher wurde es, dass die *Quedah Merchant* zu groß und zu auffällig war, um nicht entdeckt zu werden. In der Monapassage trafen sie auf eine Handelsschaluppe, die *Antonio*. Sie war schnittig, schnell und unbekannt. Kidd kaufte sie kurzerhand für 3.000 Silbermünzen. Er vertäute die *Quedah Merchant* ein Stück flussaufwärts auf dem Río Higuey auf Hispaniola und ließ einen Großteil der Beute, inklusive seines persönlichen Schatzes aus Seide, Juwelen, Silber und Gold, auf die *Antonio* umladen. Nachdem er die meisten seiner Männer zur Bewachung der *Quedah Merchant* abkommandiert hatte, segelte er mit nur zwölf Mann nach New York.

Am 10. Juni 1699 umrundete er Long Island und ankerte in der Oyster Bay. Er schickte einen Brief an einen alten Freund, Rechtswanwalt James Emmott in New York. Emmott kam hinaus zum Schiff und fuhr dann nach Boston, wo Bellomont als Gouverneur seinen Sitz hatte. Bei sich hatte er die beiden französischen Passierscheine, die Kidd von der *Maiden* und der *Quedah Merchant* mitgenommen hatte. Spät am Abend des 13. Juni traf er sich mit Bellomont und schlug diesem vor, er solle Kidd begnadigen. Um zu beweisen, dass Kidd tatsächlich feindliche Schiffe angegriffen hatte, legte er ihm die Passierscheine vor.

Bellomont schrieb einen Brief, der Kidd von seinem Freund Duncan Campbell, dem Postmeister von Boston, überbracht wurde. Darin stand:

Ich habe dem Rat Ihrer Majestät Ihren Brief vorgelegt, und sie sind der Ansicht, dass Sie sich, falls alles so stimmt, wie es uns präsentiert wurde, sicher hierherbegeben können. Ich garantiere Ihnen, mich beim König für einen Straferlass für Sie und für die wenigen treuen Männer einzusetzen, die Ihnen geblieben sind, die sich wie Sie geweigert haben, dem Auftrag, welchen Sie von England erhalten haben, Schande zu machen. Ich gebe Ihnen mein Wort und schwöre bei meiner Ehre, mich um alles, was ich versprochen habe, zu bemühen.

London gegenüber gab Bellomont jedoch zu, dass er ein Doppelspiel trieb: „Eine Drohung hätte ihn nicht dazu bewegt, herzukommen."

Kidd schickte eine Reihe von Geschenken an Bellomonts Frau, darunter ein Lackkästchen, das mit Gold und Diamanten besetzt war. Auch vielen anderen schickte er Geschenke, um sich in letzter Minute ihres guten Willens zu versichern. Den Rest der Beute vergrub er unauffällig auf der Obstplantage von Gardiner's Island am östlichen Ende von Long Island. Dafür erhielt er einen Beleg von Eigentümer John Gardiner. Kidd sah das Ganze als eine Art Versicherung an. Würde er in Freiheit bleiben, konnte er zurückkommen, um seinen Schatz zu holen. Wenn nicht, konnte er diesen eventuell zum Handeln einsetzen.

Nach dem Wiedersehen mit Frau und Kindern auf Block Island segelte Kidd mit seiner Familie nach Boston. Dort kamen sie am 2. Juli an, und Kidd buchte Zimmer in einem Hotel. Dann schickte er Lady Bellomont ein weiteres Geschenk – Goldbarren im Wert von 1.000 Pfund in einem Säckchen aus Seide. Das war ein Fehler. Seine Großzügigkeit konnte als Bestechung angesehen werden, außerdem schien er die Beute als seinen Privatbesitz zu betrachten, statt sie zum Admiralitätsgericht zu bringen, wo sie unter seinen Gönnern hätte aufgeteilt werden können.

Am nächsten Tag ging Kidd zu Bellomont, der einen ausführlichen Bericht über die Vorkommnisse haben wollte. Kidd musste eingestehen, dass die Besatzung sein Logbuch verbrannt hatte. Am 6. Juli sollte er vor dem Rat von Massachusetts aussagen. Aber noch bevor sich der Rat angehört hatte, was er zu sagen hatte, ließ man ihn verhaften. Er wurde vor Bellomonts Haustür festgenommen, wo er noch um dessen Hilfe gebeten hatte.

Kidd und seine Männer wurden in das strenge Stone Prison von Boston gebracht. Bellomont nannte ihn ein „Monster" und sagte sich von ihm los. Seine Unterkünfte wurden geplündert, und Gardiner musste auf Befehl den Schatz ausgraben. Kidd konnte keine genauen Angaben machen, was er alles vergraben hatte. Das war Gardiners Glück, der es „versäumt" hatte, einen großen, ungeschliffenen Golcondadiamanten auszuhändigen. Insgesamt stellten die Behörden 34 kg Gold, 73 kg Silber, über 40 Pfund Edelsteine, mehrere Ballen verschiedener Waren und 57 Säcke Zucker sicher und schickten alles streng bewacht zum Schatzamt nach London.

Kidd und seine Mannschaft hatten kaum den Winter im Stone Prison überstanden, als die HMS *Advice* am 6. Februar 1700 mit dem Befehl eintraf, sie nach London zu bringen. Kidd wurde in eine Kabine auf dem Zwischendeck gesperrt, seine Männer kettete man in der Waffenkammer fest. Am 11. April erreichten sie die Mündung der Themse, wo Kidd auf die königliche Jacht *Katherine* verfrachtet und mit einer Musketiereskorte zur Admiralität geschafft wurde. In Greenwich stellten sie jedoch fest, dass er zu krank war, um seine Kabine zu verlassen. Er holte eine Goldmünze heraus, die seine Frau erhalten sollte, und bat um ein Messer, damit er sich selbst das Leben nehmen könne. Als das abgelehnt wurde, bettelte er, erschossen und nicht gehängt zu werden.

Als wäre er nicht bereits krank genug gewesen, brachte man ihn in London in das Gefängnis von Newgate, das selbst nach damaligem Standard völlig heruntergekommen war. Die Insassen teilten sich zu zweit oder dritt ein Bett. Der ganze Ort war so verlaust, dass es „unter den Füßen knirschte wie auf einem Kiesweg", wie ein Gefangener erzählte. Durch die Zellen verliefen offene Abwasserkanäle. Der Gestank war so erbärmlich, dass sich Besucher kleine Blumensträuße vor die Nase hielten und Gefangene mit Essig abgewaschen wurden, bevor sie vor Gericht erschienen. Trotz allem war das Gefängnis in privater Hand, und die Insassen mussten für ihren „Aufenthalt" noch bezahlen.

Im Mai 1700 berichtete der Kerkermeister, dass Kidd über starke Kopfschmerzen klagte und ihm alle Glieder zitterten. Das war nicht weiter verwunderlich, hatte Kidd in den letzten Monaten doch keinerlei Bewegung erhalten. Er konnte nicht über den Fall sprechen oder eine Verteidigung vorbereiten. Am 27. März wurde er vor die Anwaltschaft des Unterhauses beordert. Die Torys hofften, dass seine Aussage zu einer Anklage seiner Gönner aus den Reihen der Whigs führen werde. Anstatt sie als Schufte hinzustellen, die ihn verraten hatten, beteuerte Kidd nur seine Unschuld, wodurch er sie auch entlastete. Einige Mitglieder des Parlaments bewunderten seinen Mut. Andere fanden ihn gewöhnlich. Einer hielt ihn für betrunken. Ein weiterer sagte: „Ich hatte ihn nur für einen Gauner gehalten. Nun weiß ich, dass er auch ein Narr ist." Kidd wurde zurück nach Newgate gebracht, um auf seine Verhandlung am 8. Mai zu warten.

Die Admiralität stellte 50 Pfund für seine Verteidigung zur Verfügung, vergaß aber, diese an seine Anwälte zu senden. Bis zum 7. Mai hatten sie sich daher nur einmal kurz mit ihm beraten. Obwohl das Verfahren kompliziert war – es gab vier verschiedene Verhandlungen bezüglich sechs Anklagen vor sechs verschiedenen Richtern –, war der ganze Spuk in drei Tagen vorbei. Kidd durfte nicht selbst zu seiner Verteidigung aussagen. Die einzige Gelegenheit zu sprechen hatte er, als er und nicht sein Verteidiger, wie das Gericht beschloss, Palmer und Bradinham, zwei der Männer, die auf St. Mary's desertiert waren, ins Kreuzverhör nahm. Seine loyalen Männer durften nicht aussagen, und die beiden französischen Passierscheine, die er Bellomont übergeben hatte, waren auf mysteriöse Weise verschwunden.

Die erste Anklage war nicht wegen Piraterie, sondern wegen Mordes an William Moore. Kidd erklärte, provoziert worden zu sein: „Ich wollte ihn nicht töten. Es war keine Absicht, sondern ein Unfall, der mir sehr leidtut."

Die Geschworenen brauchten nur eine Stunde, um ihn schuldig zu sprechen.

Palmer und Bradinham waren die einzigen Zeugen bei der Piraterieanklage. Da weder Kidd noch seine Mitangeklagten aussagen durften und er die französischen Passierscheine nicht vorweisen konnte, hatte er keine Gelegenheit, Palmer and Bradinhams Aussage zu entkräften.

„Dieser Mann widerspricht sich selbst hundert Mal", sagte Kidd beim Kreuzverhör über Bradinham. „Er erzählt tausend Lügen."

Gegen Ende der Vehandlung warf Kidd noch ein: „Mr. Bradinham, hat man Ihnen nicht Ihr Leben versprochen, wenn sie mir meines nehmen?"

Die Geschworenen brauchten eine halbe Stunde, um Kidd und sechs seiner neun Mitangeklagten schuldig zu sprechen. Die drei anderen wurden freigesprochen. Dann wurde das Urteil verlesen. „Man wird Euch von dem Ort, an dem Ihr Euch befindet, an den Ort bringen, von dem Ihr kamt. Von dort aus wird man Euch zum Hinrichtungsort bringen, wo man Euch am Hals aufhängen wird, bis Ihr tot seid. Möge der Herr Eurer Seele gnädig sein."

„My Lord", protestierte Kidd, „das ist ein sehr hartes Urteil. Ich bin der Unschuldigsten von allen, aber man hat sich gegen mich verschworen."

Am 23. Mai 1701 wurde Kidd zum Hinrichtungsdock in Wapping gebracht. Das erste Seil riss, und man musste das Ganze wiederholen. Da er recht schwer war, starb er wahrscheinlich sehr schnell. Als sein Körper zu zucken aufhörte, wurde er heruntergeschnitten und liegen gelassen, damit die Flut dreimal über ihn hinwegspülen konnte. Dann wurde er geteert, in Ketten gelegt und in ein Metallgestell gestellt, das seinen Körper aufrecht hielt, während sein Fleisch verweste. Anschließend hängte man seinen Körper an einen Galgen am Tilbury Point, wo ihn jeder, der aus der Themse hinaus- oder in sie hineinsegelte, gut sehen konnte.

Palmer und Bradinham wurden begnadigt. Kapitän Culliford wurde am gleichen Tag wie Kidd der Piraterie schuldig gesprochen. Da er sich aber aufgrund eines königlichen Straferlasses ergeben hatte, wurde er nach einem Jahr freigelassen.

Graf Bellomont war drei Monate vor Kidds Hinrichtung geistig verwirrt gestorben. Die französischen Passierscheine, die er von Kidd erhalten hatte, wurden einige Jahre später im Staatsarchiv in London entdeckt.

Kapitän Kidd vor der Anwaltschaft des Unterhauses (1701). Wegen Mordes an seinem Kanonier William Moore wurde Kidd am 23. Mai 1701 gehängt.

KAPITEL NEUN

Das Ende der Piraterie

Obwohl die frühen Bukaniere des Goldenen Zeitalters der Piraterie grausam und rücksichtslos sein konnten, so hatten sie doch noch Skrupel bei der Auswahl der Beuteschiffe. Über ihre Nachfolger, z. B. Charles Vane, Calico Jack Rackham und Edward Teach, der uns besser als Blackbeard bekannt ist, konnte man das nicht mehr sagen.

Im Jahr nach Kapitän Kidds Hinrichtung brach der Spanische Erbfolgekrieg aus, bei dem Spanien und Frankreich gegen eine Allianz aus Preußen, Österreich, den Niederlanden, Hannover, Portugal und dem soeben vereinigten Großbritannien antraten. Die britischen Piraten der Karibik segelten wieder als Freibeuter. In der Zwischenzeit begannen die französischen Bukaniere, die man nun auch als Filibuster bezeichnete, die Schatzschiffe ihres alten Feindes Spanien zu eskortieren.

In Nordamerika war der Krieg als „Queen Anne's War" bekannt, da die Briten versuchten, die Franzosen aus ihren Kolonien zu vertreiben. Im Mai 1702 erteilte Königin Anna den Freibeutern die offizielle Genehmigung, feindliche Schiffe zu erobern. Die Piraten rissen sich förmlich um die Kaperbriefe, damit sie ungehindert plündern konnten. Von 1704 bis 1707 eroberten New Yorker Freibeuter mit 13 Schiffen 36 feindliche Schiffe und Beute im Wert von 60.000. Pfund Im Gegenzug verloren 260 Männer ihr Leben. 1708 wurde das Freibeutertum noch lohnenswerter, als die englische Krone von ihrem Anspruch auf 10 Prozent der Beute Abstand nahm. Bis zum Ende des Erbfolgekrieges 1713 hatten britische und koloniale Freibeuter über 2.000 Schiffe aufgebracht – die meisten davon französische –, und eine neue Generation von Freibeutern war herangewachsen. Die meisten waren Engländer, da die Briten den Krieg dazu genutzt hatten, ihre Seemacht und ihr Kolonialreich auf Kosten der Franzosen und Spanier auszuweiten.

Die Piraten brauchten allerdings eine neue „Heimat“, da Port Royal nicht mehr existierte und Santo Domingo aufgrund der neuen französisch-spanischen Beziehungen nicht mehr nutzbar war. Sie zogen auf die Insel New Providence in den Bahamas. Da die Insel während des Krieges ständig von den Franzosen und Spaniern überfallen wurde, war sie nahezu unbewohnt. Der Hafen war zu flach für große Kriegsschiffe, bot aber Schaluppen mit geringem Tiefgang, die von den Seeräubern ohnehin bevorzugt wurden, ideale Ankerplätze. Der Hafen war von Hügeln umringt, sodass man eine hervorragende Sicht auf nahende Feinde oder vorbeifahrende Beuteschiffe hatte. Die Riffe rund um die Insel wimmelten von Fischen, Hummern, Muscheln und Schildkröten. Das Innere war bewaldet und verfügte über mehrere Süßwasserquellen sowie einen Überfluss an Wildschweinen, Tauben und Früchten.

Im Jahr 1710 ging der Pirat Henry Jennings in New Providence vor Anker. Charles Vane, Thomas Burgess, Thomas Barrow, Benjamin Hornigold und der berüchtigte Blackbeard folgten bald darauf. Im April 1714 beschwerte sich der Gouverneur der Bermudas Pulleine, dass drei Bukanierteams in offenen Booten in nur acht Monaten spanischen Schiffen Beute im Wert von über 60.000 Pfund abgenommen hatten. Kapitän Hornigold hatte dazugehört und war 1715 bereits im Besitz einer Schaluppe mit zehn Kanonen und 135 Männern. Die Bahamas entwickelten sich zu einem Marktplatz, auf dem nahezu alles ge- und verkauft werden konnte. Die Piraten wurden so selbstbewusst, dass der Lordrichter von New Providence, Thomas Walker, im Juni nach South Carolina flüchten musste, nachdem Hornigold gedroht hatte, ihn zu töten.

Im Juli 1716 beschwerte sich Gouverneur Alexander Spotswood von Virginia in London, dass sich „auf New Providence ein Piratennest zu bilden beginnt. Wenn man bedenkt, wie viele Zugänge sie erwarten und wahrscheinlich auch bekommen werden, werden sie sich bald zu einer Gefahr für den britischen Handel entwickeln, wenn nicht schnell etwas unternommen wird“.

Gouverneur Robert Johnson aus South Carolina unternahm etwas: Ein von ihm ausgesandtes Schiff eroberte Hornigolds Schaluppe und zerstörte sie. Der Pirat selbst entkam jedoch und operierte schon bald wieder von New Providence aus.

Gouverneur Spotswood erwähnte auch, dass Thomas Barrow einer der Anführer der Piraten sei. „Er ist der Herrscher von New Providence und will daraus ein zweites Madagaskar machen“, schrieb er.

New Providence wurde bald zur größten Piratenhochburg, die es in der Karibik jemals gegeben hatte. Rund 2.000 Seeräuber lebten entweder auf ihren Schiffen im Hafen oder in der Barackensiedlung an der Küste. Die einzigen festen Gebäude waren die Schenken, in denen sich die Seeräuber betranken und ihr Geld verspielten, wenn sie es nicht gerade für die Prostituierten ausgaben, die in einer kleinen Zeltstadt arbeiteten.

Gesetze gab es nicht – die Faust und das Schwert regierten die Insel.

In dieser leicht verklärten Zeichnung aus dem 19. Jahrhundert jagt ein Piratenschiff seine Beute.

„Ich bin ein freier Fürst", erklärte Kapitän Bellamy dem Kapitän eines Handelsschiffes, das er 1717 vor South Carolina kaperte, „und ich habe genauso viel Recht, der Welt den Krieg zu erklären, wie jener, der 100 Schiffe auf See und eine Armee von 100.000 Mann im Feld kommandiert."

Die Piraten aus New Providence schlugen an der amerikanischen Ostküste bis nach Maine hinauf zu.

„Nord- und Südamerika sind von diesem Gesindel verseucht", erklärte der Gouverneur der Bermudas.

„Es gibt kaum ein Schiff, das hierher kommt oder abfährt und das nicht geplündert wird", beschwerte sich der Gouverneur von Jamaika. „Ich mache dafür die Nachlässigkeit der Kriegsmarine verantwortlich."

Die britische Marine war zu diesem Zeitpunkt nicht in der Lage, es mit den Piraten aufzunehmen. Seit dem Ende des Krieges litt sie durch Krankheiten, Todesfälle und Desertionen an chronischem Personalmangel, und die Schiffe lagen oft acht Monate im Jahr in den Häfen. Außerdem hatten die Marinekapitäne wenig Interesse daran, der Piraterie ein Ende zu setzen, da sie laut Vorgabe der Admiralität 12,5 % des Frachtwerts als Lohn für den Begleitschutz berechnen durften. Beschwerten sich die Schiffseigner, boten ihnen die Marinekapitäne an, die Waren auf ihren eigenen Schiffen zu einem günstigeren Preis zu transportieren.

Während sowohl die Marine als auch die Seeräuber mit diesem Arrangement zufrieden waren, sahen das die Kolonialgouverneure anders. Die Piraterie behinderte das Wirtschaftswachstum in den Kolonien Nordamerikas und in der Karibik erheblich.

„Die Piraten machen weiterhin die See unsicher", schrieb der Gouverneur von Neuengland, „und wenn nicht genug Truppen geschickt werden, um sie aufzuhalten, müssen wir den Handel einstellen."

Als London daraufhin weitere Schiffe schickte, schlossen sich deren Kapitäne aber schnell den Machenschaften ihrer Kollegen an. Nun nahmen private Unternehmer die Sache in die Hand: Eine Gruppe von Händlern aus London bildete ein Konsortium und pachtete die Bahamas von der Krone. Dann heuerten die Händler den Freibeuter Woodes Rogers an, um eine Expedition dorthin anzuführen. Rogers hatte gerade seine spektakuläre Weltumsegelung beendet, die 800.000 Pfund eingebracht hatte. Unglücklicherweise hatte er selbst davon nur 1.600 Pfund erhalten – deutlich weniger als die Schulden, welche er für das Unternehmen gemacht hatte. Solche Fehlschläge konnten seine Begeisterung aber nicht dämpfen, und im Jahr 1717 wurde er zum „Generalkapitän und amtierenden Gouverneur unserer Bahamas in Amerika" ernannt. Er sollte die Piraterie ausmerzen und durfte zu diesem Zweck königliche Straferlasse ausstellen. Was er tatsächlich wollte, war aber die Gründung weiterer britischer Siedlungen und die Ausweitung des Handels auf abgelegenen Meeren. Ein Gehalt erhielt er nicht, nur einen Anteil am Gewinn, den die neuen Kolonien eventuell abwerfen würden.

Am 11. April 1718 stach er mit seinem 460 Tonnen schweren Flaggschiffs *Delicia* in London in See. Mit an Bord waren 100 Fußsoldaten zur Bemannung der Garnison und 250 Siedler – Bauern aus der Schweiz und der Pfalz sowie Hugenotten – samt ihrer Ausrüstung und Vorräte. Im Ärmelkanal traf die *Delicia* auf die Marineschaluppen HMS *Shark* und *Buck* und die Fregatten *Rose* und *Milford*.

Am Nachmittag des 24. Juli erreichte Woodes' Flotte die Sandbank vor New Providence. Einige der auf Harbour Island ansässigen englischen Siedler kamen angerudert, um ihren neuen Gouverneur zu begrüßen. Sie erzählten ihm, tausend Seeräuber hielten sich in New Providence auf; die meisten von ihnen seien bereit, das Piratenleben gegen einen königlichen Straferlass aufzugeben. Als sie hörten, Rogers sei auf dem Weg, hatten die Unverbesserlichen – allen voran Blackbeard – ohnehin bereits ihre Zelte abgebrochen. Nur der berüchtigte Charles Vane war geblieben.

Als sie hörten, Rogers sei auf dem Weg, hatten die Unverbesserlichen – allen voran Blackbeard – bereits ihre Zelte abgebrochen. Nur Charles Vane blieb zurück.

In dieser Nacht nahmen die *Shark* und die *Rose* einheimische Lotsen an Bord und segelten in den Hafen. Vane füllte ein erobertes französisches Handelsschiff mit Sprengstoff, zündete es an und schickte es ihnen entgegen. Das Schiff explodierte, die Kriegsschiffe mussten wenden und wieder ins offene Meer hinausfahren. Vane konnte am nächsten Morgen durch einen schmalen Kanal im Osten des Hafens entkommen. Er drohte jedoch damit, zurückzukehren und sich an der *Delicia* zu rächen.

Am Morgen des 27. Juli ging Rogers in New Providence an Land. Er wurde von einer zerzausten Ehrenwache begrüßt, die Thomas Burgess und Benjamin Hornigold schnell aufgestellt hatten. 300 betrunkene Piraten feuerten Salutschüsse über seinem

Kopf ab und ließen Georg I. hochleben, der 1714 zum König gekrönt worden war. Von der bröckelnden Befestigungsanlage des Forts aus verlas Rogers dann seine Vollmacht und den Straferlass. Als sich dies herumsprach, kamen weitere Piraten nach New Providence, um ebenfalls einen Straferlasss zu erhalten. Zusätzlich erhielten sie ein Stück Land, vorausgesetzt sie hatten es innerhalb eines Jahres gerodet und ein Haus darauf errichtet. Insgesamt nahmen über 600 Piraten das Angebot des Königs an.

Rogers baute eine kleine Verteidigungsanlage mit acht Kanonen am östlichen Ende des Hafens und machte sich daran, ein größeres Fort am Eingang im Westen zu bauen. Alles schien nach Plan zu laufen. Der Sommer war jedoch außergewöhnlich heiß, und eine Fieberepidemie brach aus. Viele der Neuankömmlinge starben. Damit waren die Chancen, eine autarke Gemeinde zu errichten, gleich null. Als auch die Seeleute auf den Kriegsschiffen krank zu werden begannen, setzte die Marine Segel und stach in See.

Zwischen England und Spanien drohte ein neuer Krieg, und die Insel geriet durch Angriffe aus Kuba und von einigen ehemaligen New-Providence-Piraten in Gefahr. Rogers reagierte darauf, indem er Burgess und Hornigold mit Kaperbriefen ausstattete und die begnadigten Piraten in drei Milizkompanien einreihte. In dieser Rolle waren sie jedoch nutzlos.

Kapitän Woodes Rogers und seine Männer landen 1710 in Kalifornien. Auf seiner Weltumsegelung hatte er Alexander Selkirk gerettet und Gewässer befahren, die kein Engländer zuvor gesehen hatte.

„Man kann die Schufte nicht dazu bringen, nachts Wache zu halten", beschwerte sich Rogers, „Und wenn sie doch auftauchen, sind sie kaum jemals nüchtern und bleiben auch nicht die ganze Nacht wach, obwohl unsere Offiziere und Soldaten sie überraschend kontrollieren und ihnen die Waffen wegnehmen. Ich bestrafe sie beinahe jeden Tag, lasse sie einsperren und Bußgelder zahlen."

Die Sorge, dass Charles Vane nach New Providence zurückkommen könnte, war jedoch bald ausgestanden. Ein paar Monate, nachdem er aus dem Hafen gesegelt war, setzte man ihn als Kapitän ab, weil er ein französisches Schiff nicht hatte angreifen lassen. Er wurde durch Calico Jack Rackham ersetzt und in einer Schaluppe ausgesetzt. Obwohl Vane sich durch die Ränge wieder nach oben arbeitete und dabei immer größere Schiffe eroberte, endete sein Leben 1720 in Jamaika am Ende eines Stricks. Blackbeard war zwischenzeitlich in den Carolinas beschäftigt gewesen und machte auch keine Anstalten, zurückzukehren.

Blackbeard

Offiziellen Angaben zufolge lautete Blackbeards richtiger Name Edward Teach, obwohl er in zeitgenössischen Berichten auch Tach, Tash, Tatch oder Thatch genannt wird. Daniel Defoe behauptete, sein Name sei Edward Drummond. Er wurde in Bristol geboren – obwohl einige angaben, es sei in Jamaika oder Virginia gewesen – und fuhr im Spanischen Erbfolgekrieg als Freibeuter. 1716 schloss er sich dann auf Jamaika Hornigolds Schiff an und machte sich schnell im Kampf einen Namen. Später im gleichen Jahr übergab Hornigold Teach das Kommando über ein französisches Schiff, das sie vor St. Vincent aufgebracht hatten. Teach taufte es in *Queen Anne's Revenge* um. Als sie die Nachricht über Rogers bevorstehende Ankunft erreichte, trennten sich ihre Wege. Hornigold nahm die Begnadigung an, während sich Blackbeard selbständig machte.

Blackbeard war ein großer, starker, mutiger und wilder Mann. Wie viele Piratenkapitäne liebte er es, sich auffällig zu kleiden. Er war mit bunten Seidenschärpen behängt, in denen je eine geladene Steinschlosspistole – insgesamt waren es drei Paar – steckte. In seinem Gürtel steckten Macheten und Dolche. Sein Markenzeichen war aber sein wilder Bart, eine schwarze Matte, die ihm bis auf die Brust reichte und sein Gesicht bis fast zu den Augen bedeckte. Er hatte ihn zu kleinen Zöpfen geflochten, die mit bunten Schleifen zusammengebunden waren. An seinem Hut hingen langsam brennende Lunten – Hanfschnüre, die in Salpeter und Kalkmilch eingelegt wurden. Diese zündete er unmittelbar vor dem Kampf an, sodass er ein wahrlich furchterregendes Bild abgab.

Blackbeard trank gern und viel. Er glaubte an das Motto: „Ein betrunkenes Schiff ist ein glückliches Schiff". Einmal notierte er in seinem Tagebuch: „Was für ein Tag – Kein Rum mehr da – Alle fast nüchtern: Schurken machen Pläne – Viel Gerede um Trennung – Brauchen unbedingt Beute."

Glücklicherweise kreuzte in diesem Augenblick ein mit Alkohol beladenes Handelsschiff ihren Weg und

Wild, starrer Blick, Pistolen im Gürtel, angezündete Lunten im Haar – das kann nur Blackbeard, der Schrecken der Karibik, sein.

wurde prompt gekapert. Der nächste Eintrag lautete: „Was für ein Tag – Haben ein Schiff erobert mit viel Schnaps an Bord – Hat die Jungs heiß gemacht, verdammt heiß, dann wurde alles wieder normal."

Im Gegensatz zu früheren Piraten hatte Blackbeard Interesse an Frauen und nahm sich oft die Gattinnen oder Töchter der Plantagenbesitzer. Laut zeitgenössischen Berichten hatte er eine Frau und ein Kind in London und mindestens ein Dutzend weiterer Frauen in verschiedenen Häfen. Eine soll er sogar für 500 Pfund gekauft haben. Seine letzte Frau war gerade 16 Jahre alt, als er sie heiratete, und nachdem er genug von ihr hatte, war es laut Defoe „seine Gewohnheit, fünf oder sechs seiner rauen Gesellen einzuladen, und einer nach dem anderen durfte sich mit ihr vor seinen Augen vergnügen."

Gut möglich, dass das nur Teil des grausamen Rufes war, den Blackbeard vor seiner Mannschaft und seinen Opfern aufrechterhielt. Als er sich eines Tages auf See langweilte, schlug er seinen Kameraden vor, „unsere eigene Hölle zu machen und zu sehen, wie lange wir es darin aushalten". Mit zwei oder drei seiner Männer, die sich der Herausforderung stellten, ging er in den Frachtraum, wo sie sich auf die großen Steine setzten, die als Ballast verwendet wurden. Töpfe mit Schwefel wurden hinuntergebracht und angezündet. So saßen sie dort im Dunkeln, umgeben von Schwefeldämpfen, bis die halberstickten Seeleute nach Luft riefen und die Luken geöffnet wurden. Laut Defoe war Blackbeard mehr als zufrieden, dass er es am längsten ausgehalten hatte.

Als er wieder an Deck kam, rief einer der Männer: „Käpt'n, Ihr seht aus, als kämt Ihr frisch vom Galgen!"

„Mein Junge", brüllte Blackbeard, „nächstes Mal spielen wir Aufknüpfen und sehen, wer am längsten baumeln kann, ohne erwürgt zu werden."

Manchmal gingen seine Spielchen jedoch zu weit. Eines Nachts, als er mit seinem Navigator Isaac Hands trank, zog er heimlich unter dem Tisch seine Pistole. Dann blies er die Kerze aus, spannte den Hahn und feuerte. Er traf Hands ins Knie und verkrüppelte ihn für den Rest seines Lebens. Ein anderer Seemann entging einem ähnlichen Schicksal nur, weil er an Deck ging, um Luft zu schnappen. Als man

Blackbeard fragte, warum er so etwas tue, antwortete der Pirat, die Leute würden vergessen, wer er sei, wenn er nicht von Zeit zu Zeit einen seiner Männer töte.

Nachdem er New Providence verlassen hatte, fand Blackbeard Unterschlupf beim Gouverneur von North Carolina, Charles Eden. Während der Rest der amerikanischen Kolonien gegen die Piraterie war, hatte North Carolina nichts, was es exportieren konnte, und ermutigte deshalb die Piraten, ihre Beute dort abzuladen. Blackbeard ließ sein Schiff ganz öffentlich am Cape Fear und am Pamlico River kielholen und verkaufte seine Beute zu Schnäppchenpreisen in Bath am Pamlico. Im Tausch gegen einen Anteil der Beute begnadigte Eden Blackbeard und seine Männer sogar offiziell.

Im Frühjahr 1718 blockierte Blackbeard eine Woche lang den Hafen von Charleston, der Hauptstadt South Carolinas, und eroberte dabei acht oder neun Schiffe. Er entführte ein Mitglied des Regierungsrats mit seinem vierjährigen Sohn und drohte, sie zu töten und ihre Köpfe an Gouverneur Robert Johnson zu schicken, falls er keine Medikamente erhalte. Der Gouverneur schickte eine Kiste, die Medizin im Wert von 300–400 Pfund enthielt. Dabei handelte es sich überwiegend um die Quecksilbermischung, die zur Behandlung der Syphilis verwendet wurde.

In den 18 Monaten, nachdem Blackbeard New Providence verlassen hatte, kaperte er 20 Schiffe zwischen Honduras und Virginia. Langsam hatte sich jedoch die Gastfreundschaft North Carolinas abgenutzt. Die Menschen in Bath wollten zwar mit den Piraten handeln, verabscheuten aber ihr flegelhaftes Benehmen. Gouverneur Eden tat nichts dagegen. Im Gegenteil, er nahm sogar die Trauung von Blackbeard und seiner 14. Frau, der 16-jährigen Tochter eines Plantagenbesitzers aus Bath, vor.

Gouverneur Alexander Spotswood aus dem benachbarten Virginia beschloss, die Dinge selbst in die Hand zu nehmen, nachdem er erfahren hatte, dass Blackbeard und seine Flotille vorhatten, in Ocracoke, North Carolina, ein permanentes Hauptquartier einzurichten und ein Fort zu bauen. Ihm standen zwei Kriegsschiffe zur Verfügung: die HMS *Lyme* und *Pearl*. Spotswood schickte Agenten los, die Blackbeard ausspionieren sollten, und engagierte einen örtlichen Lotsen, der ihm berichtete, dass die Gewässer rund um Ocracoke für seine Kriegsschiffe zu flach seien. Daraufhin kaufte Spotswood zwei Schaluppen mit geringem Tiefgang und entwickelte zusammen mit seinen Kapitänen einen geheimen Angriffsplan – „aus Angst, dass Blackbeard eigene Agenten hat, sind die Menschen in diesem Land den Piraten doch aus unerfindlichen Gründen zugeneigt". Zudem befand sich Ocracoke außerhalb seiner Rechtsprechung, und jeder Versuch, Blackbeard dort zu verhaften, untergrub Edens Autorität. Spotswood überredete die Versammlung von Virginia, ein Kopfgeld von 100 Pfund auf Blackbeard auszusetzen. 40 Pfund sollte es für andere Piratenkapitäne geben, 20 Pfund für Piratenoffiziere und 10 Pfund für gewöhnliche Bukaniere. Das Ganze galt für die Jurisdiktion von Virginia und North Carolina.

Die beiden Schaluppen stachen am 17. November 1718 um drei Uhr nachmittags in See. Auf einer befanden sich 25 Männer unter dem Kommando von Seekadett Baker von der HMS *Lyme,* auf der anderen 35 Männer unter Leutnant Robert Maynard von der HMS *Pearl.* Zum Sonnenuntergang am 21. November näherten sie sich Ocracoke und sichteten Blackbeards Schaluppe *Adventure,* die zusammen mit einem Beuteschiff ein Stück flussaufwärts ankerte.

Als er so wenige Männer an Deck sah, rief Blackbeard seinen Männern zu, dass die Gegner wohl alle bis auf drei oder vier hinüber wären.

Blackbeard war nicht überrascht, sie zu sehen. Obwohl das Unternehmen streng geheim gehalten worden war, war der Pirat von North Carolinas korruptem Zollbeamten Tobias Knight gewarnt worden, dass etwas im Busch war. Während Maynard in den Untiefen ankerte und seine Männer auf den Kampf am nächsten Morgen vorbereitete, betranken sich Blackbeard und seine 18 Männer. Die Matrosen konnten sie singen und grölen hören.

Beim ersten Morgenlicht ließ Maynard Segel setzen. Als die Marineschaluppen in Reichweite der *Adventure* kamen, eröffnete Blackbeard das Feuer. Maynard hisste seine Flagge und ging auf die Piraten los. Blackbeard musste sein Ankertau kappen, um zu entkommen. Maynard verfolgte ihn, aber Blackbeards Schaluppe lief auf Grund. Da die Marineschaluppen mehr Tiefgang hatten als die *Adventure,* musste Maynard Ballast und Trinkwasserfässer abwerfen, damit sie näher an Blackbeard herankommen konnten.

Während sie damit beschäftigt waren, brüllte Blackbeard zu ihnen hinüber: „Verflucht sollt Ihr sein, Ihr Schurken! Wer seid Ihr? Und woher kommt Ihr?"

„Ihr werdet an unserer Flagge erkennen, dass wir keine Piraten sind", antwortete Maynard.

Blackbeard forderte ihn auf, an Bord der *Adventure* zu kommen, damit er sehen könne, wer er sei. Maynard entgegnete: „Ich kann mein Boot nicht erübrigen, aber ich werde mit meiner Schaluppe so bald wie möglich zu Euch kommen."

Das machte Blackbeard wütend, der erst einen kräftigen Schluck Schnaps nahm und dann brüllte: „Meine Seele soll verflucht sein, wenn ich Euch Gnade gewähre oder Gnade von Euch annehme." Maynard antwortete, dass er keine Gnade erwarte und auch keine walten lassen werde.

Blackbeard machte seine Schaluppe wieder flott, hisste seine schwarze Flagge und feuerte eine Breitseite ab. Die schwerbeladenen Marineschaluppen hatten nur 30 cm Freibord mittschiffs, wo die Ruderer saßen. Auf Bakers Schaluppe *Ranger* wurden neun Männer, darunter Baker, getötet. Außerdem wurde die Takelage beschädigt. Das Schiff trieb hilflos im Wasser und konnte in den Rest des Gefechts nicht mehr eingreifen.

Auf Maynards Schiff wurden 21 der 35 Männer getötet oder verwundet. Maynard befahl dem Rest, unter Deck zu gehen, falls Blackbeard eine weitere Breitseite abfeuere. Er selbst legte sich mit seinem Rudergänger flach auf das Deck. Blackbeard kam heran und warf Handgranaten, die aus Flaschen voller Pulver, Eisenstücken und Schrotkugeln sowie schnell brennenden Lunten bestanden. Sobald die Lunten heruntergebrannt waren, wurden die Granaten geworfen. Sie explodierten mit einem lauten Knall und sorgten für viel Rauch und Verwirrung auf Deck. Maynards Männer befanden sich jedoch unter Deck in Sicherheit.

Als er so wenige Männer an Deck sah, rief Blackbeard seinen Männern zu, dass die Gegner wohl alle bis auf drei oder vier hinüber seien. Seine Männer sollten an Bord kommen und den Rest in Stücke hacken.

Blackbeard sprang mit 14 Mann hinüber und fand sich Auge in Auge mit Maynard wieder. Die beiden Männer feuerten aus kürzester Entfernung aufeinander. Nach all dem Schnaps war Blackbeards Hand nicht so sicher, wie sie hätte sein sollen: Er schoss daneben, Maynard nicht. Dessen Männer waren inzwischen wieder an Deck gekommen und hatten sich in das Getümmel gestürzt.

Seine Schusswunde schien den betrunkenen Blackbeard wenig zu beeindrucken. Mit einem einzigen Schlag seiner Machete schlug er Maynards Säbel entzwei. Als Maynard zurücktrat, um seine Pistole noch einmal zu laden, hob Blackbeard die Machete und wollte gerade nach dem wehrlosen Leutnant schlagen, als einer der Marinematrosen ihn quer über den Hals erwischte.

Maynard feuerte seine Pistole ab und traf Blackbeard in die Seite. Obwohl er inzwischen stark blutete, war der Pirat immer noch nicht am Ende. Er kämpfte mit seinen 14 Männern weiter gegen Maynard und dessen zwölf, bis „die See rund um das Schiff rot vor Blut war". Laut Defoe wurde Blackbeard 25-mal verwundet, davon allein fünfmal durch Schüsse. Schließlich, als er gerade noch einmal seine Pistole heben wollte, fiel er um und war tot.

Inzwischen waren auch acht seiner Männer umgekommen. Die restlichen Piraten, alle verwundet, sprangen über Bord und baten um Gnade. Die *Ranger* hatte sich mittlerweile erholt und mischte sich in das Geschehen ein. Ihre Besatzung enterte die *Adventure* und nahm deren Männer, die ebenfalls um Gnade baten, gefangen – „obwohl es ihr Leben nur um wenige Tage verlängerte."

„Das war das Ende eines tapferen Rohlings", schrieb Defoe, „der sicher zum Helden geworden wäre, hätte er sich einer guten Sache gewidmet. Sein Ende, das große Auswirkungen auf die Plantagen in der Gegend hatte, verdanken wir einzig und allein der Tapferkeit und dem Mut Leutnant Maynards und seiner Männer."

Maynard ließ Blackbeard den Kopf abschneiden und hängte diesen an seinen Bugspriet. Damit segelte er nach Virginia. Es heißt, dass Blackbeards kopfloser Leichnam dreimal um das Schiff schwamm, bevor er versank. Maynard hatte auch einen Brief Tobias Knights gefunden, in dem dieser Blackbeard vor Spotswoods Plänen warnte. Spotswood berichtete dies der Handelskammer in London, Knight protestierte, dass die Beweise gegen ihn falsch seien. Daraufhin blieb er, ge-

Modernes Gemälde von Blackbeard mit seinem Schiff, der „Queen Anne's Revenge", im Hintergrund.

nau wie Gouverneur Eden, im Amt, bis er drei Jahre später an Gelbfieber starb.

Blackbeards Tod bedeutete das Ende der Piraterie in den amerikanischen Küstengewässern. Die Berichte über seine Abenteuer inspirierten jedoch einige der bekehrten Piraten von New Providence, ihre alten Gewohnheiten wieder aufzunehmen. Die Mannschaften dreier Schiffe, welche Woodes Rogers nach Hispaniola geschickt hatte, um Vorräte zu besorgen, meuterten zwei Tage, nachdem sie New Providence verlassen hatten. Hornigold wurde ausgesandt, sie zu fangen. Er kehrte mit nur 13 Männern zurück, von denen drei später ihren Verletzungen erlagen.

Die übrigen zehn wurden von einem Vizeadmiralitätsgericht verurteilt, das Rogers genau genommen gar nicht hätte einberufen dürfen. Zu den acht Richtern gehörten zwei bekehrte Piratenkapitäne, Peter Courant und Thomas Burgess. Neun der Angeklagten wurden schuldig gesprochen und zum Tode verurteilt. Einer wurde freigesprochen, da man ihn gezwungen hatte, sich den Piraten anzuschließen.

Am 12. Dezember 1718 band man ihre Hände vor dem Körper zusammen und führte sie aus dem Fort hinunter zum Strand, wo ein Galgen errichtet worden war. Sie mussten sich auf Fässer stellen und bekamen die Schlinge um den Hals gelegt. So standen sie

45 Minuten lang, während Gebete gesprochen und eine Ansprache an die Zuschauer gehalten wurde.

Die Männer waren zwischen 18 und 45 Jahre alt und reagierten ganz unterschiedlich auf ihre bevorstehende Hinrichtung. Zwei hatten sich für den Anlass schick gemacht. Einer trug alte Kleidung und hatte sich sogar geweigert, sich zu waschen. Der 24-jährige William Dowling, der in Irland seine eigene Mutter umgebracht hatte, war völlig reuelos, während der 22-jährige Thomas Morris rief, er wünsche sich, mehr Ärger gemacht zu haben. Der 34-jährige William Lewis, ein ehemaliger Boxer, war betrunken. Der 40-jährige John Augur bereute seine Taten und trank am Galgen ein Glas Wein auf den Erfolg der Bahamas und ihres Gouverneurs. William Ling, 30, war ebenfalls reumütig und trank Wasser. Dem 18-jährigen George Rounsivil wurde im letzten Moment Gnade gewährt, da „seine braven, anständigen Eltern in Rogers' Heimat Dorset lebten." Dann zog man den übrigen acht Männern die Fässer unter den Füßen weg.

Woodes Rogers rechnete Hornigold den Fang der Rückfälligen hoch an. In einem Brief an Außenminister James Craggs in London schrieb er zwei Wochen später: „Es freut mich sehr, Ihnen einen weiteren Beweis der Loyalität Kapitän Hornigolds liefern zu können, wenn auch viele Menschen noch während seiner Piratenzeit seine Großzügigkeit lobten."

Ironischerweise starb Hornigold den Piratentod. Er strandete auf einer einsamen Insel und verstarb. Fünf seiner Männer konnten mit einem selbstgebauten Kanu entkommen.

Das Hängen der acht Meuterer zog einen Schlusstrich unter die Piraterie auf den Bahamas. Mit großzügigen Gaben von Essen und Schnaps überredete Rogers die geläuterten Piraten dazu, innerhalb von 14 Tagen das neue Fort von New Providence zu bauen. Bereits im Januar 1720 war es mit 50 Kanonen bewaffnet.

Am 24. Februar gingen vier spanische Kriegsschiffe mit 1.300 Mann an Bord vor der Osteinfahrt des Hafens vor Anker. Rogers verfügte nur über eine Infanterieeinheit und eine Miliz aus 500 ständig betrunkenen ehemaligen Piraten. Als die Spanier in der Nacht zum 25. Februar einen Angriff starteten, waren jedoch zwei mit Musketen bewaffnete Wachen ausreichend, um die unerfahrenen spanischen Soldaten reihenweise abzuschießen. Obwohl sich die Spanier noch eine Weile in den Gewässern vor den Bahamas aufhielten, erfolgte kein weiterer Angriffsversuch.

Blackbeards Flagge: Ein Skelett mit Teufelshörnern, in der einen Hand eine Sanduhr, in der anderen einen Speer, sticht auf ein blutendes Herz ein.

Ohne Hauptquartier nahm die Anzahl der aktiven Piraten rasch ab. Bis zu diesem Zeitpunkt hatte es damaligen Schätzungen zufolge 1.000–2.000 Piraten gegeben. Aus Aufzeichnungen über die Aktivitäten diverser Piratenschiffe und die Schätzungen von Besatzungsgrößen waren 1716–1718 etwa 1.800–2.400 anglo-amerikanische Piraten aktiv. 1719 bis 1722 waren es etwa 1.500–2.000 und 1723–1726 nur noch 1.000 bis 1.500, mit stark abnehmender Tendenz. In der einzigen Schätzung, die wir von der Seite der Piraten haben, behauptete eine Bande 1716, dass sich etwa 2.400 Piraten auf den Weltmeeren herumtrieben. Insgesamt wurden ungefähr 4.500–5.500 Männer als Piraten gezählt. Bei ihrem Erzwidersacher, der britischen Marine, dienten im gleichen Zeitraum (1716–1726) etwa 13.000 Männer.

Anne hatte ein beachtliches Temperament. Sie erstach ein Dienstmädchen, und als ein junger Mann versuchte, sie zu vergewaltigen, schlug sie ihn zusammen.

Calico Jack und Anne Bonny

Einige Piraten, die ursprünglich aus New Providence stammten, machten natürlich noch immer Ärger. Charles Vanes Steuermann, John „Calico Jack“ Rackham, machte sich einen Namen, nachdem er seinen Kapitän losgeworden war. Er erhielt seinen seltsamen Spitznamen, als er in den Tropen lieber Baumwollkleidung anstelle der von den anderen Piraten bevorzugten Seiden- oder Samtstoffe trug – „Calico“ bedeutet „Kattun“, ein dichtes Baumwollgewebe. Rackham jagte in der Karibik Schiffe, am liebsten spanische. Als er von der Mannschaft eines Beuteschiffs erfuhr, dass ein neuer Krieg zwischen England und Spanien ausgebrochen war, schickte er einige Männer mit der Frage nach Jamaika, ob er vom dortigen Gouverneur einen Straferlass erhalten könne. Die Antwort des Gouverneurs bestand darin, ihm ein Geschwader der Marine auf den Hals zu hetzen. Calico Jack konnte zwar mit dem Großteil seiner Mannschaft entkommen, verlor dabei aber sein Flaggschiff *Kingston*.

Mit zwei kleinen Booten eroberte Jack vor Kuba ein spanisches Schiff und segelte nach New Providence, wo er von Rogers begnadigt wurde. Dort lernte er Anne Bonny, die Frau eines weiteren begnadigten Piraten, kennen.

Anne wurde in Irland als uneheliches Kind des Anwalts William Cormac und seines Dienstmädchens Peg Brennan geboren. Dies war ein Riesenskandal, und Cormac ging mit Peg und seiner Tochter nach South Carolina, wo er als Händler lebte. Er wurde schnell reich, und als Anne ins heiratsfähige Alter – damals zwölf Jahre – kam, war sie von Verehrern umgeben. Anne war aber nicht nur schön und reich, sie hatte auch ein beachtliches Temperament. Sie erstach ein Dienstmädchen, und als ein junger Mann versuchte, sie zu vergewaltigen, schlug sie ihn zusammen. Sie verliebte sich in den Nichtsnutz James Bonny, der sie mit nach New Providence nahm, wo sie Jack Rackham kennenlernte.

Calico Jack umwarb sie mit teurem Schmuck und bot ihr an, sie ihrem Ehemann abzukaufen, was damals gängig, wenn auch fragwürdig war. James Bonny wollte davon aber nichts hören und beschwerte sich beim Gouverneur. Dieser drohte wiederum, Anne auspeitschen zu lassen, falls sie nicht zu ihrem Ehemann zurückkehre. Rackham beschloss, dass die einzige Möglichkeit, seine Anne zu bekommen, darin lag, wieder Pirat zu werden. Er bekam seine Chance, als die *Curlew*, die schnellste Handelsschaluppe der Karibik, im Hafen von New Providence vor Anker ging.

Jack rief einige seiner alten Mannschaftsmitglieder zusammen. Um Mitternacht, zum Wachwechsel, schlichen sie sich an Bord. Anne, die sich als Seemann verkleidet hatte, stellte die beiden Wachen und drohte, ihnen bei der geringsten Bewegung das Hirn herauszupusten. Still und heimlich schlüpfte die *Curlew* aus dem Hafen. Sie segelten nach Kuba, wo Anne ein Baby zur Welt brachte. Sie ließen das Neugeborene dort und begannen, Küstenhändler und Fischerboote in der gesamten Karibik zu überfallen.

Nachdem sie ein holländisches Schiff gekapert hatten, zwangen sie einige Besatzungsmitglieder, bei ihnen „anzuheuern." Einer von ihnen, ein hübscher holländischer Junge, gefiel Anne ausgesprochen gut. Wie sich herausstellte, war er weder Holländer noch ein Junge. Als Calico Jack sie zusammen erwischte, drohte er, sie beide zu töten. Das wahre Geschlecht von Annes neuem „Freund" wurde entdeckt, „als sie ihre sehr weißen Brüste entblößte".

Jacks neues weibliches Besatzungsmitglied war die Engländerin Mary Read. Auch sie war ein uneheliches Kind. Um dies zu vertuschen, kleidete ihre Mutter sie als Jungen. So konnte sie als Schiffsjunge auf einem Kriegsschiff anheuern. Danach ging sie zur Infanterie und kämpfte im Spanischen Erbfolgekrieg als Dragoner in Flandern. In jener Zeit verliebte sie sich in einen jungen Flamen, mit dem sie sich das Zelt teilte. Er erwiderte ihre Liebe und bestand darauf, sie zu heiraten. Die Jungvermählten eröffneten in Holland eine Schenke, und Mary trug – das einzige Mal in ihrem Leben – Frauenkleider. Als ihr Ehemann plötzlich an einem Fieber verstarb, verkleidete sie sich wieder als Seemann und heuerte auf einem holländischen Schiff an. Dieses Schiff wurde dann von Calico Jack gekapert. Die drei behielten Marys Geheimnis für sich, bis sie sich in einen Kameraden verliebte und noch einmal heiratete.

Im Oktober 1720 stürmten die Piraten der *Curlew* vor Jamaika schreiend, fluchend und säbelschwingend ein Handelsschiff. Angeführt wurden sie von zwei Teufeln in Mänteln und langen Hosen. Dorothy Thomas, eine Passagierin, bemerkte jedoch etwas Ungewöhnliches. „Anhand der Größe ihrer Brust", so sagte sie, „hielt ich sie für Frauen."

Kurz darauf, während die Seeräuber ihren Triumph noch mit einem Saufgelage feierten, wurden sie von einer Freibeuterschaluppe aus Jamaika herausgefordert, die eine Vollmacht zur Piratenjagd hatte. Die Männer waren zu betrunken, um zu kämpfen, und versteckten sich im Frachtraum. Anne

Die Piratin Mary Read enthüllt ihrem verblüfften Gegner, dass er von einer Frau geschlagen wurde. Stich von 1853 von Huart nach „Histoire des Pirates et Corsaires".

und Mary schlugen das Enterkommando jedoch mit Pistolen, Macheten und Enteräxten zunächst zurück. Als ihnen klar wurde, dass es schlecht um sie bestellt war, feuerte Mary in den Frachtraum und schrie die Feiglinge an, sie sollten „gefälligst nach oben kommen und wie Männer kämpfen". Sie tötete sogar einen Piraten und verletzte weitere. Schließlich wurden sie aber doch überwältigt.

Die Seeräuber wurden in Spanish Town, Jamaika, vor Gericht gestellt. Marys Ehemann wurde freigesprochen, da man ihn gezwungen hatte, sich den Piraten anzuschließen. Calico Jack, Anne, Mary und acht Mannschaftsmitglieder befand man dagegen für schuldig und verurteilte sie zum Tode. Als man sie fragte, ob sie noch etwas zu sagen hätten, antworteten Anne und Mary: „Mylord, wir bitten um Gnade für unsere Bäuche." Beide waren schwanger, und nach englischem Gesetz durfte kein Gericht ein ungeborenes Kind töten, egal wie schuldig seine Mutter war.

Mary Read starb jedoch bald darauf im Gefängnis an Fieber. Nachdem Calico Jack gehängt worden war, gebar Anne Bonny ein Kind und konnte dank ihres nicht unbeträchtlichen Charmes noch zwei weitere Aufschübe erwirken. Es heißt, ihr reicher Vater habe sie schließlich freigekauft. Mit noch nicht einmal 20 Jahren wurde sie die Geliebte von Robert Fenwick, einem ehemaligen Piraten aus dem Roten Meer, der in Fenwick Castle, South Carolina, lebte. Später lief sie mit einem jungen Liebhaber davon, aber Fenwick fand die beiden. Er zwang Anne, ihm beim Hängen ihres Liebhabers zu helfen und zu versprechen, nie wieder wegzulaufen.

Black Bart

Der letzte große Pirat des Goldenen Zeitalters – und vielleicht der größte von allen – war Bartholomew Roberts. Er wurde 1682 in Pembrokeshire in Wales geboren. „Black Bart" war ebenfalls für seinen ausgefallenen Kleidungsstil bekannt. Als er im Kampf starb, trug er eine scharlachrote Weste aus Damast mit den passenden Hosen, einen Hut mit scharlachroter Feder und eine massive Goldkette mit einem großen, juwelenbesetzten Kreuz um den Hals. Er hatte zwei Paar Pistolen in Seidenschärpen über die Schultern gehängt, aber seine Lieblingswaffe war eine rasiermesserscharfe Machete, die in seinem Gürtel steckte.

Roberts fand seine „Berufung" als Pirat erst mit 37 Jahren. Außerdem war er sehr gläubig, verbot an Bord seines Schiffes das Glücksspiel und hielt seine Männer zum Beten an. Sein Markenzeichen war jedoch etwas für einen Piraten völlig Außergewöhnliches: Roberts war Abstinenzler!

Während des Spanischen Erbfolgekrieges fuhr er entweder auf einem Kriegs- oder auf einem Freibeuterschiff. Anschließend fuhr er als Händler zur See. Während der Zeit von Blackbeards Erfolgen war er Steuermann auf einer Handelsschaluppe aus Barbados. Mit Mitte 30 war er zwar ein erstklassiger Seemann, aber von niedriger Geburt. So hatte er keine Chance, jemals Kapitän zu werden – es sei denn, er wandte sich der Piraterie zu.

1719 fuhr er an Bord des Sklavenschiffes *Princess* die Küste Guineas entlang, als das Boot vom walisischen Piratenkapitän Howell Davis gekapert wurde. Davis selbst hatte seine Karriere als Steuermann auf einem Sklavenschiff begonnen, als sein Schiff, die *Cadogan*, vom irischen Seeräuber Edward England überfallen wurde. England nahm einen Teil der Fracht und übergab Davis dann das Schiff mit versiegelten Anweisungen, die er erst öffnen durfte, wenn er einen bestimmten Breitengrad erreicht hatte. Diese Papiere verliehen Davis einen zweifelhaften Besitzanspruch auf das Schiff, und es wurde vorgeschlagen, er möge damit nach Brasilien segeln. Stattdessen fuhr er nach Barbados, wo man ihn einsperrte. Obwohl ihm niemand seine Geschichte wirklich glaubte, ließ man ihn nach drei Monaten wieder frei. Dann segelte er nach New Providence, wo er von Woodes Rogers eine Schaluppe und eine Vollmacht erhielt, mit der er Piraten vor der westafrikanischen Küste jagen konnte. Sobald Davis jedoch den Atlantik überquert hatte, wurde er selbst zum Piraten.

Als der portugiesische Gouverneur der Insel Mayo Davis und seine Männer zu sich an Land einlud, überfielen sie das Fort und plünderten es aus.

Bei Gambia Castle fiel der Gouverneur auf einen Trick von Davis herein, der sein Schiff als Kriegsschiff ausgab. Anschließend hielt er dem Gouverneur eine Pistole an den Kopf und übernahm die Burg kampflos. Dann tat er sich mit Thomas Cocklyn und Oliver La Bouche zusammen, die 1717 begnadigt worden waren. Gemeinsam kaperten sie vor Sierra Leone ein Schiff mit 24 Kanonen.

Als Davis die *Princess* kaperte, hatte er bereits unzählige Schiffe mit Gold, Elfenbein und Sklaven aufgebracht. Davis war stolz darauf, dass er niemals einen Seemann zwingen musste, sich ihm anzuschließen. So stimmte auch Roberts zögerlich zu, auf Davis' Piratenschiff, der *Royal Rover*, zu segeln. Im Lauf der folgenden sechs Wochen eroberten sie eine Reihe von Schiffen, darunter eines, das den Gouverneur von Accra an Bord hatte und auf dem Weg nach Holland war.

Ein Stich aus dem 18. Jahrhundert: Anne Bonny, Piratin und Partnerin von Mary Read.

Bei Príncipe versuchte Davis noch einmal, sein Schiff als Kriegsschiff auszugeben. Der dortige Gouverneur hatte jedoch von dem Zwischenfall bei Gambia Castle gehört und lockte den Piraten in eine Falle. Davis erlitt einen Bauchschuss und starb wenig später. Die *Royal Rover* floh hinaus auf das offene Meer. An Bord hielten die Seeräuber eine Versammlung ab, um ihren neuen Kapitän zu wählen. Als Experte für Seefahrt und Kriegsführung auf hoher See war Bartholomew Roberts am besten geeignet. Erst in diesem Augenblick freundete er sich mit seinem neuen „Beruf" wirklich an.

„Es ist besser, Kommandant als einfacher Soldat zu sein", sagte er, „und da ich mir die Hände bereits dreckig gemacht habe, muss ich nun Pirat werden."

Roberts war zwar klein, hatte aber viel Charisma. Defoe schrieb: „Wenn Roberts sah, dass er die Bande von wilden Grobianen nicht mehr mit sanften Methoden bändigen konnte, wenn er sie nicht mehr vom Trinken abhalten konnte, das er für die Wurzel allen Übels hielt, zog er andere Seiten auf. Weigerte sich jemand, seinen Anweisungen Folge zu leisten, sagte er demjenigen, dass er es gern an Land mit ihm klären könne – mit dem Säbel oder der Pistole."

Als ein Mann ihn beleidigte, erschoss Roberts ihn. Ein weiterer seiner Männer, Thomas Jones, hörte davon und verfluchte ihn dafür, woraufhin ihn Roberts mit dem Schwert verwundete. Trotzdem packte Jones seinen Kapitän, warf ihn über eine Kanone und verprügelte ihn. Das sorgte auf dem Schiff für Bestürzung. Ein Teil der Männer hielt zu Roberts, der andere zu Jones. Bei einer Versammlung wurde beschlossen, die Würde des Kapitäns aufrechtzuerhalten. Obwohl seine Wunde noch nicht verheilt war, wurde Jones zu zwei Peitschenhieben von jedem der 180 Männer verurteilt. Anschließend desertierte er.

Roberts' erste Handlung als Kapitän bestand darin, als Vergeltung für Davis' Tod die portugiesische Siedlung auf Príncipe zu zerstören. Anschließend kaperte er in der Bucht von Biafra ein holländisches Handelsschiff und ein Sklavenschiff der Royal African Company. Sicher versteckt auf der winzigen Insel Annobón vor der Küste Gabuns, überredete er seine Männer, nach Brasilien zu segeln. Sie setzten Kurs auf die 4.200 km entfernte Insel Fernando de Noronha. Durch eine beachtliche Navigationsleistung kamen sie nur 28 Tage später dort an.

Im September 1719 stießen sie auf 42 portugiesische Handelsschiffe, die sich gerade zu einem Konvoi formierten, um sich von zwei Kriegsschiffen über den Atlantik nach Lissabon begleiten zu lassen. Sie waren mit Gold, Zucker, Tabak und Häuten beladen. Die *Royal Rover* segelte frech mitten in die Flotte hinein. Roberts kaperte das am schwersten beladene Schiff und plünderte dessen Ladung. Noch bevor die Eskorten überhaupt den Anker gelichtet hatten, waren die Seeräuber schon wieder verschwunden. Von dort aus ging die Reise weiter zur Ile du Diable vor der Küste Guayanas, die damals in spanischer Hand war. Dort tauschten sie ihre Beute gegen Geld und Frauen ein. Nach einer wochenlangen Orgie segelten sie in die Karibik, wo sie von der britischen Marine und den Freibeutern der Inseln jedoch schnell wieder verjagt wurden. Dann ging es weiter die amerikanische Küste hinauf nach Neufundland. In der Trepassey Bay sichteten sie 22 Handelsschiffe, die vor Anker lagen. Roberts hatte eine Schaluppe mit 60 Mann und zehn Kanonen. Die Handelsschiffe hatten insgesamt 1.200 Männer und 40 Kanonen.

Trotzdem segelte Roberts mit Pauken und Trompeten in die Bucht. Es wurde kein einziger Schuss abgefeuert, da die Besatzungen der Schiffe voller Panik in ihre Beiboote sprangen und an Land ruderten – und Roberts und seinen Männern ihre Schiffe überließen. Außerdem griffen die Piraten noch eine aus 150 Schiffen bestehende Fischereiflotte erfolgreich an. Als dann auch noch eine französische Flotille aus sechs Schiffen in die Bucht segelte, griff Roberts diese ebenfalls an und eroberte eine Brigantine, die er in *Royal Fortune* umtaufte und zu seinem Flaggschiff machte. Sogar der Gouverneur von Neuengland war von Roberts' Frechheit in Trepassey beeindruckt. Er schrieb: „Man kann nicht anders, als seinen Mut und seine Tapferkeit zu bewundern." Gut möglich, dass er das schrieb, weil es sich bei den Opfern um Franzosen handelte.

„Es ist besser, Kommandant als einfacher Soldat zu sein", sagte Bartholomew Roberts, „und da ich mir die Hände bereits dreckig gemacht habe, muss ich nun Pirat werden."

Als Roberts vor der Küste Neuenglands einige Schiffe aufbrachte, kann der Gouverneur nicht mehr so angetan gewesen sein. Im *Boston Newsletter* vom 22. August 1720 erschienen Augenzeugenberichte mehrerer Passagiere der Schaluppe *Samuel,* die man mit dem Tod bedroht hatte, falls sie ihre Wertsachen nicht herausgäben.

Die Piraten, so hieß es darin, hatten die Luken aufgerissen und alles zerschlagen, was ihnen in die Finger kam. Was sie nicht wollten, hatten sie über Bord geworfen. Steuermann Harry Glasby wurde aus seinem Versteck gezerrt und zum Dienst auf der *Royal Fortune* gezwungen. Die Piraten schimpften und fluchten und sagten zum Kapitän der *Samuel:* „Wir werden keine Begnadigung akzeptieren, mögen der König und das Parlament mit ihrem Gnadenakt verflucht sein, und wir werden uns auch nicht in der Sonne zum Trocknen aufhängen lassen. Wenn man uns fängt, werden wir das Pulver mit unseren Pistolen anzünden und fröhlich gemeinsam zur Hölle fahren."

„Wir werden keine Begnadigung akzeptieren, und wir werden uns auch nicht in der Sonne zum Trocknen aufhängen lassen."

Die Karibik war inzwischen kein guter Ort mehr für Piraten, aber Roberts hielt trotzdem an den Kleinen Antillen an, um Wasser und Proviant für die Fahrt nach Afrika an Bord zu nehmen. Sein Ziel war Brava, die südlichste der Kapverdischen Inseln, aber der Wind trieb ihn zu weit nach Norden. Da es unmöglich war, gegen den Wind nach Brava zu segeln, musste er mit dem Nordostpassat zurück über den Atlatik fahren und es noch einmal versuchen. Zu diesem Zeitpunkt hatten sie nur noch ein Fass Wasser. Es enthielt knapp 240 Liter, und er hatte 126 Mann an Bord. Die *Royal Fortune* würde erst nach 3.200 km wieder Land sehen. Roberts rationierte das Wasser strengstens: ein Mundvoll pro Mann alle 24 Stunden. Einige waren so durstig, dass sie Meerwasser tranken, andere tranken ihren eigenen Urin und starben an Fieber und Durchfall.

Schließlich ging ihnen das Wasser ganz aus. Am nächsten Tag ergaben Lotungen jedoch, dass die See flacher wurde. In dieser Nacht ankerten sie bei sieben Faden (etwa 13 m) Tiefe. Kurz nach Tagesanbruch entdeckte der Ausguck Land. Sie setzten ihr Beiboot aus und kehrten am Abend mit frischem Wasser aus dem Fluss Maroni in Guayana wieder.

Da sie ihre Atlantiküberquerung nicht noch einmal wiederholen wollten, ging die *Royal Fortune* unter den Augen der Marine auf Beutezug in der Karibik. Die Piraten segelten in den Hafen von St. Kitts, plünderten die Handelsflotte und nahmen gestohlene Schafe an Bord – während die Kanonen des Forts auf sie feuerten.

Roberts richtete sein Hauptquartier in der Nähe von St. Lucia ein und richtete bei den Schiffen, die aus Martinique kamen, so viel Schaden an, dass deren Gouverneur beim Gouverneur von Barbados um Hilfe bitten musste. Laut dem Gouverneur der Bermudas wurden Roberts' französische Gefangene „grausam misshandelt. Einige wurde fast zu Tode gepeitscht, anderen schnitt man die Ohren ab, wieder andere band man an die Rahen und benutzte sie als Zielscheiben."

Die Berichte über das barbarische Verhalten von Black Barts Männern schockierten die Bevölkerung und trugen zur Demontage des romantischen Piratenbildes bei. Dies führte zum sogenannten Piracy Act von 1721. Die Strafen für Piraterie weiteten sich nun auf jeden aus, der in irgendeiner Form mit den Gesetzlosen handelte.

Roberts hatte in der Zwischenzeit den Handel in der Karibik zum Erliegen gebracht. Er verfügte über zwei Schiffe, die seine eroberte Beute transportiereten. Deren Frachträume waren voll bis unter die Decke, und es war unmöglich, seine „Waren" in einer der britischen Kolonien in der Karibik oder in Nordamerika gegen Gold einzutauschen. Also musste er wieder den Atlantik überqueren. Er segelte nach Sierra Leone, wo er sechs Wochen damit verbrachte, seine Schiffe kielholen und reparieren zu lassen. Obwohl jeglicher Handel in der Gegend offiziell unter der Aufsicht der Royal African Company stand, gab es genug freie Händler, die nur zu gern mit Roberts Geschäfte machten.

Einer der reichsten Händler war John Leadstone – ein ehemaliger Pirat, der als Kapitän Crackers bekannt war. Ein weiterer war Benjamin Gun, der einen Hafen am Río Pungo besaß und als Ben Gunn in Robert Louis Stevensons *Schatzinsel* unsterblich wurde. Während die Westküste Afrikas zu verseucht und zu ungesund war, um zu einem zweiten Madagaskar zu werden, machten die Männer gute Geschäfte, indem sie Messingtöpfe, Zinnpfannen, alte Waffen und englischen Gin gegen Sklaven eintauschten, die sie dann an diejenigen weiterverkauften, die das Monopol der Royal African Company unterliefen. Die Händler warnten Roberts, das zwei britische Kriegsschiffe – die HMS *Weymouth* unter Kapitän Mungo Herdman und die HMS *Swallow* unter Kapitän Chaloner Ogle – die Gegend patroullierten und um Weihnachten nach Sierra Leone zurückkehren würden.

Unbeeindruckt segelte Roberts Ende August 1721 die Küste in südlicher Richtung entlang. Vor Sasstown, Liberia, eroberte er eine Fregatte der Royal African Company, die er in *Royal Fortune* umbenannte und zu seinem Flaggschiff machte. In einem Flussarm des Calabar in der Bucht von Biafra hielt er an und ließ seine Schiffe kielholen. Am Kap Lopez, dem südlichsten Punkt des Golfs von Guinea, drehte Roberts wieder nach Westen ab. Es war inzwischen Weihnachten geworden, und da sich die britischen Kriegsschiffe nun in Sierra Leone befinden würden, lag das Meer schutzlos vor ihm. Die Marine war jedoch bei Príncipe aufgehalten worden, wo 100 ihrer Männer an Malaria und Geschlechtskrankheiten starben. Danach wurden sie noch einmal bei Cape Coast Castle im heutigen Ghana aufgehalten, wo sie Handelsmatrosen als Ersatz zwangsverpflichteten.

Roberts überquerte den Golf von Guinea und ging an der Elfenbeinküste an Land. Von dort aus arbeitete er sich in östlicher Richtung vor, bis er fast in den Weg der Kriegsschiffe geriet, denn er segelte knapp an Cape Coast Castle vorbei, wo sie vor Anker lagen. Am 11. Januar 1722 ging es weiter nach Whydah (das heutige Ouidah, Benin), damals der größte Sklavenhafen der Küste. Elf Sklavenschiffe, die dort ankerten, gaben ohne einen einzigen Schuss auf. Sie wurden gegen ein Lösegeld von jeweils 3,6 kg Goldstaub freigegeben. Ein Kapitän weigerte

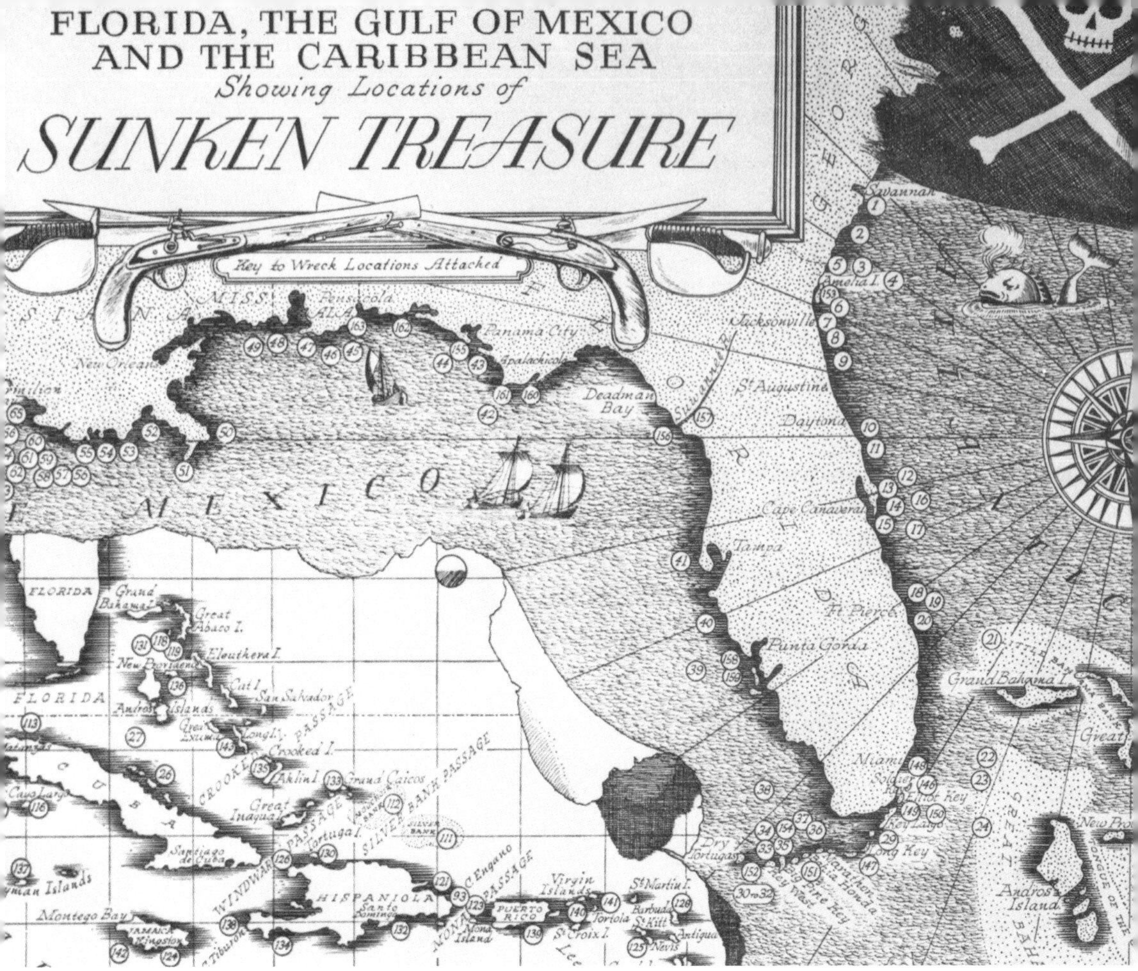

Auf dieser Karte der Karibik und des Golfs von Mexiko weisen die „X“ auf Stellen hin, an denen Piratenschätze vergraben sein sollen.

sich, das Lösegeld zu bezahlen. Entgegen Roberts' Befehl wurde das Schiff angezündet. Die 80 Sklaven an Bord hatten die Wahl, zu verbrennen oder zu Paaren aneinandergekettet ins Wasser zu springen, wo sie ertranken oder von Haien zerfetzt wurden.

Zwei Tage später fingen die Seeräuber eine Nachricht aus Cape Coast Castle ab, in welcher die Royal African Company in Whydah vor der Ankunft von Piraten gewarnt wurde, die von der HMS *Swallow* verfolgt wurden. Roberts stach sofort in See. Hinter Whydah war die Küste sumpfig, und es gab keine europäischen Siedlungen mehr, also segelte er zurück zur Insel Annobón, verfehlte sie aber und ging stattdessen in Kap Lopez an Land.

Die *Swallow* und die *Weymouth* kamen zwei Tage nach Roberts' Aufbruch in Whydah an. Kapitän Ogle vermutete, dass er nach Süden gesegelt war, und nahm die Verfolgung auf. Bei Sonnenaufgang am 5. Februar 1722 durchsuchte die *Swallow* gerade die unzähligen kleinen Buchten bei Kap Lopez, als Ogle mitten in dem unwirtlichen Sumpf- und Lagunengebiet Kanonenfeuer hörte. Er folgte dem Geräusch und entdeckte die *Royal Fortune*, die mit ihren Begleitern *Great Ranger* und *Little Ranger* in der Nähe von Parrot Island ankerte.

Als Roberts die *Swallow* sichtete, hielt er sie zunächst für ein Handelsschiff. Er befahl James Skyrme, dem Kapitän der *Great Ranger*, die Beute zu verfolgen. Ogle segelte vor dem Wind los, bis er glaubte, außer Hörweite der Insel zu sein. Dann ließ er die *Great Ranger* herankommen. Das Piratenschiff war mit Flaggen behängt, und ganz oben wehte der Jolly Roger. Skyrme feuerte seine Buggeschütze ab. Dann nahmen seine Männer die Enterpositionen ein.

Erst als sie in Musketenreichweite waren, erkannte Skyrme, dass er einen furchtbaren Fehler gemacht hatte. Das Kriegsschiff drehte nach Steuerbord ab, fuhr seine unteren Geschütze aus und feuerte eine vernichtende Breitseite ab. Diese sorgte auf dem Piratenschiff für Verwirrung. Sie holten die Totenkopfflagge ein, nur um sie gleich wieder zu hissen; sie begannen zu fliehen, um sich dann doch dem Kampf zu stellen, und feuerten ihrerseits eine Breitseite auf die *Swallow* ab.

Machetenschwingend machten sich die Seeräuber bereit, die *Swallow* zu entern. Das war eine Umkehrung der üblichen Taktik. Das Kriegsschiff hatte keine Fracht an Bord, aber seine Matrosen waren wild auf den Schatz, den ihr Gegner an Bord hatte. Sie feuerten ununterbrochen auf das Piratenschiff und schossen Skyrme ein Bein weg. Der Großtopmast der *Great Ranger* wurde zerschmettert und krachte auf das Deck. Die beiden Schiffe beschossen sich stundenlang auf hoher See unter der glühenden afrikanischen Sonne. Noch immer seine Machete in der Hand haltend, stark blutend und fast verrückt vor Schmerzen, leitete Skyrme den Kampf. Immer wieder befahl er seinen Leuten, die *Swallow* zu entern, aber entweder konnten oder wollten sie nicht.

Gegen 15 Uhr waren zehn Piraten tot. 20 waren verwundet, 16 davon schwer. Andere hatten ihre Posten aufgegeben. Auf der *Swallow* hingegen gab es kein einziges Opfer. Die *Great Ranger* war so stark beschädigt, dass sie weder kämpfen noch fliehen konnte. Skyrme musste um Gnade bitten. Er holte die Piratenflagge ein und warf sie ins Meer, damit man sie nicht als Beweis gegen ihn verwenden konnte.

Einige wollten aber nicht so leicht aufgeben. Ihrem Versprechen gemäß lief ein halbes Dutzend Männer hinab in die Pulverkammer im Zwischendeck, um sie alle in die Luft zu jagen. Einer von ihnen, John Morris, schoss auf ein Fass mit Schwarzpulver. Zum Glück war es halbleer, sodass die Explosion nur Morris selbst tötete. Der Rest erlitt so schwere Verbrennungen, dass sie keinen weiteren Versuch unternehmen konnten.

Nun enterte die Kriegsmarine die *Great Ranger* und stieß auf 100 Männer: 59 Engländer, 18 Franzosen und 23 afrikanische Sklaven. Die Marine fand kein Gold. Die Decks waren blutverschmiert, und überall lagen Verwundete herum. Der Schiffsarzt der *Swallow*, John Atkins, der die meisten Informationen für Defoes Bericht lieferte, kam an Bord, um sich um die Verletzten zu kümmern. Einer von ihnen, Roger Ball, starb am nächsten Tag. Ein anderer, William Main, hatte die Bootsmannspfeife um den Hals. Als er das sah, sagte Atkins: „Ich gehe davon aus, Ihr seid der Bootsmann dieses Schiffes?"

„Da liegt Ihr falsch", antwortete Main, „denn ich bin Bootsmann der *Royal Fortune* unter Kapitän Roberts."

„Dann, Herr Bootsmann, denke ich, dass Ihr hängen werdet“, sagte Atkins.

„Was immer Euch beliebt, Euer Ehren“, antwortete Main.

Atkins fragte, wie das Pulver Feuer gefangen habe. „Mein Gott“, sagte er, als er es erfuhr, „Sie sind alle verrückt und verhext, und ich habe dadurch einen guten Hut verloren.“ Dieser war auf das Meer geweht worden.

„Aber was ist ein Hut schon wert, Freund?“, fragte Main.

„Nicht viel“, antwortete Atkins.

Die Matrosen erwiesen sich als bessere Plünderer als die Piraten, und während sie Main seine restlichen Sachen auszogen, fragte Atkins ihn, ob Roberts' Männer genauso seien.

„Es sind 120 der schlauesten Burschen, die ich jemals kennengelernt habe. Ich wünschte, ich wäre bei ihnen.“ Dann sah er an sich herab und stellte fest, dasss sogar seine Schuhe und Socken verschwunden waren. „Bei Gott“, sagte er ironisch, „das ist die nackte Wahrheit.“

Die *Great Ranger* wurde rasch repariert und mit den schwerbewachten Verwundeten auf dem Deck nach Príncipe geschickt. Der Rest der Gefangenen wurde unter Deck in Eisen gelegt. Dann setzte Kapitän Ogle Segel nach Kap Lopez, wo Roberts' weitere zwei Schiffe warteten.

Am Morgen des 10. Februar 1722 saß Roberts gerade an Bord der *Royal Fortune* beim Frühstück, als ihn die Nachricht erreichte, dass sich ein fremdes Segel näherte. Er schenkte dem wenig Beachtung. Seine Schiffe warteten seit fünf Tagen auf Skyrmes Rückkehr, und die Piraten konnten nicht viel tun, außer sich zu betrinken. Die verkaterten Männer an Deck sahen, dass das Schiff unter französischer Flagge segelte. Es war schon fast herangekommen, als ein Marinedeserteur sein ehemaliges Schiff, die *Swallow*, erkannte und Alarm schlug. Roberts befahl den Männern der *Little Ranger*, an Bord zu kommen, kappte die Ankertaue und machte sich aus dem Staub. Von dem Deserteur erfuhr er, dass die *Swallow* am schnellsten war, wenn der Wind sie querschiffs erwischte. Also ließ Roberts alle Segel setzen und segelte vor dem Wind. Er hätte dem Kriegsschiff leicht entkommen können, drehte stattdessen um und kam direkt auf die *Swallow* zu. Es war eines seiner dreisten Manöver, und es hieß, dass er so die Feuerkraft seines Gegners testen wollte. Falls das stimmte, gelang es ihm ein bisschen zu gut.

Um 11 Uhr vormittags waren die Schiffe in Reichweite der gegenseitigen Kanonen. Die *Swallow* feuerte als Erste eine Breitseite ab. Roberts brach über einer Geschützlafette zusammen. Sein Rudergänger Stephenson kam ihm zur Hilfe, konnte jedoch keine Wunde entdecken und sagte ihm deshalb, er solle aufstehen und wie ein Mann kämpfen. Erst da sah er, dass Schrotkugeln Roberts in den Hals getroffen und getötet hatten. Der Rudergänger brach in Tränen aus.

Vermutlich hätte Roberts den plötzlichen Tod im Kampf gewählt, wenn er es sich selbst hätte aussuchen können. Man warf seinen Körper, so wie er es angeordnet hatte, über Bord. Zurück blieb sein Ruf: In seiner zweijährigen Karriere als Pirat hatte Roberts über 400 Schiffe erobert.

Nach Roberts' Tod verließ seine Mannschaft der Mut. Da es keinen offiziellen Stellvertreter gab, übernahm Steuermann Harry Glasby das Kommando. Er überredete die Männer, das Schiff nicht zu sprengen, und versuchte, sie zum Aufgeben zu bewegen. Eine Reihe der Veteranen, die bereits unter Howell Davis gekämpft hatten, waren aber nicht bereit, sich dem Strick zu stellen. Sie feuerten weiterhin auf die *Swallow*, die sie überholte. Die meisten der Piraten taten jedoch das, was sie am besten konnten: Sie betranken sich.

Um 13.30 Uhr brach der beschädigte Großmast zusammen, sodass es nicht mehr nötig war, die Flagge einzuholen, und um 14 Uhr ergaben sie sich schließlich doch. Vorher warfen sie jedoch alle belastenden Papiere über Bord. Roberts' Piratenflagge hatte sich in der Takelage verwickelt, und es gelang ihnen nicht, sie loszuwerden. Als die Marine später an Bord kam, gelang es ihr, sie zu bergen. Außerdem

Spanische Dublonen, ein Goldklumpen und ein Barren, die im Wrack der „Nuestra Senora de las Maravillas" gefunden wurden, welche im 17. Jahrhundert vor den Bahamas gesunken war.

entdeckte das Enterkommando unter Deck große Mengen Goldstaub und gestohlene Waren. John Mansfield, ein Pirat, der vom Kriegsschiff *Rose* desertiert war – „eher wegen des Schnapses, nicht wegen des Goldes" –, hatte von der ganzen Geschichte nichts mitbekommen. Nachdem er den Kampf über sturzbetrunken an Deck gelegen hatte, wachte er auf und sah die *Swallow* neben sich. Er rief „Ein Schiff! Ein Schiff!", und forderte seine Kameraden auf, sie zu entern.

Die Mannschaft der *Royal Fortune* folgte ihren Kameraden von der *Great Ranger* in den Frachtraum der *Swallow*. Nun waren es 254 Gefangene, darunter 70 Afrikaner. 15 starben auf dem Weg nach Cape Coast Castle, wo der Rest von ihnen in das „Sklavenloch" geworfen wurde, eine Höhle, die in den massiven Fels unter der Befestigungsanlage gesprengt worden war. Dort starben vier weitere Piraten, während sie auf ihren Prozess warteten. Nun blieben noch 169 Gefangene übrig, die sich dem Admiralitätsgericht stellen mussten. Die 18 Franzosen der *Great Ranger* wurden freigesprochen, da man sie als Ausländer zur Piraterie gezwungen hatte.

Alle Seeräuber plädierten auf nicht schuldig, und alle, die beweisen konnten, dass man sie zwangsverpflichtet hatte, wurden freigesprochen, auch wenn sie schon lange unter Roberts gedient hatten. 74 Männer, inklusive Steuermann Harry Glasby, kamen frei. 54 Männer wurden zum Tode verurteilt; zwei von ihnen erhielten nachträglich eine Begnadigung. 17 wurden nach Marshalsea geschickt, aber nur vier überlebten die Reise. 20 Piraten wurden schließlich zu sieben Jahren Zwangsarbeit in den Minen der Royal African Company an der Goldküste verurteilt – nicht einer überlebte.

52 Männer, darunter Kapitän Skyrme, der erstaunlicherweise den Verlust seines Beines überlebt hatte, wurden zu den Galgen außerhalb der Befestigungsanlage geführt. Dort hängte man sie in Gruppen. Der erste Schub bestand aus dem „Oberhaus", wie sich Roberts' ursprüngliche Mannschaft selbst nannte. Jeder von ihnen hatte einen Titel. Im Gefängnis wies „Lord Sutton" den Kerkermeister an, den Gefangenen, an den er angekettet war, zu entfernen oder ihm wenigstens sein Gebetsbuch wegzunehmen, da „Seine Lordschaft durch das Gebet belästigt wird".

„Was erwartete Ihr Euch von so viel Lärm und Hingabe?", fragte Sutton den Mann.

„Ich schätze, den Himmel", antwortete dieser.

„Den Himmel, du Dummkopf?", sagte Sutton. „Hast du je von einem Piraten gehört, der dahin gekommen ist? Ich gehe lieber in die Hölle, dort ist es lustiger, und ich werde Roberts mit 13 Schüssen salutieren, wenn ich ankomme."

Am Tag seiner Hinrichtung war „Lord Sutton" dann jedoch nicht mehr so gut in Form, da er unter Durchfall litt. Der Rest des Oberhauses bot dafür aber ein gutes Schauspiel ab. Einer von ihnen sagte zu Schiffsarzt Atkins, der als Kaplan fungierte: „Wir sind nur arme Teufel und werden deshalb gehängt, während andere, die auf ihre Weise genauso schuldig sind, entkommen konnten."

Ein anderer, der sich mit den Formalitäten des Hängens gut auskannte, beschwerte sich, dass man ihnen die Hände auf dem Rücken zusammengebunden hatte, wo sie doch vor dem Körper sein müssten. „Lord Sympson“ entdeckte in der Menge Elizabeth Trengrove, die Passagierin auf einem der eroberten Schiffe gewesen war. Er rief: „Ich habe dreimal bei der Schlampe gelegen, und nun kommt sie, um mich hängen zu sehen.“

Andere waren reumütiger. Atkins führte ein Logbuch, in das er schrieb, dass William Williams bei seiner Hinrichtung sprachlos war.

Über ein Drittel der Verurteilten kam aus dem Westen Englands, der Rest aus Wales, London oder dem Norden. Sie waren im Durchschnitt 28 Jahre alt, während das Durchschnittsalter im „Oberhaus“ bei 30 Jahren lag. Nur vier Männer waren älter als 40, und vier waren unter 20. Der Älteste war 45, der Jüngste 19.

Die Hinrichtungen dauerten 14 Tage, und der letzte Schub Piraten wurde am 20. April 1722 gehängt. Die Körper von 18 der schlimmsten Schurken wurden geteert, in Ketten gelegt und an einen Galgen gehängt, wie Kapitän Kidd in England 21 Jahre zuvor.

Kapitän Roberts' Tod wurde im britischen Handelsimperium, das sich inzwischen von New York nach Jamaika und Bombay erstreckte, mit großer Erleichterung aufgenommen. Kapitän Ogle wurde zum Ritter geschlagen und blieb der einzige Marineoffizier, der besonders für seine Verdienste im Kampf gegen die Piraten geehrt wurde. Durch den Goldstaub, den er in Kapitän Roberts' Kabine gefunden hatte und den er den Behörden „aus Versehen“ nicht übergeben hatte, wurde er auch ein sehr reicher Mann. Natürlich stieg er später zum Admiral auf.

Obwohl es nun mehr Beuteschiffe gab als jemals zuvor, war das Goldene Zeitalter der Piraterie zu Ende. Die britische Marine beherrschte nun die Weltmeere und nicht mehr die Totenkopfflagge.

KAPITEL ZEHN

Die moderne Piraterie

Obwohl das sogenannte Goldene Zeitalter der Piraten keine 50 Jahre dauerte, erwies sich die Piraterie an sich als viel langlebiger. Im frühen 19. Jahrhundert kam es zu einem erneuten Aufflammen, und der Grund war wieder einmal der Frieden.

Wenn die Piraterie auch nach dem Ende ihres Goldenen Zeitalters gelegentlich wieder aufflammte – 1769 wurde eine Reihe von seefahrenden Schurken aus Hove in Sussex zum Tode verurteilt, da sie ein holländisches Küstenschiff vor Beachy Head aufgebracht und 60 Herrenhüte gestohlen hatten –, konnten die Weltmeere im Großen und Ganzen wieder in Frieden befahren werden. Das Ende der Napoleonischen Kriege, des Krieges von 1812 sowie der Unabhängigkeitskriege in Südamerika ließen die Marine ohne Beschäftigung, und wieder einmal wimmelten die Häfen rund um den Atlantik von arbeitslosen Freibeutern. Zur gleichen Zeit stieg durch die Ausbreitung der industriellen Revolution die Menge der Schiffe im Atlantik und in amerikanischen Küstengewässern stark an.

Die neue Generation der Piraten, die sich in den Buchten und Inseln in und um Kuba und Puerto Rico niederließen, waren nur ein Schatten ihrer schneidigen Seeräubervorfahren. Die Schiffe, die sie überfielen, transportierten nicht mehr Gold, Silber und Seide der Inka, der Azteken, der Mogulen, sondern Kohle, Baumwolle und Eisenwaren. 1822 enterten Piraten die Brigantine *Washington* und stahlen Geld aus der Seemannskiste von Kapitän Lander. Dann befahlen sie dem Koch, die Kartoffeln herauszurücken, und nahmen Küchenutensilien, den Kompass, eine Signaltrompete, die Ersatzkleidung der Besatzung sowie etwas Garn mit, bevor sie wieder verschwanden. Lander und seine Mannschaft hatten Glück, denn sie blieben am Leben.

Ohne den Schutz der britischen Marine waren die gerade unabhängig gewordenen Vereinigten Staaten verwundbar. Allein 1820 wurden in der Karibik und im Atlantik 27 US-Schiffe aufgebracht. Die in astronomische Höhen steigenden Versicherungsraten für Schiffe drohten, der jungen Nation die Luft abzuschnüren. Der Kongress gab Präsident James Monroe weitreichende Vollmachten, um der Gefahr auf dem Meer Herr zu werden, und forderte die Todesstrafe für Piraten.

Im folgenden Sommer patroullierten sechs US-Kriegsschiffe und drei Kanonenboote in der Karibik und im Golf von Mexiko. Am 16. Oktober holte

Zeichnung aus Howard Pyles „Book of Pirates". Obwohl es gern angeführt wird, gibt es kaum Hinweise darauf, dass Piraten ihre Opfer tatsächlich „über die Planke" gehen ließen.

die US-Brigantine *Enterprise* unter Kapitänleutnant Lawrence Kearney vier Piratenschoner ein, die von Charles Gibbs, einem besonders unangenehmen Gesellen, kommandiert wurden. Gibbs wurde 1794 in Providence, Rhode Island, geboren und war im Krieg von 1812 auf der Schaluppe *Hornet* gegen die Briten gefahren. Er befand sich an Bord der *Chesapeake,* als diese 1813 von der britischen Fregatte *Shannon* aufgebracht wurde. Daraufhin saß er bis zu einem Gefangenenaustausch im Gefängnis von Dartmouth. Dann versuchte er sich als Spelunkenwirt und scheiterte. Er unterschrieb bei einem Freibeuter, der von Buenos Aires aus operierte. Dessen Mannschaft meuterte. Sie setzten die Offiziere in Florida an Land und wählten Gibbs zum neuen Kapitän. Anschließend gingen sie auf einen Beutezug, bei dem sie über 20 Schiffe eroberten und deren Besatzungen und Passagiere sie bis auf den letzten Mann töteten, damit es keine Zeugen gab. Die einzige Ausnahme war ein holländisches Mädchen, das sie zwei Monate lang missbrauchten, bevor sie ihr die Wahl zwischen Tod durch Gift oder einer gewaltsameren Todesart ließen.

Als er in kubanischen Gewässern von einer britischen Schaluppe überrascht wurde, flüchtete Gibbs mit 30.000 Dollar. Dann kämpfte er im Krieg zwischen Brasilien und Argentinien und diente als Leutnant auf dem argentinischen Schiff *25 de Mayo.* Er wurden von den Brasilianern gefangen genommen, später aber wieder freigelassen. Anschließend arbeitete er für den Dey von Algerien. Nach seiner Rückkehr in die USA heuerte er auf der *Vineyard* aus New Orleans an, übernahm das Schiff, tötete Steuer- und Bootsmann und ging wieder auf Beutezug. Dabei war Gibbs so grausam wie eh und je. Einem gefangenen Kapitän hackte er die Arme und Beine ab. Bei einer anderen Gelegenheit verbrannte er die Mannschaft eines Handelsschiffs bei lebendigem Leib.

Als Kearney Gibbs einholte, war dieser gerade dabei, mit seiner 100-köpfigen Besatzung drei Handelsschiffe vor der Küste Kubas zu plündern. Nach heftigem Kampf wurden die Seeräuber überwältigt. 40 Piraten konnte Kearney gefangen nehmen, der Rest, inklusive Gibbs, strandete seine Schiffe und floh in den Dschungel. Später wurde jedoch auch Gibbs gefangen, zurück nach Rhode Island gebracht, verurteilt und im April 1831 gehängt.

Die Zeitungen bejubelten Kearneys Erfolg, die Angriffe gingen jedoch auch 1822 und 1823 weiter. Es gab nun wieder rund 2.000 Piraten in der Karibik. Da die amerikanischen Kriegsschiffe zu groß waren, um sie bei den flachen Riffen und Sandbänken zu jagen, genehmigte der Kongress ein Karibikgeschwader unter Kommodore David Porter. Er erhielt die für damalige Verhältnisse enorme Summe von 500.000 Dollar für die Zusammenstellung dieser Flotte. Porter kaufte acht Schoner mit geringem Tiefgang und ein Dampfschiff. Um die Piraten auch an Land angreifen zu können, benötigte er zusätzlich fünf flache Barken mit je 20 Rudern. Außerdem erwarb er noch ein Schiff, das als unbewaffnetes Handelsschiff getarnt war, in Wirklichkeit aber sechs Kanonen mit sich führte.

Porters Antipiratenflotte wurde mit 1.150 Seeleuten und Marineinfanteristen bemannt und hatte ihr Hauptquartier in Norfolk, Virginia. Im April 1823 erwischte sie den kubanischen Piraten Diabolito („Kleiner Teufel") mit seinem Schoner *Catalina*. In einem wilden Gefecht wurden 70 Piraten getötet. Porters Piratenjäger setzten der Piraterie in der Karibik zwar schnell ein Ende, aber der berüchtigte Seeräuber Benito de Soto war bis 1828 im Atlantik weiterhin aktiv.

De Soto war einige Jahre zuvor auf dem portugiesischen Sklavenschiff *Defensor de Pedro* gesegelt. Als sie vor der afrikanischen Küste vor Anker gingen und der Kapitän an Land übersetzte, um mehr Sklaven zu kaufen, schlug der Bootsmann de Soto vor, zu meutern und das Schiff zu übernehmen. De Soto schlug ein, und gemeinsam versuchten sie, die anderen Männer zu überreden, mitzumachen. 22 stimmten ihrem Plan zu, während 18 sich dagegen aussprachen. Ohne den Bootsmann zu fragen, sammelte de Soto alle Waffen an Bord ein und übernahm das Kommando. Dann ließ man ein Beiboot zu Wasser und stellte die Männer, die sich gegen die Meuterei ausgesprochen hatten, vor die Wahl: Entweder sie schlossen sich den Meuterern an, oder sie versuchten, in dem Beiboot mit einem Paar Ruder, das de Soto ihnen gestattete, das gut 16 km entfernte Ufer zu erreichen. Die 18 Männer entschieden sich für Letzteres. Wäre das Wetter ruhig geblieben, hätten sie es wohl noch vor Sonnenuntergang geschafft, aber ein Sturm zog auf. De Soto segelte mit der *Defensor de Pedro* – die nun *Black Joke* hieß – davon, und alle waren sich einig, dass die Männer im Beiboot den Sturm nicht überleben konnten.

In der gleichen Nacht feierte der ehemalige Bootsmann, der nun neuer Kapitän der *Black Joke* war, mit seinen Männern ein ausgelassenes Saufgelage. Als auch er endlich völlig betrunken einschlief, hielt de Soto ihm eine Pistole an den Kopf und pustete ihm das Hirn weg. Er erzählte der Mannschaft, er habe ihnen damit einen Gefallen getan. Er war nun ihr neuer Anführer, und wenn sie alles taten, was er ihnen befahl, würden sie eine reiche Beute einfahren.

Das Schiff war bereits halbvoll mit Sklaven. Einige wollten sie über Bord werfen. De Soto segelte stattdessen in die Karibik, wo er alle bis auf einen Jungen, den er als Stewart behielt, verkaufte. Das sollte sein Untergang werden.

Als auch der Bootsmann endlich betrunken eingeschlafen war, hielt de Soto ihm eine Pistole an den Kopf und pustete ihm das Hirn weg.

Nun konnte die *Black Joke* auf große Beutefahrt gehen. Eines ihrer Opfer war eine amerikanische Brigantine. Nachdem ihre Fracht geplündert worden war, trieb man die Mannschaft in den Frachtraum und verbarrikadierte die Luken. Nur ein Schwarzer, an dem de Soto und seine Männer ihre sadistischen Gelüste austoben wollten, blieb an Deck. Sie zündeten das Schiff an und schauten johlend zu, wie der unglücksselige Afrikaner in die Takelage kletterte, im verzweifelten Versuch, den Flammen zu entkommen. Schließlich krachte er völlig erschöpft durch das Deck in den Laderaum, wo er mit seinen Kameraden verbrannte, während de Sotos Männer umso lauter jubelten.

Am Morgen des 21. Februar 1828 entdeckte de Soto in der Nähe der Insel Ascension ein Schiff. Es handelte sich um das Handelsschiff *Morning Star*, das auf dem Weg von Ceylon nach England war. Anfangs hielt de Soto es für ein französisches Schiff, aber der französischer Seemann Barbazan versicherte ihm, dass es ein britisches Schiff sei. „Umso besser", sagte de Soto, „dann werden wir mehr Beute finden."

Sie machten sich an die Verfolgung der *Morning Star*, die etwa zwei Stunden Vorsprung hatte. Als sie die nahende Gefahr erkannten, setzten die Männer der *Morning Star* mehr Segel. De Soto fluchte. Als sein junger Stewart ihn fragte, ob er seine allmorgendliche Tasse Kakao wolle, schlug er ihn brutal mit seinem Fernrohr. Barbazan ließ inzwischen für den bevorstehenden Kampf das Deck räumen, bewaffnete die Männer und ließ sie frühstücken. Als die *Black Joke* langsam begann, die *Morning Star* einzuholen, beruhigte sich de Soto wieder. Er trank seinen Kakao in einem Zug aus und aß etwas kaltes Rindfleisch. Dann setzte er sich auf das Deck und rauchte eine Zigarre. Eine knappe Viertelstunde später war die *Morning Star* in Reichweite. Ohne aufzustehen, ließ de Soto die britische Flagge hissen und einen Schuss abfeuern. Als die *Morning Star* daraufhin nicht anhielt, rief er „Fahrt das große Geschütze aus und macht sie fertig!"

Die Kanone wurde abgefeuert, der Schuss war aber viel zu kurz. De Soto sprang auf und verfluchte die Unfähigkeit seiner Kanoniere. Er befahl, die Kanone mit Schrot zu laden, feuerte aber nicht sofort, sondern wartete, bis sie Seite an Seite mit ihrer Beute waren. Dann hisste er die kolumbianische Flagge, nahm ein Sprachrohr und rief: „Setzt sofort Euer Beiboot aus und schickt Euren Kapitän mit den Papieren her."

Auf dem britischen Schiff brachen die weiblichen Passagiere in Tränen aus, es herrschte Panik. Ein Seemann war getötet worden, und die Schäden waren groß. Die *Morning Star* hatte keine Geschütze, ihre Mannschaft besaß nicht einmal Handfeuerwaffen, aber der Kapitän wollte nicht aufgeben. Als die *Black Joke* bis auf 50 m herangekommen war, wurde jedoch klar, dass die *Morning Star* nicht entkommen konnte.

Ein Passagier bot sich an, hinüberzurudern und zu verhandeln. Als de Soto erfuhr, dass er nicht der Kapitän war, verprügelte seine Mannschaft ihn und schickte ihn zurück. Er sollte dem Kapitän ausrichten, falls er nicht sofort hinüberkäme, würden sie die *Morning Star* aus dem Wasser pusten. Der Passagier kehrte zur *Morning Star* zurück, und dieses Mal befolgte der Kapitän den Befehl. Als er zusammen mit seinem Steuermann die *Black Joke* betrat, brachte man ihn zu de Soto, der ihm mit einem Hieb seiner Machete den Schädel spaltete. „So belohnt Benito de Soto diejenigen, die ihm nicht gehorchen." Der Steuermann wurde auf das Vorschiff zu Barbazan gebracht, der ihn dort „entsorgte".

Dann fuhren Barbazan und fünf seiner Männer hinüber zur *Morning Star.* Sie hatten die Anweisung, alle zu töten und das Schiff zu versenken – es sollte keine Zeugen geben. Die sechs kräftig gebauten Männer trugen Macheten, Pistolen und lange Dolche in ihren Gürteln. Während sie hinüberruderten, stand de Soto an der Reling der *Black Joke,* die noch bluttriefende Machete hoch erhoben. Neben ihm stand ein Mann mit einem Zündholz, der bei der kleinsten Gegenwehr die große Kanone abfeuern sollte.

Als sich das Enterkommando näherte, klammerten sich die Frauen an Bord der *Morning Star* verzweifelt an ihre Ehemänner. Als die Piraten an Bord kamen, schlugen sie mit ihren Macheten wild nach allem, was sich bewegte. Die schreienden Frauen liefen davon und versteckten sich, während die Piraten einen Teil der Männer an Deck regelrecht abschlachteten und den Rest in den Laderaum trieben. Blutend und verängstigt kauerten sich die Männer dort zusammen, während die Piraten das Schiff plünderten. Später brachten sie Geld, Karten, nautische Instrumente und „sieben Pakete mit wertvollem Schmuck" zurück zur *Black Joke.* De Soto dirigierte das Unternehmen vom Deck seines Schiffes aus, das inzwischen längsseits lag.

Ein kranker Offfizier, Mr. Gibson, wurde aus seiner Koje gezerrt, damit sie seine Kajüte plündern konnten. Er starb kurz darauf. Dann zogen die Piraten die verbleibenden Passagiere aus. Die Männer wurden – mit Ausnahme des Stewarts, der ihnen Essen und Wein servieren sollte – eingesperrt. Obwohl er den Champagner in den besten Gläsern serviert hatte, wurde der Stewart auf einmal brutal am Hals gepackt und hatte eine Messerspitze vor Augen. Ein Seeräuber hatte beim Trinken ein Glas zerbrochen, und als er eine Scherbe zwischen den Zähnen spürte, glaubte er, der Stewart wolle ihn vergiften. Er zwang ihn, vorsichtshalber die ganze Flasche auszutrinken.

Dann sollte der Stewart den Piraten erzählen, wo der Kapitän sein Geld versteckte. Er antwortete, dass sie ihn ebensogut nach dem Stein der Weisen fragen könnten. Der Pirat setzte ihm eine Pistole auf die Brust und drückte ab. Die Pistole zündete jedoch nicht, und als der Pirat nachladen wollte, schlug Barbazan ihm die Pistole aus der Hand. Dann wurde der Stewart zu den anderen in den Laderaum gesperrt.

Die schreienden Frauen liefen davon und versteckten sich, während die Piraten einen Teil der Männer an Deck regelrecht abschlachteten und den Rest in den Laderaum trieben.

Barbazan und seine Männer sollten alle an Bord töten, aber nachdem sie betrunken waren, beschlossen sie, zuerst die Frauen zu vergewaltigen. Vom Laderaum aus konnten die Männer die Schreie ihrer Frauen hören.

Als die Piraten de Sotos Befehl zur Rückkehr auf die *Black Joke* hörten, sperrten sie die Frauen in eine Kabine, verbarrikadierten die Luken und Türen und bohrten unterhalb der Wasserlinie Löcher in den Schiffsrumpf. Dann verließen sie das sinkende Schiff.

Es gelang den Frauen jedoch, aus ihrer Kabine auszubrechen. Als sie an

BENITO SOTO

Das einzig bekannte Bild des gefürchteten Piraten Benito de Soto.

Deck kamen, war es fast dunkel, und sie konnten in einiger Entfernung das Piratenschiff erkennen. Sie versteckten sich, bis es ganz dunkel war, und befreiten dann die Männer. Inzwischen stand das Wasser bereits zwei Meter hoch im Schiff. Die Seeleute bemannten sofort die Pumpen, und es gelang ihnen, das Schiff über Wasser zu halten. Die Piraten hatten jedoch die Masten und Segel zerstört, sodass sie nicht wegsegeln konnten. Zum Glück kam am nächsten Tag ein Schiff vorbei, das sie rettete.

De Soto erfuhr erst später, dass die restlichen Menschen an Bord der *Morning Star* nicht umgebracht, sondern einfach zum Ertrinken zurückgelassen worden waren. Also kam er zurück, um die Sache selbst zu erledigen. Die *Morning Star* war in der Zwischenzeit aber gesunken, und da er keine Spur mehr entdecken konnte, wähnte de Soto sich in Sicherheit. Er machte sich auf den Weg nach Europa und kaperte dabei noch eine kleine Brigantine. Dieses Mal wurden keine Fehler gemacht. Bevor er das Schiff versenkte, tötete er alle an Bord, mit Ausnahme eines Mannes, der den Kurs nach La Coruña kannte. Als sie die spanische Küste und einen Hafen sichteten, fragte de Soto den Mann: „Mein Freund, ist das La Coruña?"

„Ja", antwortete er.

„Dann hast du deine Pflicht erfüllt, und ich schulde dir etwas für deine Dienste", sagte de Soto, zog seine Pistole, erschoss den Mann und warf ihn über Bord.

Im Hafen gab sich de Soto als normaler Händler aus und verkaufte seine Beute. Nachdem er falsche Papiere erworben hatte, machte er sich auf den Weg nach Cadiz. Da der Wind günstig stand, kam er noch vor Einbruch der Dunkelheit dort an. Er ankerte außerhalb des Hafens, in den er am nächsten Morgen hineinsegeln wollte. In der Nacht kam jedoch ein Sturm auf, der die *Black Joke* an das Ufer drückte. De Soto versuchte zu retten, was zu retten war, aber sein Schiff lief auf Grund. Am nächsten Morgen setzte die Mannschaft, die froh war, noch am Leben zu sein, die Beiboote aus und ruderte an das Ufer. Am Strand beschloss de Soto, das Wrack zu verkaufen und dafür ein neues Schiff zu erwerben. Sie liefen nach Cadiz, wo sich de Soto als Steuermann eines erfundenen Kapitäns ausgab, der bei einem Unfall ums Leben gekommen sei. Einige Tage später gelang es ihm, das Wrack zu verkaufen. Der Vertrag war bereits unterzeichnet, aber die Piraten hatten das Geld noch nicht erhalten, als einige die unterschiedlichen Geschichten, welche die

Piraten erzählten, anzuzweifeln begannen. Sechs Männer wurden verhaftet. Sechs weitere flohen nach Caracas, wo sie später ebenfalls verhaftet wurden. De Soto und ein Mann flohen nach Gibraltar. Ohne Pass oder Genehmigung des Gouverneurs verweigerte man ihnen jedoch den Zutritt zum Fort. Sie waren gezwungen, sich eine Unterkunft auf neutralem Boden zwischen Spanien und Gibraltar zu suchen. Nach einigen Nächten wurde de Soto ruhelos und entwarf einen Plan, mit falschen Papieren nach Gibraltar hineinzugelangen. Sein Gefährte, ein Franzose, hielt das Unternehmen für zu riskant und entkam auf einem vorbeifahrenden Schiff. Sein Steckbrief wurde aber überall verbreitet. Er war ein großer, kräftiger Mann mit einer gesunden Gesichtsfarbe und hellem Haar. Vermutlich handelte es sich um Barbazan, den schlimmsten Schurken der Mannschaft und den einzigen, der nie gefasst wurde.

De Soto gelangte mit seinem gefälschten Pass nach Gibraltar und mietete ein Zimmer in einem Gasthof. Dem Wirt Basso kam de Soto verdächtig vor, weil er teure Kleidung trug – einen kostbaren weißen Hut, Seidenstrümpfe, weiße Hosen und einen blauen Gehrock –, während sein Gesicht von Sonne und Wind tief gebräunt war. Außerdem erzählte ihm das Zimmermädchen, dass sie jeden Morgen beim Bettenmachen einen Dolch unter de Sotos Kopfkissen fand. Er wurde schließlich verhaftet. Als man seine Truhe durchsuchte, fand man die Kleidung, die er dem sterbenden Offizier abgenommen hatte, ein Notizbuch in der Handschrift des Kapitäns der *Morning Star* und einen Dolch, der einem der Passagiere gehört hatte.

De Soto blieb 19 Monate in der Zelle der Garnison eingesperrt, während man seine Verhandlung vorbereitete. Wer ihn in seiner Zelle gesehen hatte, sagte, er habe blass und traurig ausgesehen, aber vor Gericht erschien er wild und lebendig. Die letztendlich vernichtende Aussage erfolgte durch den einzigen Zeugen, den er am Leben gelassen hatte: den afrikanischen Jungen. De Soto wurde der Piraterie für schuldig befunden und zum Tode verurteilt.

Auch seine in Cadiz verhafteten Männer wurden zusammen mit denjenigen aus Caracas vor Gericht gestellt, schuldig gesprochen und hingerichtet. Dann trennte man ihnen die Gliedmaßen ab und hängte sie als Warnung für andere an Enterhaken auf.

De Soto beteuerte bis zum Tag vor seiner Hinrichtung seine Unschuld. Dann legte er ein volles Geständnis ab und händigte dem Kerkermeister die Rasierklinge aus, die er in der Schuhsohle versteckt hatte, um damit Selbstmord zu begehen. Als man ihn zum Galgen führte, wirkte er aufrichtig zerknirscht. Er lief hinter dem Karren her und sah abwechselnd auf seinen Sarg, der darauf lag, und auf das Kreuz, das er in der Hand hielt. Von Zeit zu Zeit küsste er das Kreuz und wiederholte die Gebete, die ihm der Priester ins Ohr flüsterte.

Der Galgen war auf neutralen Territorium zwischen englischem und spanischem Gebiet errichtet worden. De Soto kletterte auf den Karren, und als man feststellte, dass die Schlinge zu hoch hing, kletterte er auch noch auf

James Monroe, Präsident der Vereinigten Staaten (1817–1825), auf einem Gemälde von Fenderick Given. Er erhielt Vollmachten vom Kongress, um der Piraterie Herr zu werden. Im Großen und Ganzen war er erfolgreich.

den Sarg. Als sich die Wagenräder zu drehen begannen, murmelte er „Adios todos" („Auf Wiedersehen, ihr alle") und lehnte sich nach vorn, um seinen Fall zu beschleunigen. Die Hinrichtung wurden von seinem afrikanischen Steward beobachtet, der später in seine Heimat zurückkehren durfte.

Der letzte Bericht über Piraterie im Nordatlantik stammt vom 20. September 1832. Die amerikanische Brigantine *Mexican,* die auf dem Weg von Salem nach Rio de Janeiro war und Silber im Wert von 20.000 Dollar an Bord hatte, wurde von dem Piratenschoner *Panda* aufgebracht. Als die Piraten ihren Kapitän Pedro Gilbert fragten, was sie mit den Männern an Bord tun sollten, antwortete er: „Tote Hunde bellen nicht. Ihr wisst, was ihr zu tun habt."

Die Mannschaft der *Mexican* wurde im Vorderschiff eingesperrt. Dann zerschnitten die Seeräuber die Segel und die Takelage und zündeten das Schiff an. Nachdem die Piraten verschwunden waren, konnten sich die Männer jedoch befreien und die Flammen löschen. Sie ließen gerade noch so viel brennen, um die Piraten zu täuschen, bis diese außer Sicht waren. Nach sechs Wochen erreichte die *Mexican* endlich wieder Salem. Die HMS *Curlew* holte die *Panda* vor Westafrika ein. Im Zuge des Gefechts explodierte die *Panda* und sank. Pedro Gilbert und seine Männer wurden von den Briten gefasst und auf der HMS *Savage* nach Boston gebracht, wo man ihnen den Prozess machte. Gilbert wurde am 11. März 1835 gehängt.

Im Fernen Osten flammte die Piraterie immer wieder auf und setzt sich bis heute auf den Philippinen, in der Malakkastraße, im südlichen und östlichen Chinesischen Meer sowie vor der Ostküste Afrikas und in den Flüssen und Küstengewässern Brasiliens fort. Laut Aussage der US-Behörden gibt es heute in der Karibik auch nach wie vor drogenbedingte Piraterie.

Das Goldene Zeitalter der Piraten, in dem eine handverlesene Mannschaft von Gesetzlosen mit einem schnellen, schnittigen Schoner ein Handelsschiff überfallen, eine Breitseite abfeuern und innerhalb von 20 Minuten den Lohn von zehn Jahren erbeuten konnte, sind aber schon lange vorbei.

Literatur

Piraten. Schrecken der Weltmeere, Wolfram zu Mondfeld und Barbara zu Wertheim (Theiss, 2007)

Piraten. Die Herren der Sieben Meere, Hartmut Roder (Edition Temmen, 2000)

Piraten. Furcht und Schrecken auf den Weltmeeren, David Cordingly (Vgs. Verlagsgesellschaft, 2006)

Raubritter des Meeres. Die Weltgeschichte der Seeräuberei, Friedrich Wencker-Wildberg (Voltmedia, 2005)

Piraten in der Karibik, Cruz Apestegui (Delius Klasing, 2001)

Die Piraten, Robert Bohn (Beck, 2003)

Unter schwarzer Flagge. Legende und Wirklichkeit des Piratenlebens, David Cordingly (Sanssouci, 1999)

Piraten. Das organisierte Verbrechen auf See, Douglas Stewart (Piper, 2003)

Seefahrer, Piraten und Händler im Mittelalter, Dirk Meier (Thorbecke, 2004)

Die Odyssey des spanischen Silbers. Conquistadores, Piraten, Kaufleute, Carlo M. Cipolla (Wagenbach, 1998)

Gefangen unter Korsaren, Johann M. Kühn (Edition Erdmann, 2001)

Goldrausch in der Karibik, Wolf-Ulrich Cropp (Delius Klasing, 2000)

Terror auf See. Moderne Piraten rüsten auf, John S. Burnett (Delius Klasing, 2004)

Die letzte Fahrt des Captain Kidd, Rainer M. Schröder (Bertelsmann, 2001)

William Kidd, Frank T. Zumbach (Koehlers Verlagsges., 1999)

Sir Francis Drake. Pirat der sieben Meere, Rainer M. Schröder (Bertelsmann, 1996)

Literatur

Anne Bonny. Piratenkönigin der Karibik, Franjo Terhart (Lübbe, 1996)

Piratinnen. Das Meer gehört uns, Helga Helsper (Edition Ebersbach, 2004)

Piraten der Karibik, Alexandre O. Exquemelin (Heel, 2007)

Das Piratenbuch von 1678. Die Amerikanischen Seeräuber, Alexandre O. Exquemelin und Reinhard Federmann (Edition Erdmann, 1983)

Segelschiffe. Die Königinnen der Meere, Attilio Cucari (Bassermann, 2006)

Die Karibik. Geschichte und Gesellschaft 1492–2000, Bernd Hausberger und Gerhard Pfeisinger (Promedia Wien, 2005)

Auf der Suche nach Robinson Crusoe. Wer war der wahre Robinson Crusoe?, Tim Severin (Magnus, 2004)

Schwarze Karibik. Sklaven, Sklavenkultur und Emanzipation, Michael Zeuske (Rotpunktverlag, 2004)

Der Rausch der Meere. Über die See, den Alkohol und noch mehr, Rolf-Bernhard-Essig (Oesch Verlag, 2005)

Das Piratenkochbuch. Ein Spezialitätenkochbuch mit den 150 leckersten Rezepten, Wolfram zu Mondfeld (Komet, 2001)

Register